高等职业教育模块式教学改革成果教材

汽车转向、行驶与制动系统检修

主　编　杨培刚
副主编　李丽云　张雪文
参　编　蒋欲刚　左　萃　吕小勇
主　审　王德云

机　械　工　业　出　版　社

本书以故障与检修为载体，通过七个项目，系统地介绍汽车底盘中转向、行驶与制动系统的基本结构、原理、维护检修和故障诊断方面的知识。在内容选取上，结合了汽车维修服务企业典型的工作任务，参照了典型车型的维修手册，书中的技术参数、维修方法、维修设备均具有代表性、先进性和实用性。

本书适合作为职业院校汽车专业师生和汽车运用工程技术人员的学习用书，也可供有一定基础的汽车维修工、销售人员学习参考。

本书配有电子课件，**凡使用本书作为教材的教师**可登录机械工业出版社教材服务网 www. cmpedu. com 下载。咨询邮箱：cmpgaozhi@ sina. com。咨询电话：010-88379375。

图书在版编目（CIP）数据

汽车转向、行驶与制动系统检修/杨培刚主编. —北京：机械工业出版社，2013.10（2021.8 重印）

高等职业教育模块式教学改革成果教材

ISBN 978 - 7 - 111 - 44460 - 2

Ⅰ.①汽… Ⅱ.①杨… Ⅲ.①汽车 - 转向装置 - 车辆检修 - 高等职业教育 - 教材②汽车 - 行驶系 - 车辆检修 - 高等职业教育 - 教材③汽车 - 制动装置 - 车辆检修 - 高等职业教育 - 教材 Ⅳ. ①U472.41

中国版本图书馆 CIP 数据核字（2013）第 247345 号

机械工业出版社（北京市百万庄大街 22 号 邮政编码 100037）

策划编辑：葛晓慧 责任编辑：葛晓慧 贺贵梅

版式设计：常天培 责任校对：程俊巧

封面设计：陈 沛 责任印制：张 博

涿州市般润文化传播有限公司印刷

2021 年 8 月第 1 版 · 第 3 次印刷

184mm × 260mm · 11.25 印张 · 276 千字

标准书号：ISBN 978 - 7 - 111 - 44460 - 2

定价：35.00 元

电话服务	网络服务
客服电话：010-88361066	机 工 官 网：www. cmpbook. com
010-88379833	机 工 官 博：weibo. com/cmp1952
010-68326294	金 书 网：www. golden-book. com
封底无防伪标均为盗版	机工教育服务网：www. cmpedu. com

高等职业教育模块式教学改革成果教材
编写委员会

出版说明

由湖南中华职业教育社组织湖南交通职业技术学院、长沙民政职业技术学院等10余所全国示范性高职院校的一线骨干教师精心组织编写的高等职业教育模块式教学改革规划教材终于正式出版。这套教材是我国高等职业教育教材改革领域一次新的尝试，也是我国高等职业教育课程改革的一次重大突破。

这套全新的教材完全是根据行业对人才的要求，本着以职业岗位能力为导向的理念开发出来的。可以说，对传统课程进行了一次颠覆性的全面解构，再按照“必需、够用”的原则，从中选取最有价值的知识点、技能点和学生应具有的职业态度的要求重组课程内容；最终把这些知识点划分为一个个模块建构课程结构，每个模块又被分为若干项目，使课程模块成为实践知识、理论知识与实际运用情景有机结合的一个个项目化的独立学习单元和任务组合。这样的编排，既明确了学习目标，又明确了教学目标。

相比于传统教材，该套教材具有五个明显的特点：①所有知识内容是根据职业岗位能力要求选取的，更贴近工作岗位，学生更易接受，有利于提高学习效果；②每个知识点都穿插有相应形象生动的案例，实现了学生在学习过程中从记忆知识到运用知识的转变，也利于培养学生完成工作任务的职业能力；③充分体现了“教、学、做”合一的总体原则，真正实现了职业教育“做中学、做中教”的特点，在这样的教学过程中，师生间、同学间都可以通过课堂教学以及教学空间互动，学生由被动接受者变为了主动参与者，显然，学习兴趣会随之增强；④以工作任务为中心，要求教学活动必须在真实或者仿真的工作场景及先进的生产技术设备环境中进行，学生可以现学现用，更易于培养把基本知识点应用于实践的应用能力和操作技能；⑤每种教材都配有教学资源，其多媒体课件使教学变得直观形象，同时也使资源共享成为了现实。实践证明，运用模块化教材进行教学，是高等职业院校教学改革的重要特色和一大亮点。

“对接产业、工学结合，深入推进职业教育集团化办学，深化人才培养模式改革”的职业教育发展思路已越来越成为我国职教工作者的共识。在此，衷心地希望学生在这套新教材的帮助下，掌握基本知识点，熟练操作技能，养成良好的职业素养，努力使自已真正成为紧跟经济社会发展步伐，符合市场需求的生产、建设、管理和服务一线的高素质技术应用型人才。

机械工业出版社

前　言

随着电子技术和自动控制技术的发展，各种先进的电控系统在现代汽车底盘中得到广泛的应用，汽车底盘的教学难度也随之加大。在新的教学环境下，需要寻找新的教学策略和方法。本书除了在内容上进行了更新，在编排上采取了项目化教学和导向性教学模式的独特形式。教材每个项目都设有详细的项目实施，让学生在设定的工作环境下主动参与实际操作过程，使教师的“教”转变为引导学生自主性学习，有利于帮助学生把理论知识、实践技能与实际应用紧密地集合在一起。

在编写过程中充分考虑高职高专是以培养高端技能人才为根本任务，以适应社会需要为目标，在内容上突出了基础理论知识的应用和实践能力的培养，针对性和实用性强，强化实践教学，并结合高职高专学生的思维特点，大量采用图解的形式将复杂的内容简单化，并通过拆分知识点，使之通俗易懂，充分体现了一体化教材的特点。

本书由湖南生物机电职业技术学院杨培刚担任主编，由湖南生物机电职业技术学院李丽云、湖南益阳职业技术学院张雪文担任副主编，湖南生物机电职业技术学院蒋欲刚、左萃和湖南益阳职业技术学院吕小勇参与了编写，由湖南常德职业技术学院王德云担任主审。

在本书的编写过程中，参考了许多公开出版和发表的文献，在此对相关文献的作者们一并致谢！

因编者水平和经验有限，书中难免存在不妥或疏漏之处，希望广大师生提出修改意见和建议，以便再版修订时改正。

编　者

目　录

项目1　汽车转向系统检修

【知识目标】

1）了解转向系统的功用和类型。
2）掌握机械转向系统的基本组成和工作原理。
3）掌握常见机械转向器的类型、构造及工作原理。
3）掌握动力转向装置的功用、组成、类型及工作原理。
4）了解和掌握电控动力转向系统的组成及工作原理。
5）熟悉汽车转向系统的拆装、维护及常用检修方法。

【能力目标】

通过本项目的完成，你应能够：
1）描述汽车转向系统的功用、类型及各类型转向装置的组成与工作原理。
2）知道汽车转向系统各构件的名称及在汽车上的安装位置。
3）知道转向器的功用、组成、结构及工作原理。
4）学会典型转向器的拆装、检修及调整。
5）通过实训，掌握基本的实践技能。
6）对汽车转向系统进行检修。

【知识准备】

知识点1.1　汽车转向系统的功用、组成及分类

一、转向系统的功用、类型

汽车上用来改变和恢复其行驶方向的专用机构称为转向系统，它由驾驶人操纵实现转向轮（一般是前轮）的偏转和回位。当汽车需要改变行驶方向时，必须使转向轮绕主销轴线偏转一定角度，直到新的行驶方向符合驾驶人的要求时，再将转向轮恢复到直线行驶的位置。

转向系统的功用是按照驾驶人的意愿，改变汽车的行驶方向和保持汽车稳定地直线行驶。

汽车转向系统按转向动力源的不同分为机械转向系统和动力转向系统两大类。

机械转向系统以驾驶人的体力作为转向动力源。机械转向系统的能量来源是人力，所有传力件都是机械的，它由转向操纵机构（转向盘）、转向器和转向传动机构三大部分组成。动力转向系统除具有以上三大部件外，其最主要的动力来源是转向助力装置。根据辅助转向能源的不同，动力转向系统又可以分为液压式动力转向系统、气压式动力转向系统和电动式

动力转向系统。

二、转向系统的基本组成

1. 机械转向系统的基本组成

汽车机械转向系统由转向操纵机构、机械转向器和转向传动机构三大部分组成，其具体结构如图 1-1 所示。转向操纵机构包括转向盘、转向轴、转向节、转向传动轴；机械转向器有多种类型，轿车上常采用齿轮齿条转向器；转向传动机构包括转向摇（垂）臂、转向直（纵）拉杆、转向节臂、转向梯形臂、转向横拉杆等。

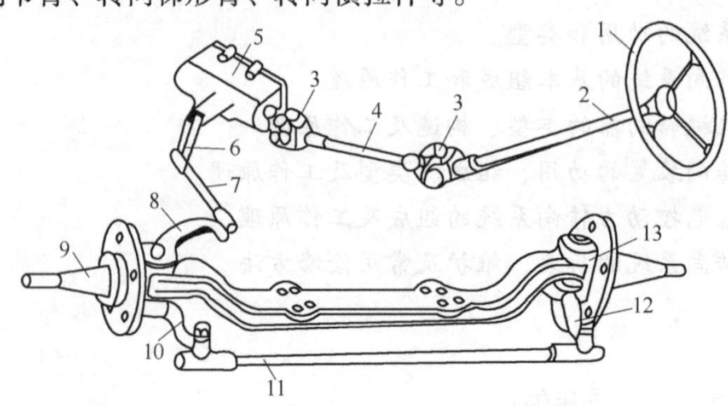

图 1-1 机械转向系统

1—转向盘 2—转向轴 3—转向万向节 4—转向传动轴 5—转向器 6—转向摇臂 7—转向直拉杆 8—转向节臂 9—左转向节 10—左转向梯形臂 11—转向横拉杆 12—右转向梯形臂 13—右转向节

如图 1-1 所示，汽车转向时，驾驶人转动转向盘 1，通过转向轴 2、转向万向节 3 和转向传动轴 4，将转向力矩输入转向器 5。转向器 5 中有 1 ~ 2 级啮合传动副，具有降速增矩的作用。转向器 5 输出的转矩经转向摇臂 6，再通过转向直拉杆 7 传给固定在左转向节 9 上的转向节臂 8，使左转向节 9 及装于其上的左转向轮绕主销偏转。左、右转向梯形臂 10、12 的一端分别固定在左、右转向节 9、13 上，另一端则与转向横拉杆 11 作球铰链连接。当左转向节 9 偏转时经左转向梯形臂 10、转向横拉杆 11 和右转向梯形臂 12 的传递，右转向节 13 及装于其上的右转向轮随之绕主销同向偏转一定的角度。

左、右转向梯形臂 10、12 和转向横拉杆 11 构成转向梯形，其作用是在汽车转向时，使左、右转向轮按一定的规律进行偏转。

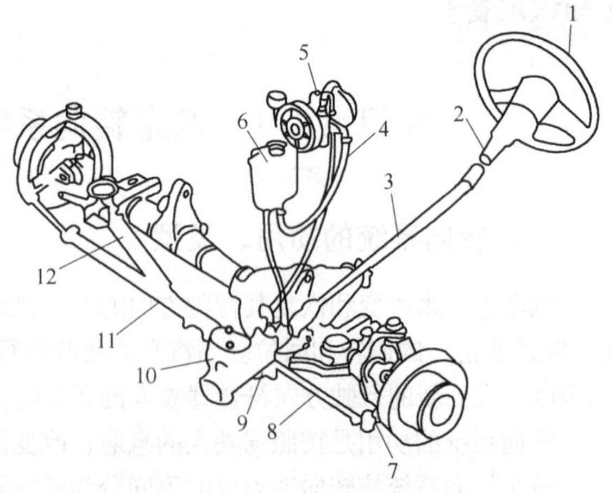

图 1-2 动力转向系统

1—转向盘 2—转向轴 3—转向中间轴 4—转向油管 5—转向液压泵 6—转向储油罐 7—转向节臂 8—转向直拉杆 9—转向摇臂 10—整体式转向器 11—转向横拉杆 12—转向减振器

2. 动力转向系统的基本组成

动力转向系统是兼用驾驶人体力和发动机（或电机）的动力作为转向能源的转向系统，它是在机械转向系统的基础上加设一套转向加力装置而形成的，如图 1-2 所示。其中，属于转向加力装置的部件是：转向液压泵5、转向油管4、转向储油罐6以及位于整体式转向器10内部的转向控制阀及转向动力缸等。当驾驶人转动转向盘1时，转向摇臂9摆动，通过转向横拉杆11、转向直拉杆8和转向节臂7，使转向轮偏转，从而改变汽车的行驶方向。

与此同时，转向器输入轴还带动转向器内部的转向控制阀转动，使转向动力缸产生液压作用力，帮助驾驶人转向操纵。这样，为了克服地面作用在转向轮上的转向阻力矩，驾驶人需要加在转向盘上的转向力矩，比用机械转向系统时所需的转向力矩小得多。

三、转向系统的参数和转向理论

1. 转向系统角传动比

（1）定义　转向系统角传动比是指转向盘的转角与转向盘同侧的转向轮偏转角的比值，一般用 i_w 表示。转向系统角传动比是转向器角传动比 i_1 与转向传动机构角传动比 i_2 的乘积。转向器角传动比是转向盘转角与转向摇臂摆角之比。转向传动机构角传动比是转向摇臂摆角与同侧转向轮偏转角之比。

（2）对转向的影响　转向系统角传动比越大，增矩作用越大，转向操纵越轻便，但由于转向盘转的圈数过多，导致操纵灵敏性变差，因此转向系统角传动比不能过大。而转向系统角传动比太小又会导致转向沉重，因此转向系统角传动比既要保证转向轻便，又要保证转向灵敏。但机械转向系统很难做到这点，所以越来越多的车辆采用动力转向系统。

2. 转向盘自由行程

（1）定义　转向盘自由行程是指转向盘在空转阶段的角行程，这主要是由于转向系统各传动件之间的装配间隙和弹性变形所引起的。由于转向系统各传动件之间都存在着装配间隙，而且这些间隙将随零件的磨损而增大，因此在一定范围内转动转向盘时，转向节并不是马上同步转动，而是在消除这些间隙并克服机件的弹性变形后，才作相应的转动，即转向盘有一空转行程。

（2）对转向的影响　转向盘自由行程对于缓和路面冲击以及避免驾驶人过于紧张是有利的，但过大的转向盘自由行程会影响转向盘的转向灵敏性，所以汽车维护中应定期检查转向盘自由行程。一般汽车的转向盘自由行程应不超过10°～15°，否则应进行调整。

3. 转向时的车轮运动规律

汽车在转向行驶时，要求车轮相对于地面作纯滚动，否则如果有滑动的成分，那么车轮边滚边滑会导致转向行驶阻力增大，动力损耗，油耗增加，也会导致轮胎磨损加剧。

汽车转向时，内侧车轮和外侧车轮滚过的距离是不等的。对于一般汽车而言，后桥左、右两侧的驱动轮由于差速器的作用，能够以不同的转速滚过不同的距离。但前桥左、右两侧的转向轮要滚过不同的距离，保证车轮作纯滚动，就要求所有车轮的轴线都交于一点方能实现。此交点 O 称为汽车的转向中心，如图1-3所示。汽车转向时内侧转向轮偏转角 β 大于外侧转向轮偏转角 α。α 与 β 的关系为

$$\cot\alpha = \cot\beta + \frac{B}{L}$$

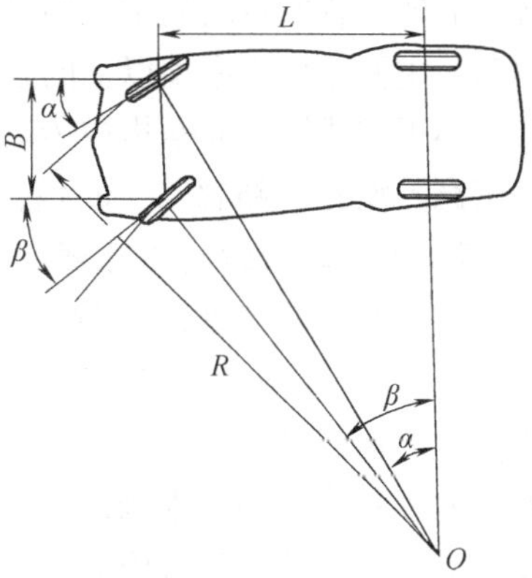

图1-3　汽车转向示意图

式中 B——两侧主销中心距（可近似认为是转向轮轮距）；

L——汽车轴距。

这一关系是由转向梯形保证的。所有汽车转向梯形的设计实际上都只能保证在一定的车轮偏转角范围内，使两侧车轮偏转角大体上接近以上关系式。

从转向中心 O 到外侧转向轮与地面接触点（通常指轮胎中分面）的距离 R 称为汽车转弯半径。转弯半径 R 越小，则汽车转向所需要场地就越小，汽车的机动性也越好。当外侧转向轮偏转角达到最大值 α_{max} 时，转弯半径 R 最小。汽车内侧转向轮的最大偏转角一般在 35°～42°之间，汽车的最小转弯半径一般为 5～12m。

知识点 1.2 机械转向系统

一、转向器的结构、原理

1. 转向器概述

（1）功用　转向器是转向系统中的降速增矩传动装置，其功用是增大由转向盘传到转向节的力，并改变力的传动方向。

（2）类型　按照转向器中传动副结构形式的不同分类，转向器可以分为齿轮齿条式转向器、循环球式转向器、蜗杆曲柄指销式转向器和蜗杆滚轮式转向器等几种。

（3）转向器传动效率

1）定义。转向器传动效率是指转向器输出功率与输入功率之比。当传动功率由转向盘输入，从转向摇臂输出时，所求得的传动效率称为正传动效率；反之，转向摇臂受到道路冲击而传到转向盘的传动效率则称为逆传动效率。

2）按照传动效率分类。按照传动效率的不同，转向器还可以分为可逆式转向器、极限可逆式转向器和不可逆式转向器。

可逆式转向器是指正、逆传动效率都很高的转向器。这种转向器有利于汽车转向后转向轮的自动回正，转向盘“路感”很强，但也容易在坏路行驶时出现“打手”现象，所以主要应用于经常在良好路面上行驶的车辆。

极限可逆式转向器是指正传动效率远大于逆传动效率的转向器。这种转向器能实现汽车转向后转向轮的自动回正，但“路感”较差，只有当路面冲击力很大时才能部分地传到转向盘，主要应用于中型以上的越野汽车和工矿用自卸车辆等。

不可逆式转向器是指逆传动效率很低的转向器。这种转向器使驾驶人不能得到路面的反馈信息，没有“路感”，而且转向轮也不能自动回正，所以很少采用。

2. 转向器的结构与原理

（1）齿轮齿条式转向器　图 1-4a 所示为齿轮齿条式转向器，它主要由转向器壳体 8、转向齿轮 9 和转向齿条 5 等组成。转向器通过转向器壳体 8 的两端用螺栓固定在车身（车架）上。齿轮轴 6 通过球轴承 7、滚柱轴承 10 垂直安装在壳体中，其上端通过花键与转向轴上的万向节（图中未画出）相连，其下部分是与轴制成一体的转向齿轮 9。转向齿轮 9 是转向器的主动件，它与相啮合的从动件转向齿条 5 水平布置，齿条背面装有压簧垫块 4。在压簧 3 的作用下，压簧垫块 4 将转向齿条 5 压靠在转向齿轮 9 上，保证转向齿条 5 与转向齿轮9无间隙啮合。调整螺塞1可用来调整压簧的预紧力。压簧3不仅起消除啮合间隙的作用，而且还是一个弹性支承，可以吸收部分振动能量，缓和冲击。

转向齿条5的中部（有的是齿条两端，如图1-4b所示）通过拉杆支架12与左、右转向横拉杆11连接。转动转向盘时，转向齿轮9转动，与之相啮合的转向齿条5沿轴向移动，从而使左、右转向横拉杆11带动转向节13转动，使转向轮偏转，实现汽车转向。

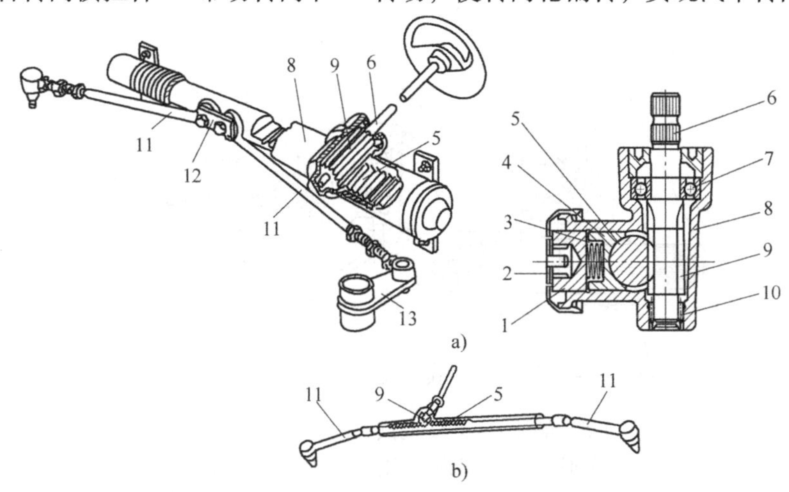

图1-4　齿轮齿条式转向器
a）齿轮齿条式转向器　b）转向齿条
1—调整螺塞　2—罩盖　3—压簧　4—压簧垫块　5—转向齿条　6—齿轮轴　7—球轴承
8—转向器壳体　9—转向齿轮　10—滚柱轴承　11—转向横拉杆　12—拉杆支架　13—转向节

齿轮齿条式转向器结构简单，可靠性好，也便于独立悬架的布置；同时，由于齿轮与齿条直接啮合，转向灵敏、轻便，所以在各类型汽车上的应用越来越多。

（2）循环球式转向器　解放CA1092型汽车的循环球式转向器如图1-5所示。它有两级传动副，第一级传动副是转向螺杆12和转向螺母3，转向螺母3的下平面加工成齿条，与齿扇轴（摇臂轴）21内的齿扇相啮合，构成齿条和齿扇第二级传动副。显然，转向螺母3既是第一级传动副的从动件，也是第二级传动副的主动件。通过转向盘转动转向螺杆12时，转向螺母3不能随之转动，而只能沿转向螺杆12作轴向移动，并驱使齿扇轴（摇臂轴）21转动。

转向螺杆12支承在两个推力球轴承10上，轴承的预紧度可用调整垫片14调整。在转向螺杆12上松套着转向螺母3，为了减少转向螺杆12和转向螺母之间的摩擦，二者的螺纹并不直接接触，其间装有许多钢球13，以实现滚动摩擦。

当转动转向螺杆12时，通过钢球将力传给转向螺母3，使转向螺母3沿转向螺杆12作轴向移动。随着转向螺母3沿转向螺杆12作轴向移动，其齿条便带动齿扇绕着齿扇轴（摇臂轴）21作圆弧运动，从而使齿扇轴（摇臂轴）21连同摇臂产生摆动，通过转向传动机构使转向轮偏转，实现汽车转向。转向螺母3下平面上加工出的齿条是倾斜的，与之相啮合的是变齿厚齿扇。只要使齿扇轴（摇臂轴）21相对于齿条作轴向移动，便可调整齿条与变齿厚齿扇之间的啮合间隙。调整螺钉18旋装在侧盖17上。齿扇轴（摇臂轴）21靠近齿扇的端部切有T形槽，调整螺钉18的圆柱形端头嵌入此切槽中，端头与T形槽之间的间隙用调整垫圈16来调整。旋入调整螺钉18，则齿条与齿扇之间的啮合间隙减小；旋出调整螺钉18，则啮合间隙增大。调整好后用锁紧螺母19锁紧。

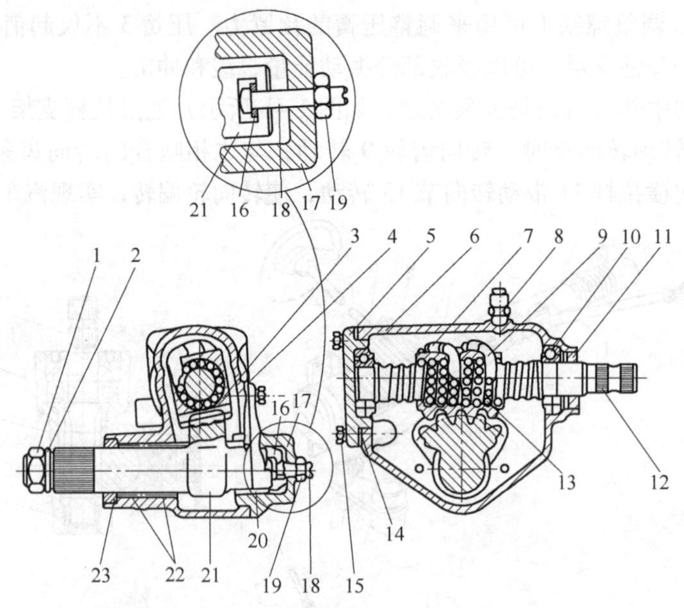

图 1-5 解放 CA1092 型汽车的循环球式转向器

1—螺母 2—弹簧垫圈 3—转向螺母 4—转向器壳体密封垫圈 5—转向器壳体底盖 6—转向器壳体 7—导管夹 8—加油（通气）螺塞 9—钢球导管 10—推力球轴承 11、23—油封 12—转向螺杆 13—钢球 14—调整垫片 15—螺栓 16—调整垫圈 17—侧盖 18—调整螺钉 19—锁紧螺母 20、22—滚针轴承 21—齿扇轴（摇臂轴）

（3）蜗杆曲柄指销式转向器 东风 EQ1090E 型汽车的蜗杆曲柄双销式转向器如图 1-6 所示，它主要由转向器壳体、转向蜗杆、转向摇臂轴、曲柄和指销以及上、下盖、调整螺塞和螺钉、侧盖等组成。

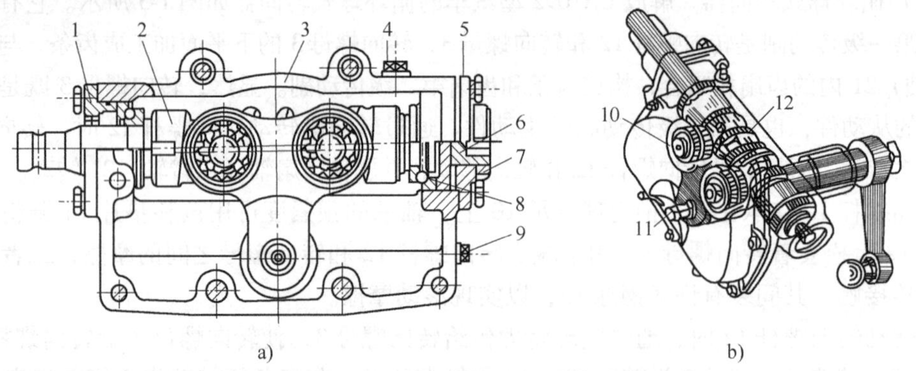

图 1-6 东风 EQ1090E 型汽车的蜗杆曲柄双销式转向器

1—转向器上盖 2、12—转向蜗杆 3—转向器壳体 4—加油螺塞 5—转向器下盖 6—调整螺塞 7—螺母 8—向心推力球轴承 9—放油螺塞 10—指销 11—摇臂轴

转向器壳体 3 固定在车架的转向器支架上。壳体内装有传动副，其主动件是转向蜗杆 2、12，从动件是装在摇臂曲柄端部的指销 10。具有梯形截面螺纹的转向蜗杆 2、12 支承在转向器壳体 3 两端的两个向心推力球轴承 8 上。转向器下盖 5 上装有调整螺塞 6，用以调整向心推力球轴承 8 的预紧度，调整后用螺母 7 紧固。

转向蜗杆2、12与两个锥形的指销10相啮合，构成传动副。两个指销10均用调心滚子轴承支承在曲柄上，并可绕自身轴线转动，以减轻转向蜗杆2、12与指销10啮合传动时的磨损，提高传动效率。销颈上的螺母7用来调整轴承的预紧度，以使指销10能自由转动而无明显的轴向间隙为宜，调整后毛锁片（图中未示出）将螺母7锁住。

安装指销10和调心滚子轴承的曲柄制成叉形，与摇臂轴11制成一体。摇臂轴11用粉末冶金衬套支承在转向器壳体3中。转向器侧盖上装有调整螺钉，旋入（或旋出）调整螺钉可以改变摇臂轴11的轴向位置，以调整指销10与转向蜗杆2、12的啮合间隙，从而调整转向盘的自由行程，调整后用螺母7锁紧。摇臂轴11伸出壳体的一端通过花键与转向摇臂连接。

汽车转向时，驾驶人通过转向盘转动转向蜗杆2、12（主动件），与其相啮合的指销10（从动件）一边自转，一边以曲柄为半径绕摇臂轴轴线在蜗杆的螺纹槽内作圆弧运动，从而带动曲柄、转向摇臂摆动，实现汽车转向。

二、转向操纵机构

转向操纵机构由转向盘、转向轴、转向柱管和转向万向节组成。为了提高汽车碰撞后驾驶人的安全性，轿车上一般安装有安全式转向柱或可调式转向柱。

1. 转向操纵机构的功用和组成

转向操纵机构的功用是产生转动转向器所必需的操纵力，并具有一定的调节和安全性能。

转向操纵机构要将驾驶人操纵转向盘的力传给转向器，同时为了驾驶人的舒适驾驶，还要求转向操纵机构可以进行调节，以满足不同驾驶人的需求；为了防止车辆碰撞后对驾驶人的损伤，还要求转向操纵机构具有一定的安全保护装置。

如图1-7所示，转向操纵机构一般由转向盘总成1、上转向轴11、转向管柱9、转向传动轴27、转向万向节叉20和转向万向节滑动叉总成28等组成。转向盘总成1由塑料制成，内有钢制骨架，通过花键将转向盘毂与上转向轴11相连，用螺母18固定，上转向轴上端支承在衬套12内，下端支承在球轴承13中，由孔用弹性挡圈14和轴用钢丝挡圈16进行轴向定位。转向管柱9下端压配在下固定支架8中，并通过两个螺栓将下固定支架紧固在驾驶室地板上；上端通过橡胶套3、盖板2，由两个螺栓固定在驾驶室仪表板上。弹簧41可消除转向管柱9与上转向轴11之间的轴向间隙。

下端的转向万向节叉20通过花键与转向器的转向螺杆相连接，转向万向节滑动叉28通过内花键与转向传动轴27的外花键相连，转向传动轴可作轴向移动，以适应驾驶室与车架的相对位移。滑动叉一端焊有塞片，另一端装油封29和防尘套30以防止灰沙和泥水进入，并由滑脂嘴31对滑动叉与转向传动轴的花键进行润滑。

十字轴19有两个，其上装滑脂嘴23，润滑4个滚针轴承总成21，由孔用弹性挡圈22固定在万向节叉上。万向节叉的结构与滑动叉基本相同，只是多一个锁紧螺栓与上端的万向节叉和上转向轴相连。

2. 安全式转向柱

为了保证驾驶人的安全，同时也为了更加舒适、可靠地操纵转向系统，现代汽车（特别是轿车）通常在转向操纵机构上增设相应的安全、调节装置。这些装置主要反映在转向轴和转向柱管的结构上。为了叙述方便，将转向轴和转向柱管统称为转向柱。

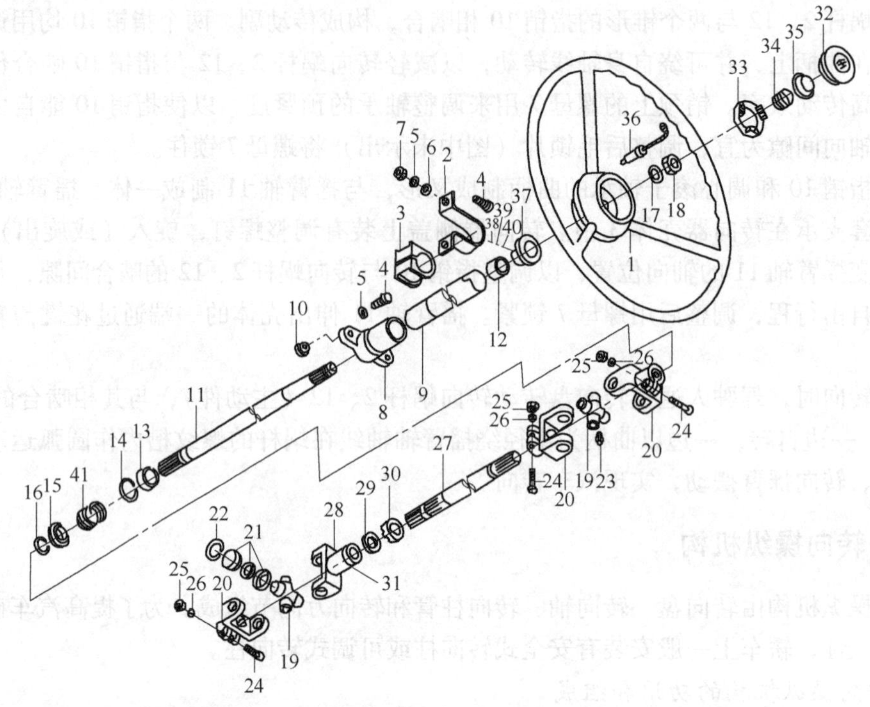

图 1-7 CA1091 型汽车转向操纵机构

1—转向盘总成 2—盖板 3—橡胶套 4、24—螺栓 5、26、40—弹簧垫圈 6、39—垫圈 7、18、25—螺母 8—下固定支架 9—转向管柱 10—楔形螺母 11—上转向轴 12—衬套 13—球轴承 14、22—孔用弹性挡圈 15—轴承挡圈 16—轴用钢丝挡圈 17—平垫圈 19—十字轴 20—转向万向节叉 21—滚针轴承总成 23、31—滑脂嘴 27—转向传动轴 28—转向万向节滑动叉 29—油封 30—防尘套 32—喇叭按钮盖 33—搭铁接触板总成 34—接触弹簧 35—接触罩 36—电刷总成 37—集电环总成 38—螺钉 41—弹簧

安全式转向柱有可分离式安全操纵机构和缓冲吸能式转向操纵机构。

（1）可分离式安全转向操纵机构

上海桑塔纳轿车采用了可分离式安全转向操纵机构，图 1-8a 所示为该转向操纵机构的正常工作位置。此类转向操纵机构的转向轴分为上、下两段，用安全联轴器连接，上转向轴 2 下部弯曲并在端面上焊接有半月形凸缘盘 8，盘上装有两个驱动销 7，与下转向轴 1 上端的凸缘 6 压装尼龙衬套和橡胶圈的孔相配合，形成安全联轴器。一旦发生撞车事故，驾驶人因惯性而以胸部扑向转向盘 5 时，迫使转向管柱 3 压缩位于转向柱上方的可折叠安全元件 4 而向下移动，使两个驱动销 7 迅速从下转向轴上端凸缘 6 的

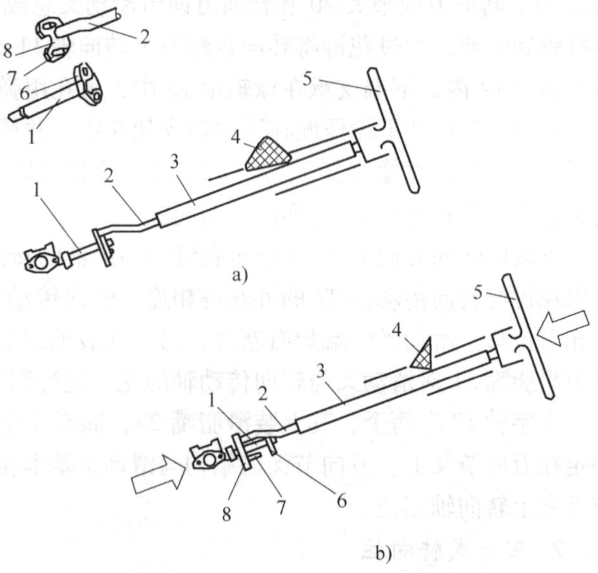

图 1-8 上海桑塔纳轿车可分离式安全转向操纵机构

1—下转向轴 2—上转向轴 3—转向管柱 4—可折叠安全元件 5—转向盘 6—凸缘 7—驱动销 8—半月形凸缘盘

孔中退出，从而形成缓冲而减少对驾驶人的伤害。图 1-8b 所示为转向盘受撞击时，安全元件被折叠、压缩和安全联轴器脱开使转向柱产生轴向移动的情形。

一汽红旗、奥迪轿车的转向操纵机构与此类似，如图 1-9 所示，只是无可折叠的安全元件。

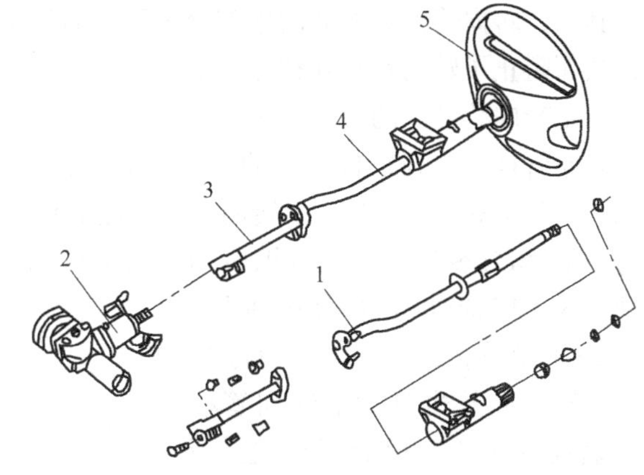

图 1-9 一汽红旗、奥迪轿车的转向操纵机构

1—驱动销 2—转向器 3—下转向轴 4—上转向轴 5—转向盘

（2）缓冲吸能式转向操纵机构

缓冲吸能式转向操纵机构从结构上能使转向轴和转向管柱在受到冲击后，轴向收缩并吸收冲击能量，从而有效地缓和转向盘对驾驶人的冲击，减轻其所受伤害的程度。

汽车撞车时，首先车身被撞坏（第一次碰撞），转向操纵机构被后推，从而挤压驾驶人，使其受到伤害；接着，随着汽车速度的降低，驾驶人在惯性力的作用下向前冲，再次与转向操纵机构接触（第二次碰撞）而受到伤害。缓冲吸能式转向操纵机构对这两次冲击都具有吸收能量、减轻驾驶人受伤程度的作用。

1）网状管柱变形式转向操纵机构。这种转向操纵机构的转向轴分为上、下两段，如图 1-10a 所示。上转向轴 2 套装在下转向轴 3 的内孔中，两者通过塑料销 1 结合在一起（也有采用细花键结合的），并传递转向力矩。塑料销 1 的传力能力受到严格的限制，它既能可靠地传递转向力矩，又能在受到冲击时被剪断，起安全销的作用。

这种转向操纵机构的转向管柱 6 的部分管壁制成网格状，使其在受到压缩时很容易发生轴向变形，并消耗一定的变形能量，如图 1-10b 所示。另外，车身上固定管柱的上托架 8 也是通过两个塑料安全销 7 与管柱连接的。当这两个塑料安全销被剪断后，整个管柱就能前、后自由移动。

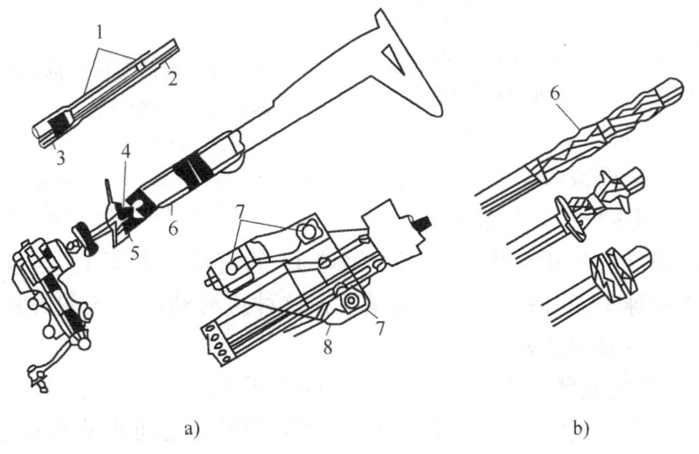

图 1-10 网状管柱变形式转向操纵机构

1—塑料销 2—上转向轴 3—下转向轴 4—凸缘盘 5—下托架 6—转向管柱 7—塑料安全销 8—上托架

当发生第一次碰撞时，其一，塑料销 1 被剪断，上转向轴 2 将沿下转向轴 3 的内孔滑动伸缩。其二，转向管柱 6 上的网格部分被压缩而发生变形，这两个过程都会消耗一部分冲击能量，从而阻止了转向管柱 6 整体向上移动，避免了转向盘对驾驶人的挤压伤害。第二次碰撞时，固定转向管柱 6 的塑料安全销 7 被剪断，使转向管柱和转向轴的上端能自由移动。同时，当转向管柱 6 受到来自上端的冲击力后，会再次被轴向压缩而发生变形并消耗冲击能量，如图 1-10b 所示。这样，由转向系统引起的对驾驶人的冲击和伤害被大大降低了。

2）钢球滚压变形式转向操纵机构。图 1-11a 所示为一种用钢球连接的分开式转向柱。转向轴分为上转向轴 16 和套在轴上的下转向轴 15 两部分，二者用塑料销钉 17 连成一体。转向管柱也分为上转向管柱 4、14 和下转向管柱 3、13 两部分，上、下转向管柱之间装有钢球 18，下转向柱管的外径与上转向柱管的内径之间的间隙比钢球 18 的直径稍小。上、下转向柱管连同转向管柱托架 7、11 通过特制橡胶垫 6、10 固定在车身上，橡胶垫则利用塑料销钉 12、17 与转向管柱托架 7、11 连接。

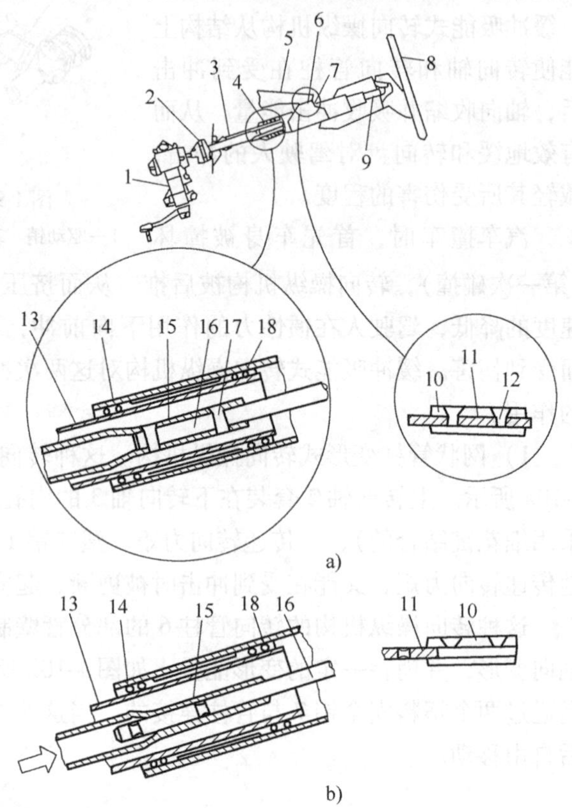

图 1-11 钢球滚压变形式转向管柱

1—转向器总成 2—挠性联轴器 3、13—下转向管柱 4、14—上转向管柱 5—车身 6、10—橡胶垫 7、11—转向管柱托架 8—转向盘 9、16—上转向轴 12、17—塑料销钉 15—下转向轴 18—钢球

当发生第一次碰撞时，将连接上、下转向轴的塑料销钉 12、17 切断，下转向轴便套在上转向轴 9、16 上向上滑动，如图 1-11b 所示。在这一过程中，上转向轴 9、16 和上转向管柱 4、14 之间的空间位置没有因冲击而上移，故可使驾驶人免受伤害。第二次碰撞时，则连接橡胶垫 6、10 与转向管柱托架 7、11 的塑料销钉 12、17 被切断，转向管柱托架 7、11 脱离橡胶垫 6、10，即上转向轴 9、16 和上转向管柱 4、14 连同转向盘 8、转向管柱托架 7、11 一起，相对于下转向轴 15 和下转向管柱 3、13 向下滑动，从而减缓了对驾驶人胸部的冲击。在上述两次冲击过程中，上、下转向柱管之间均产生相对滑动。因为钢球 18 的直径稍大于上、下转向柱管之间隙，所以滑动中带有对钢球 18 的挤压，冲击能量就在这种边滑动边挤压的过程中被吸收。日本丰田汽车的一些车型就采用这种形式。

3）波纹管变形吸能式转向操纵机构。如图 1-12 所示，波纹管变形吸能式转向操纵机构的转向轴和转向管柱都分成两段，上转向轴 3 和下转向轴 1 之间通过细齿花键 5 连接并传递转向力矩，同时这两者之间可以作轴向伸缩滑动。在下转向轴 1 的外边装有波纹管 6，它在受到冲击时能作轴向压缩变形并消耗冲击能量。下转向管柱 7 的上端套在上转向管柱 4 里面，但两者不直接连接，而是通过管柱压圈和限位块 2 分别对它们进行定位。当汽车撞车时，下转向管柱7向上移动，在第一次碰撞力的作用下限位块2首先被剪断并消耗能量，同时转向管柱和转向轴都作轴向收缩。在受到第二次碰撞时，上转向轴3下移，压缩波纹管6，使之压缩变形并消耗冲击能量。

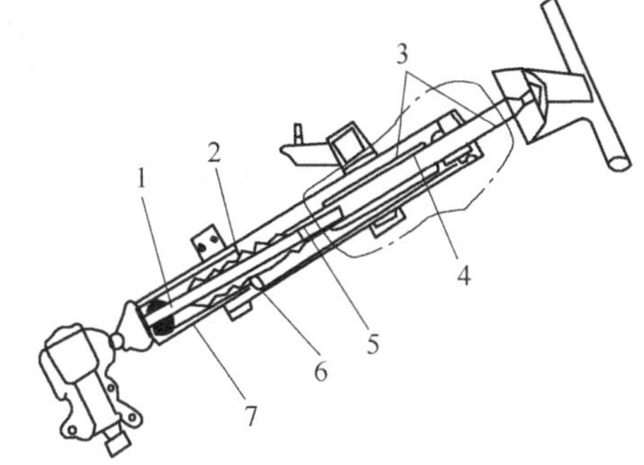

图1-12 波纹管变形吸能式转向操纵机构
1—下转向轴 2—限位块 3—上转向轴 4—上转向管柱 5—细齿花键 6—波纹管 7—下转向管柱

3. 可调节式转向柱

驾驶人不同的驾驶姿势和身材对转向盘的最佳操纵位置有不同的要求。而且，转向盘的这一位置往往会与驾驶人进、出汽车的方便性发生矛盾。为此，一些汽车装设了可调节式转向柱，使驾驶人可以在一定的范围内调节转向盘位置。

转向柱调节的形式分为倾斜角度调节和轴向位置调节两种。图1-13所示为转向轴倾斜角度调整机构。转向管柱2的上段和下段分别通过倾斜调整支架7和下托架6与车身相连，而且转向管柱2由倾斜调整支架7夹持并固定。倾斜调整用锁紧螺栓5穿过倾斜调整支架7上的长孔3和转向管柱2，螺栓的左端为左旋螺纹，调整手柄4即拧在该螺纹上。当向下扳动手柄时，锁紧螺栓5的螺纹放松，转向管柱即可以在以下托架6上的枢轴1为中心、在装有螺栓的支架长孔3范围内上、下移动。确定了转向管柱2的合适位置后，向上扳动调整手柄4，从而将转向管柱2定位。

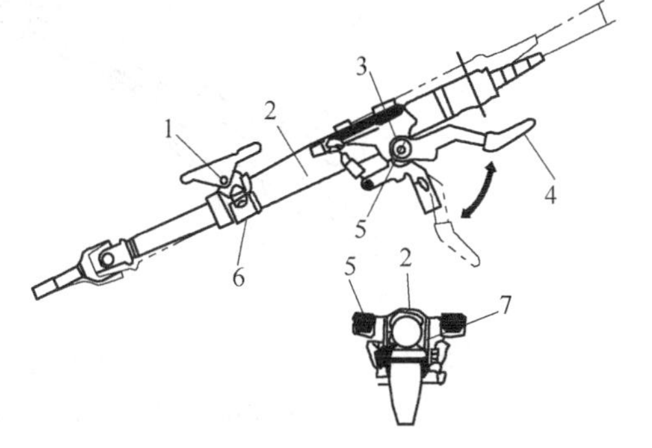

图1-13 转向轴倾斜角度调整机构
1—枢轴 2—转向管柱 3—长孔 4—调整手柄 5—锁紧螺栓 6—下托架 7—倾斜调整支架

图1-14a所示的是一种转向轴伸缩机构。转向轴分为上、下两段，二者通过花键连接。上转向轴2由调节螺栓4通过楔状限位块5夹紧定位。调节螺栓4的一端拧有调节手柄3。当需要调整转向轴的轴向位置时，先向下推调节手柄3，使楔状限位块5松开，再轴向移动转向盘，调整到合适的位置后，向上拉调节手柄3，将上转向轴2锁紧定位。

富康轿车采用的转向盘高度可调节机构的工作原理与此类似，如图1-14b所示。调整转向盘的高度应在汽车停驶状态下进行，并且先将座椅的位置调至适当。转向盘高度的调整方法是：将调整手柄3向前推到底（压下），以便松开锁紧机构，转向轴能以下支架的中枢轴为中心作一定角度的上、下摆动，使转向盘的位置作相应的调整。当转向盘调到驾驶人认可的最舒服的驾驶位置时，再将调整手柄3向后拉到底（拉上），转向管柱就被锁住，转向盘也就定位在最佳的位置上。

三、转向传动机构

1. 转向传动机构的功用

转向传动机构的功用是将转向器输出的力和运动传给转向轮，使两侧转向轮偏转以实现汽车转向，并保证左、右转向轮的偏转角按一定关系变化。

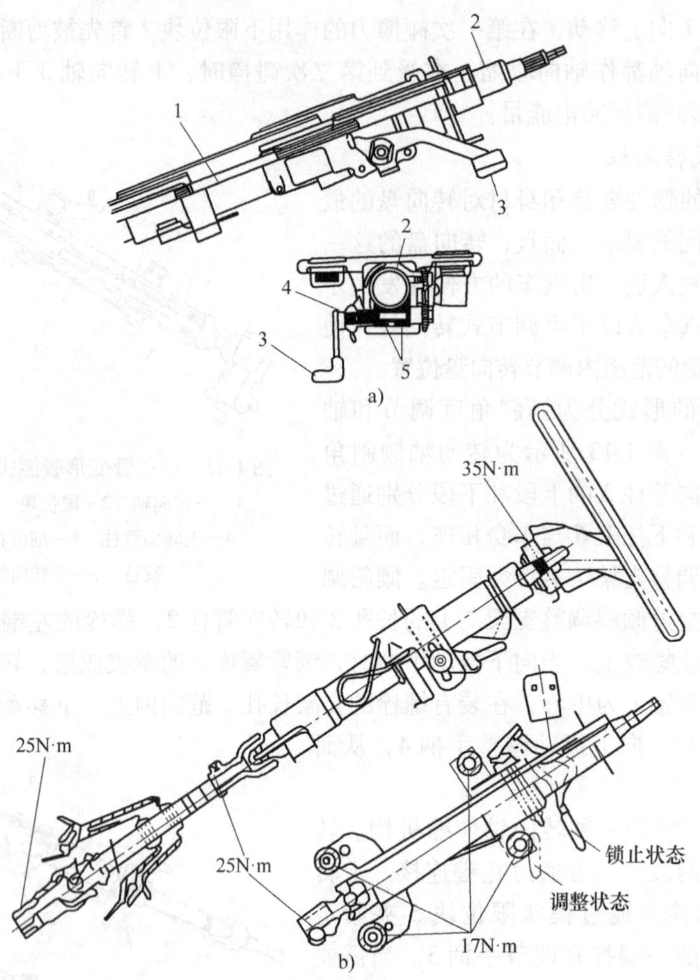

图 1-14 转向轴伸缩机构

a）转向轴伸缩机构 b）富康轿车的转向盘高度可调节机构

1—下转向轴 2—上转向轴 3—调节手柄 4—调节螺栓 5—楔状限位块

2. 转向传动机构的组成及构造

（1）与非独立悬架配用的转向传动机构 与非独立悬架配用的转向传动机构示意图如图 1-15 所示，它一般由转向摇臂 2、转向直拉杆 3、转向节臂 4、两个转向梯形臂 5 和转向横拉杆 6 等组成。各杆件之间都采用球形铰链连接，并设有防止松动、缓冲吸振且自动消除磨损后的间隙等结构。

当前桥仅为转向桥时，由左、右转向梯形臂 5 和转向横拉杆 6 以及前轴组成的转向梯形一般布置在前桥之后，如图 1-15a 所示，称为后置式。这种布置简单方便，且后置的转向横拉杆 6 有前面的车桥做保护，可避免直接与路面障碍物相碰撞而损坏。当发动机位置较低或前桥为转向驱动桥时，往往将转向梯形布置在前桥之前，如图 1-15b 所示，称为前置式。若转向摇臂 2 不是在汽车纵向平面内前、后摆动而是在与路面平行的平面内左、右摆动，则可将转向直拉杆 3 横向布置，并借球头销直接带动转向横拉杆 6，从而推动左、右转向梯形臂 5 转动，如图 1-15c 所示。

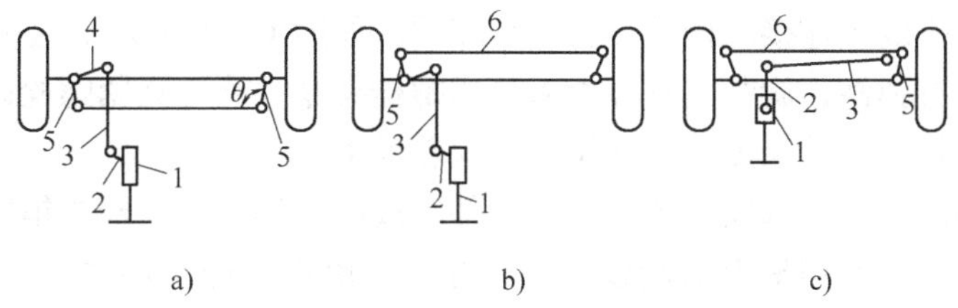

图1-15　与非独立悬架配用的转向传动机构示意图

1—转向器　2—转向摇臂　3—转向直拉杆　4—转向节臂

5—转向梯形臂　6—转向横拉杆

1）转向摇臂。图1-16所示为常见转向摇臂的结构形式，其大端具有三角细花键锥形孔，用来与转向摇臂轴1外端相连接，并用螺母固定；其小端带有球头销3，以便与转向直拉杆作空间铰链连接。转向摇臂2安装后从中间位置向两边摆动的角度应大致相等，故在把转向摇臂2安装到转向摇臂轴1上时，二者相应的角度位置应正确。为此，常在转向摇臂大孔外端面上和转向摇臂轴的外端面上各刻有短线，或是在二者的花键部分上都少铣一个齿作为装配标记。装配时应将标记对齐。

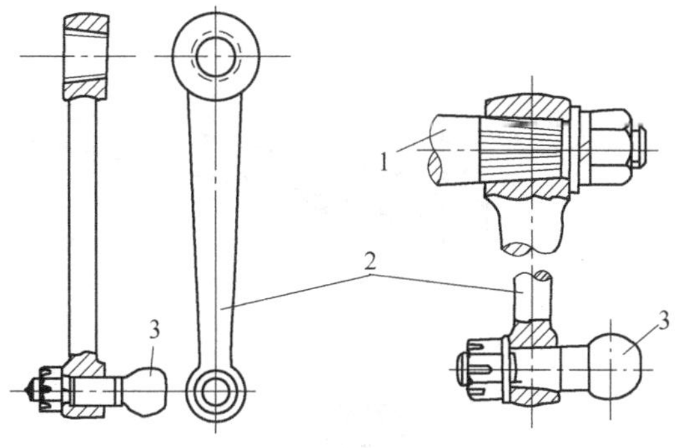

图1-16　转向摇臂

1—转向摇臂轴　2—转向摇臂　3—球头销

2）转向直拉杆。图1-17所示为解放CA1092型汽车的转向直拉杆。直拉杆体7由两端扩大的钢管制成，在扩大的端部里，装有由球头销13、球头座2、弹簧座4、压缩弹簧3和端部螺塞1等组成的球铰链。球头销13的锥形部分与转向摇臂12相连接，并用螺母固定；其球头部分的两侧与两个球头座配合，前球头座靠在端部螺塞1上，后球头座在弹簧的作用下压靠在球头上，这样，两个球头座就将球头紧紧夹持住。为保证球头与球座的润滑，可从油嘴5、8注入润滑脂。拆装时供球头出入的直拉杆体上的孔口用油封垫10的护套盖住，以防止润滑脂流出和污物侵入。

压缩弹簧3能自动消除因球头与球头座磨损而产生的间隙，弹簧座4的小端与球头座之间留有不大的间隙，作为弹簧缓冲的余地，并可限制缓冲时弹簧的压缩量（防止弹簧过载）。此外，当弹簧折断时此间隙可保证球头销不致从管孔中脱出。端部螺塞1可以调整此间隙，调整间隙的同时也调整了前弹簧的预紧度，调好后用开口销固定螺塞的位置，以防松动。

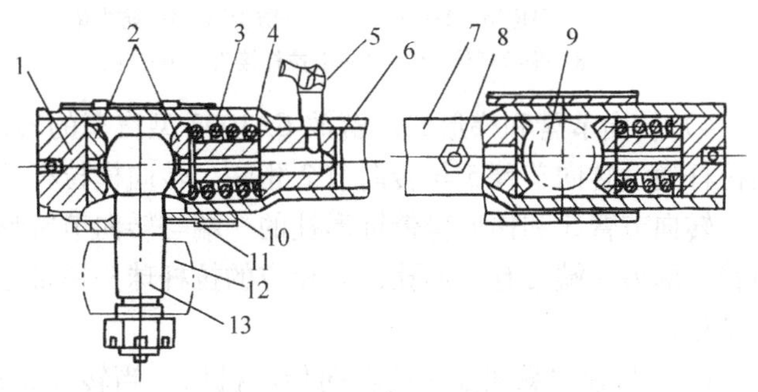

图1-17　解放CA1092型汽车的转向直拉杆

1—端部螺塞　2—球头座　3—压缩弹簧　4—弹簧座　5、8—油嘴

6—座塞　7—直拉杆体　9—转向节臂球头销　10—油封垫

11—油封垫护套　12—转向摇臂　13—球头销

3）转向横拉杆。图1-18a所示为解放CA1092型汽车的转向横拉杆，横拉杆体用钢管制成，其两端切有螺纹，一端为右旋，一端为

左旋，与横拉杆接头旋装连接。两端接头结构相同，如图 1-18b 所示。接头的螺纹孔壁上开有轴向切口，故具有弹性，旋装到杆体上后可用螺栓夹紧。旋松夹紧螺栓以后，转动横拉杆体，可改变转向横拉杆的总长度，从而调整转向轮前束。

在横拉杆两端的接头上都装有球头销等零件组成的球形铰链。球头销的球头部分被夹在上、下球头座内，球头座用聚甲醛制成，有较好的耐磨性。球头座的形状如图 1-18c 所示。装配时，上、下球头座凹凸部分互相嵌合。弹簧通过弹簧座压向球头座，以保证两球头座与球头紧密接触，在球头和球头座磨损时能自动消除间隙，同时还起缓冲作用。弹簧的预紧力由螺塞调整。球铰上部有防尘罩，以防止尘土侵入。球头销的尾部锥形柱与转向梯形臂连接，并用螺母固定、开口销锁紧。

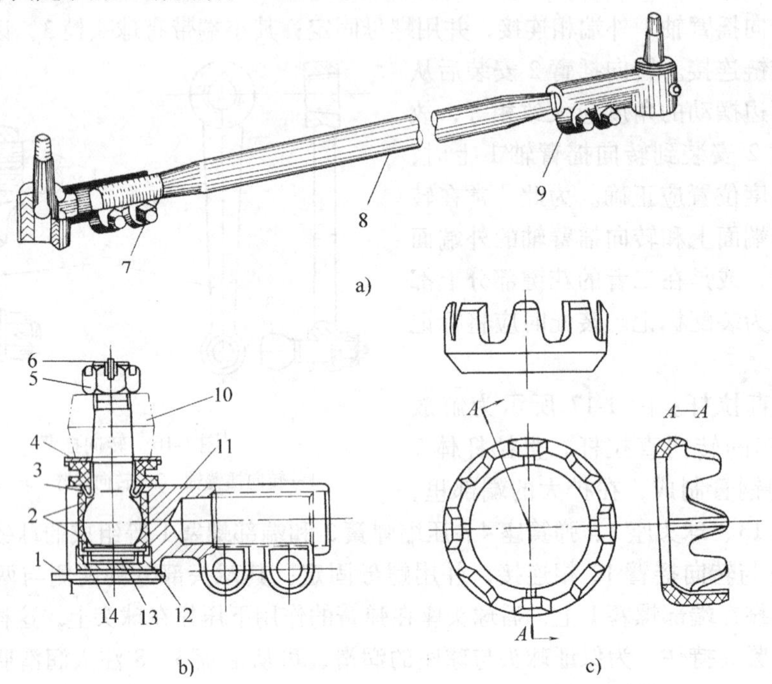

图 1-18 解放 CA1092 型汽车的转向横拉杆

a）转向横拉杆 b）接头 c）球头座

1—限位销 2—球头座 3—防尘罩 4—防尘垫 5—螺母 6—开口销 7—夹紧螺栓 8—横拉杆体 9、11—横拉杆接头 10—球头销 12—弹簧座 13—弹簧 14—螺塞

4）转向节臂和梯形臂。解放 CA1092 型汽车的转向节臂和梯形臂如图 1-19 所示，转向横拉杆通过转向节臂 5 与转向节 2 相联。转向横拉杆两端经左、右转向梯形臂与转向节 2 相联。转向节臂 5 和梯形臂带锥形柱的一端与转向节锥形孔相配合，用键防止螺母松动。转向节臂 5 的另一端带有锥形孔，与相应的拉杆球头销锥形柱相配合，同样用螺母紧固后插入开口销锁住。

（2）与独立悬架配用的转向传动机构　当转向轮采用独立悬架时，由于每个转向轮都需要相对于车架（或车身）作独立运动，所以，转向桥必须是断开式的。与此同时，转向传动机构中的转向梯形也必须分成两段或三段，图 1-20 所示为几种独立悬架配用的转向传动机构示意图。其中，图 1-20a、b 所示的转向传动机构与循环球式转向器配用，图 1-20c、d 所示的转向传动机构与齿轮齿条式转向器配用。

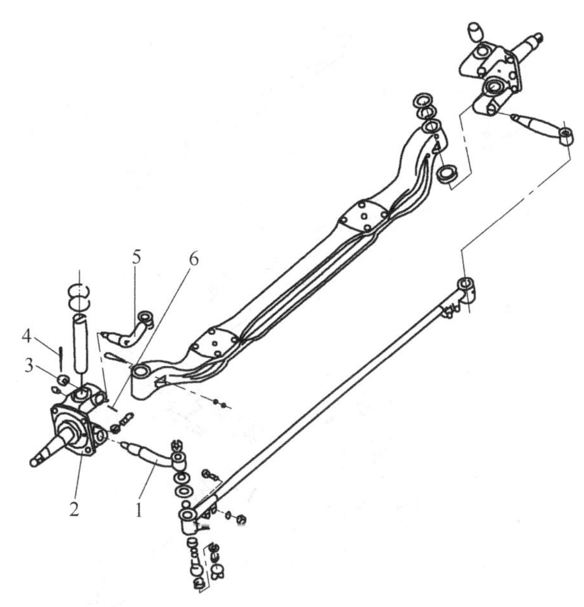

图1-19 解放CA1092型汽车的转向节臂和梯形臂

1—左转向梯形臂 2—转向节 3—锁紧螺母

4—开口销 5—转向节臂 6—键

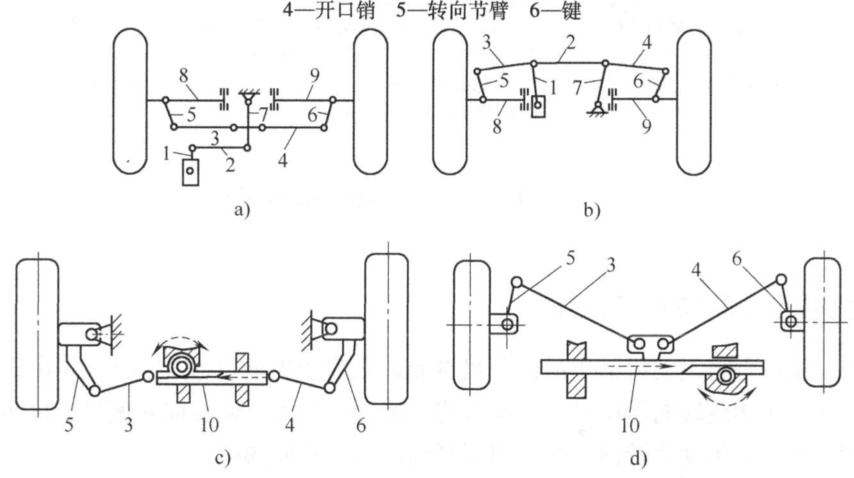

图1-20 与独立悬架配用的转向传动机构示意图

1—转向摇臂 2—转向直拉杆 3—左转向横拉杆 4—右转向横拉杆 5—左梯形臂

6—右梯形臂 7—摇杆 8—悬架左摆臂 9—悬架右摆臂 10—齿轮齿条式转向器

上海桑塔纳轿车的转向传动机构解体图如图1-21所示。转向齿条一端输出动力，齿条输出端8铣有平面并钻孔，用两个螺栓与转向支架17连接。转向支架17下端的两个孔分别与左、右转向横拉杆总成15、12的内端相连。横拉杆外端的球头销16、13分别与左、右转向节臂连接。通过调节杆A、B可以改变两根横拉杆总成的长度，以调整前束。

为了避免转向轮的摆振、减缓传至转向盘上的冲击和振动，转向器上还装有转向减振器2。转向减振器缸筒3固定在转向器壳体11上；其活塞杆端1经转向减振器支架18与转向齿条连接。

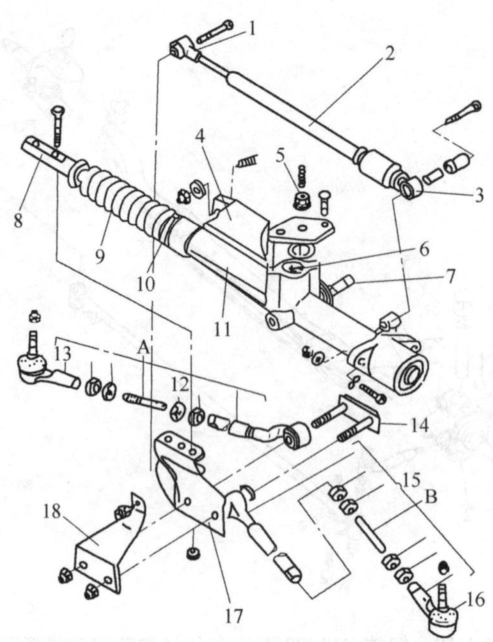

图 1-21 上海桑塔纳轿车的转向传动机构解体图

1—转向减振器活塞杆端 2—转向减振器 3—转向减振器缸筒端 4—转向器壳体凸台 5—锁紧螺母与调整螺栓 6—补偿弹簧 7—转向齿轮轴 8—齿条输出端 9—防尘罩 10—卡箍 11—转向器壳体 12—右横拉杆总成 13—右横拉杆球头销 14—连接件 15—左横拉杆总成 16—左横拉杆球头销 17—转向支架（齿条与横拉杆连接件） 18—转向减振器支架 A、B—调节杆

知识点 1.3 动力转向系统

一、机械动力转向系统概述

动力转向系统是将发动机输出的部分机械能转化为压力能（或电能），并在驾驶人控制下，对转向传动机构或转向器中某一传动件施加辅助作用力，使转向轮偏摆，以实现汽车转向的一系列装置。采用动力转向系统可以减轻驾驶人的转向操纵力。

动力转向系统通常是在机械转向系统的基础上加设一套转向加力装置构成的，动力转向系统按动力介质的不同分为气压式动力转向系统、液压式动力转向系统和电动式动力转向系统三类。

气压式动力转向系统主要用于采用气压制动系统的货车和客车。对于装载质量过大的货车，因为其气压制动系统的工作压力较低，使得部件结构复杂、尺寸过于庞大、消耗功率多、易产生泄漏，而且转向力也不易有效控制，所以这种助力系统不容易用于大型货车和小型轿车。电动式动力转向系统通常需要微型计算机控制，目前处于发展阶段，并未普及。液压式动力转向系统工作灵敏度高、结构紧凑、外廓尺寸较小、工作时无噪声且工作滞后时间短，而且能吸收来自不平路面的冲击。因此，液压式动力转向系统在各类汽车上都得到了广泛的应用。液压式动力转向系统按照液流形式的不同可以分为常流式液压动力转向系统和常压式液压动力转向系统；按照转向控制阀运动方式的不同又可以分为滑阀式液压动力转向系统和转阀式液压动力转向系统。下面先介绍液压式动力转向系统。

二、液压式动力转向系统的组成和工作原理

液压式动力转向系统通常由机械转向器、转向储油罐、转向液压泵、转向控制阀和转向动力缸组成。其中，后4个部件构成了转向加力装置，也称为转向加力器。

1. 液压常流滑阀式动力转向系统的组成和工作原理

（1）组成　液压常流滑阀式动力转向系统的基本组成如图1-22所示，主要包括机械转向器、转向储油罐、转向液压泵、转向控制阀和转向动力缸等。

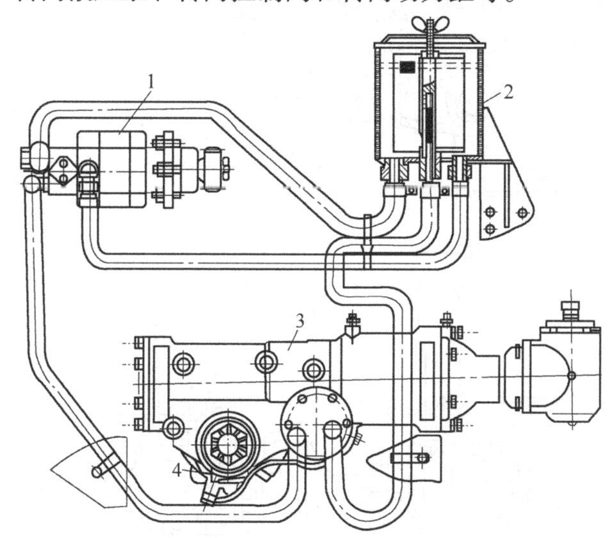

图1-22　液压常流滑阀式动力转向系统的基本组成

1—转向液压泵　2—转向储油罐　3—滑阀式整体动力转向器　4—转向摇臂

（2）工作原理　汽车直线行驶时，如图1-23a所示，滑阀1在滑阀复位弹簧3的作用下保持在中间位置。转向控制阀内各环槽相通，自转向液压泵15输送出来的油液进入阀体环槽*A*之后，经环槽*B*和*C*分别流入转向动力缸8的*R*（右）腔和*L*（左）腔，同时又经环槽*D*和*E*进入回油管道流回转向储油罐14。这时，滑阀与阀体各环槽槽肩之间的间隙大小相等，油路畅通，转向动力缸8因左、右腔油压相等而不起加力作用。

汽车右转弯行驶时，驾驶人通过转向盘使转向螺杆5向右转动（顺时针）。开始时，转向螺母暂时不动，具有左旋螺纹的转向螺杆5在转向螺母9的推动下向右作轴向移动，带动滑阀1压缩滑阀复位弹簧3向右移动，消除左端间隙h，如图1-23b所示。此时，环槽*C*与环槽*E*之间、环槽*A*与环槽*B*之间的油路通道被滑阀和阀体相应的槽肩封闭，而环槽*A*与环槽*C*之间的油路通道增大，液压泵送来的油液自环槽*A*经环槽*C*流入转向动力缸的*L*腔，*L*腔成为高压油区。*R*腔油液经环槽*B*、环槽*D*及回油管流回转向储油罐14，转向动力缸8的活塞右移，使转向摇臂7逆时针转动，从而起加力作用。

只要转向盘和转向螺杆5继续转动，加力作用就一直存在。当转向盘转过一定角度保持不动时，转向螺杆5作用于转向螺母9的力消失，但转向动力缸的活塞仍继续右移，转向摇臂7继续沿逆时针方向转动，其上端拨动转向螺母9，带动转向螺杆5及滑阀一起向左移动，直到滑阀1恢复到中间稍偏右的位置。此时L腔的油压仍高于R腔的油压，此压力差

在转向动力缸活塞上的作用力用来克服转向轮的回正力矩，使转向轮的偏转角维持不动，这就是转向的维持过程。

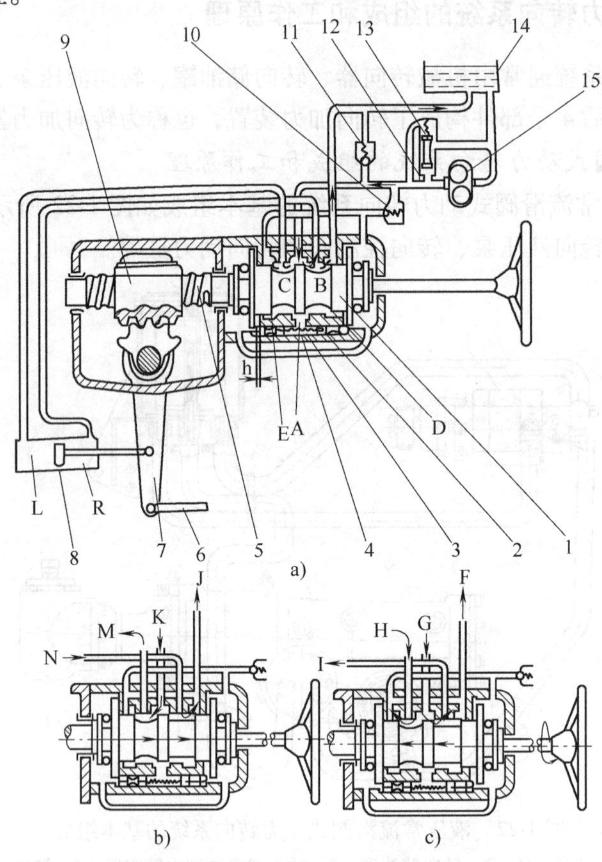

图 1-23 液压常流滑阀式动力转向装置

a）直线行驶 b）右转弯行驶 c）左转弯行驶

1—滑阀 2—反作用柱塞 3—滑阀复位弹簧 4—阀体 5—转向螺杆 6—转向直拉杆 7—转向摇臂 8—转向动力缸 9—转向螺母 10—单向阀 11—安全阀 12—节流孔 13—溢流阀 14—转向储油罐 15—转向液压泵

F、J—回油箱 G、K—进油 H—自 L 腔来 I—去往 R 腔 M—去往 L 腔 N—自 R 腔来

松开转向盘，滑阀在滑阀复位弹簧 3 和反作用柱塞 2 上的油压的作用下回到中间位置，转向动力缸停止工作。转向轮在前轮定位产生的回正力矩的作用下自动回正，通过转向螺母 9 带动转向螺杆 5 反向转动，使转向盘回到直线行驶位置。如果滑阀不能回到中间位置，汽车将在行驶中跑偏。

汽车左转弯行驶时，滑阀工作过程与上述相似，只是转动方向相反，进油与回油路线也相反，如图 1-23c 所示。

在对装的反作用柱塞 2 的内端，滑阀复位弹簧 3 所在的空间在转向过程中总是与转向动力缸高压油腔相通。此油压与转向阻力成正比，作用在反作用柱塞 2 的内端。转向时，要使滑阀移动，驾驶人作用在转向盘上的力，不仅要克服转向器内的摩擦阻力和复位弹簧的张力，还要克服作用在反作用柱塞 2 上的油液压力。所以，转向阻力增大，油液压力也增大，驾驶人作用在转向盘上的力也必须增大，使驾驶人感觉到转向阻力的变化情况，这种作用就是“路感”。

液压常流滑阀式动力转向系统结构复杂、体积大，大多应用于大型货车、客车和工程机械。

2. 液压常流转阀式动力转向系统的组成和工作原理

（1）组成 液压常流转阀式动力转向系统的基本组成如图1-24所示，也是由转向液压泵、转向动力缸、转向储油罐和转向控制阀等组成。

（2）工作原理 液压常流转阀式动力转向系统的工作原理如图1-25所示。

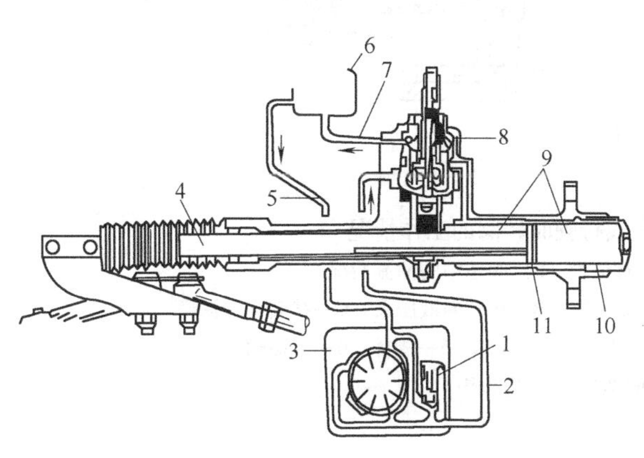

图1-24 转阀式动力转向系统的基本组成
1—压力和流量限制阀 2—高压油管 3—转向液压泵 4—齿条 5—吸油管 6—转向储油罐 7—回油管 8—转向控制阀 9—压力室 10—动力油缸 11—活塞

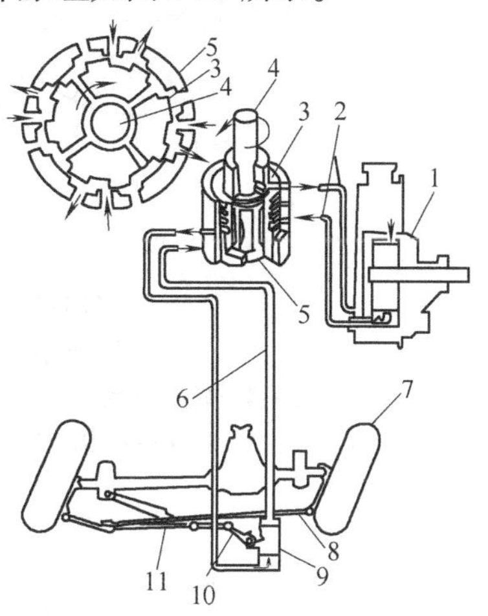

图1-25 液压常流转阀式动力转向系统的工作原理
1—转向液压泵 2、6—油管 3—阀体 4—转向齿轮轴 5—阀芯 7—车轮 8—转向拉杆 9—转向动力缸 10—转向摇臂 11—转向横拉杆

1）直线行驶。当汽车直线行驶时，转阀处于中间位置，如图1-26a所示。工作油液从转向器壳体的进油孔B流到阀体5的中间油环槽中，经过其槽底的通孔进入阀体5和阀芯4之间，此时阀芯处于中间位置。进入的油液分别通过阀体和阀芯纵槽和槽肩形成的两边相等的间隙，再通过阀芯的纵槽以及阀体的径向孔流向阀体外圆上、下油环槽，通过壳体油道流到转向动力缸的左转向动力腔L和右转向动力腔R。流入阀体内腔的油液在通过阀芯纵槽流向阀体上油环槽的同时，通过阀芯槽肩上的径向油孔流到转向螺杆和输入轴之间的空隙中，从回油口经油管回到储油罐中去，形成常流式油液循环。此时，上、下腔的油压相等且很小，齿条-活塞既没有受到转向螺杆的轴向推力，也没有受到上、下腔因压力差造成的轴向推力。齿条-活塞处于中间位置，动力转向器不工作。

2）左转向。左转向时（右转向与此正好相反），转动转向盘，短轴逆时针转动，通过下端轴销带动阀芯同步转动，同时弹性扭杆也通过轴盖、阀体上的销子带动阀体转动，阀体通过缺口和销子带动螺杆旋转，但由于转向阻力的存在，促使扭杆发生弹性扭转，造成阀体转动角度小于阀芯的转动角度，二者产生相对角位移，如图1-27b所示。造成通下腔的进油缝隙减小（或关闭），回油缝隙增大，油压降低；上腔正好相反，油压升高。上、下动力腔产生油压差，齿条-活塞在油压差的作用下移动，产生助力作用。

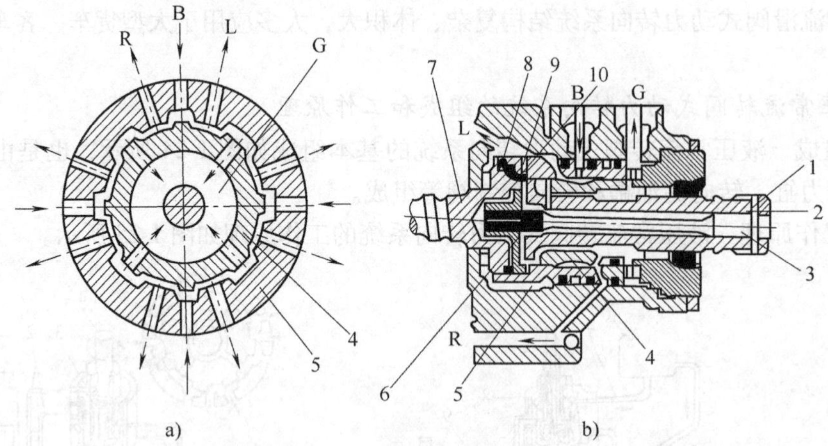

图 1-26 汽车直线行驶时转阀的工作情况

a）阀芯与阀体的相对位置 b）阀芯中的油流情况

R—接右转向动力缸 L—接左转向动力缸 B—接转向液压泵 G—接转向储油罐

1、8、10—锁销 2—短轴 3—扭杆 4—阀芯 5—阀体 6—下端轴盖

7—转向螺杆 9—定位销

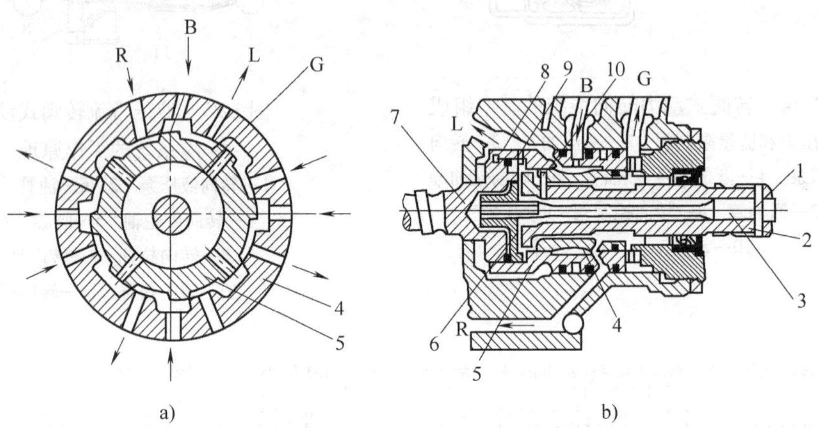

图 1-27 汽车左转向时转阀的工作情况

a）阀芯与阀体的相对位置 b）阀芯中的油流情况

R—接右转向动力缸 L—接左转向动力缸 B—接转向液压泵 G—接转向储油罐

1、8、10—锁销 2—短轴 3—扭杆 4—阀芯 5—阀体 6—下端轴盖

7—转向螺杆 9—定位销

当转向盘转动后停在某一位置，阀体随转向螺杆在液力和扭杆弹力的共同作用下，沿转向盘转动方向旋转一个角度，使之与滑阀的相对角位移量减小，上、下转向动力缸油压差减小，但仍有一定的助力作用。使助力转矩与车轮的回正力矩相平衡，车轮维持在某一转角位置上。

在转向过程中，若转向盘转动的速度快，则阀体与阀芯的相对角位移量也大，上、下转向动力腔的油压差也相应地加大，前轮偏转的速度也加快；转向盘转动得慢，前轮偏转得也慢；转向盘转到某一位置上不动，前轮也偏转到某一位置上不变，此即“快转快助，大转大助，不转不助”原理。

转向后需要回正时，驾驶人放松转向盘，阀芯在弹性扭杆的作用下回到中间位置，失去了助力作用，转向轮在回正力矩的作用下自动回位。若驾驶人同时回转转向盘，则转向助力器助力，帮助车轮回正。

当汽车直线行驶偶遇外界阻力使转向轮发生偏转时，阻力矩通过转向传动机构、转向螺杆、扭杆与阀体的锁定销作用在阀体上，使之与阀芯之间产生相对角位移，动力缸上、下腔油压不等，产生与转向轮转向相反的助力作用，转向轮迅速回正，保证汽车直线行驶的稳定性。

当液压动力转向装置失效后，失去方向控制是非常危险的，所以，一旦液压动力转向装置失效，该动力转向器将变成机械转向器，动力传递路线与机械转向系统完全一致。

三、液压式动力转向系统的主要部件

1. 整体式动力转向器

北京切诺基汽车转阀整体式动力转向器的结构如图1-28所示，主要由机械转向器、转向动力缸和旋转式转向控制阀三者组合而成。把机械转向器、转向控制阀和转向动力缸三者组装在一起的动力转向器，称为整体式动力转向器。

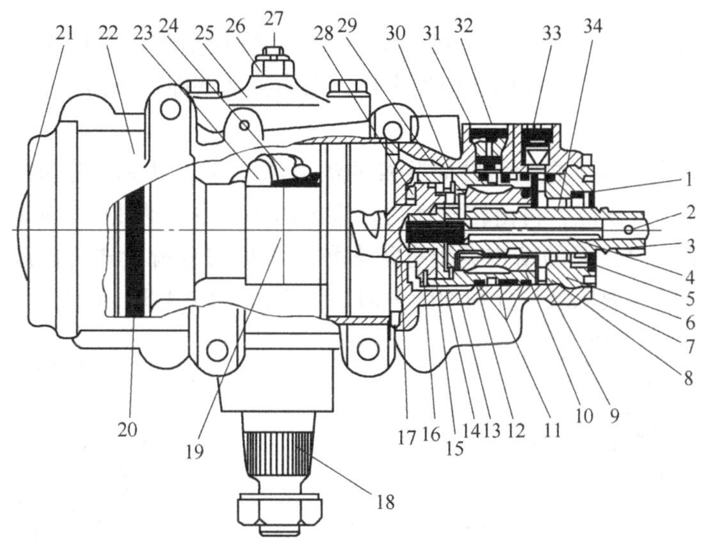

图1-28 北京切诺基汽车转阀整体式动力转向器的结构

1—卡环 2、16、30—锁销 3—短轴 4—扭杆 5—骨架油封 6—调整螺塞 7—螺母 8、10、11、15、20—O形圈 9、28—推力滚针轴承 12—阀芯 13—阀体 14—F端轴盖 17—转向螺杆 18—转向摇臂轴 19—转向螺母（齿轮、齿条） 21—转向器端盖 22—壳体 23—循环球导管 24—导管压板 25—侧盖 26—锁紧螺母 27—调整螺钉 29—定位销 31—单向阀 32—进油口 33—出油口 34—滚针轴承

（1）机械转向器　机械转向器为循环球式，有两级传动副，第一级是螺杆-螺母（活塞-齿条）传动副，第二级是齿条-齿扇传动副。转向器壳体侧盖上的调整螺钉27及锁紧螺母26，用来调整齿条和齿扇之间的啮合间隙。

（2）转向控制阀　转向控制阀用于控制压力油的流动方向，主要由阀体（阀套）3、阀芯4、输入轴组件及密封件等组成，如图1-29和图1-30所示。扭杆1的一端同阀体（阀套）3连接在转向轴上，另一端通过定位销与阀芯4相连。阀体3和阀芯4上开有相对应的油道，动力缸左腔和右腔分别与阀体上相对应的两油道相连，阀上还开有回油道。

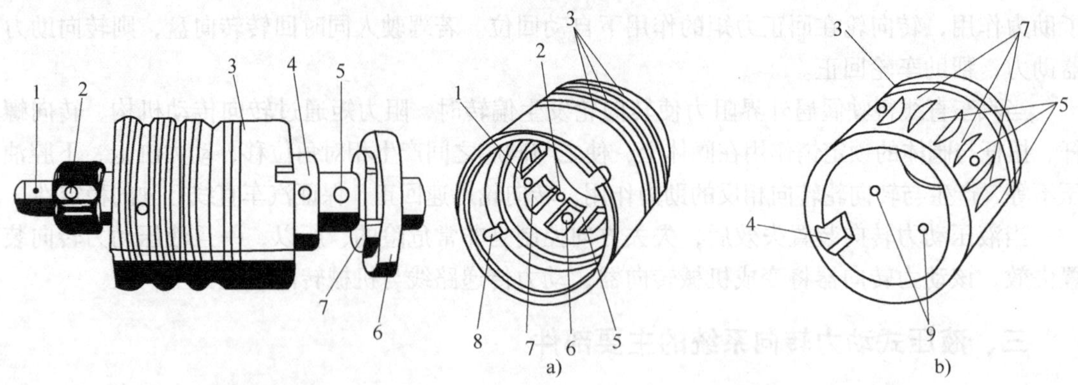

图1-29 输入轴组件

1—扭杆 2、5—锁销 3—阀体（阀套） 4—阀芯 6—轴盖 7—短轴

图1-30 阀体及阀芯的结构

a）阀体 b）阀芯

1—小孔（通动力缸前腔） 2—小孔（通动力缸后腔） 3—环槽 4—缺口 5—槽肩 6—孔（通进油口） 7—纵槽 8—锁销 9—孔（通回油孔）

（3）转向动力缸 转向动力缸为双向作用型，其作用是利用油压来扩大传送到转向传动机构上的转向力。动力缸缸体即转向器壳体，动力缸活塞即齿条活塞。

2. 转向液压泵

（1）功用 转向液压泵是动力转向装置的动力源，其功用是将发动机的机械能变为驱动转向动力缸工作的液压能，再由转向动力缸输出的转向力驱动转向车轮转向。

（2）类型 转向液压泵的结构类型有很多种，常见的有齿轮式转向液压泵、转子式转向液压泵和叶片式转向液压泵，分别如图1-31、图1-32和图1-33所示。

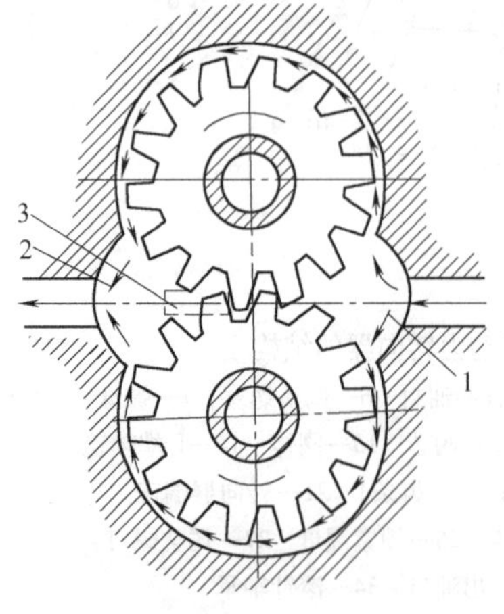

图1-31 齿轮式转向液压泵

1—进油口 2—出油口 3—卸荷槽

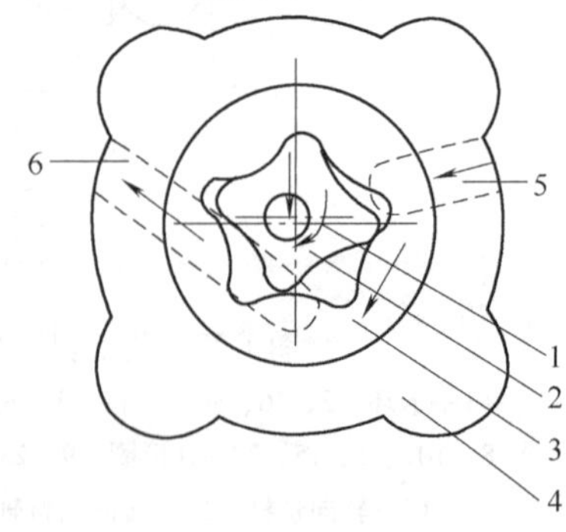

图1-32 转子式转向液压泵

1—主动轴 2—内转子 3—外转子 4—液压泵壳体 5—进油口 6—出油口

3. 转向储油罐

转向储油罐的作用是储存、滤清液压系统中转向动力缸所用的油液。

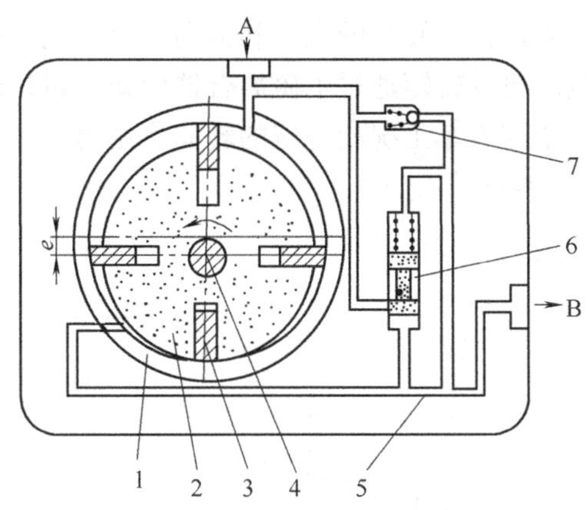

图 1-33 叶片式转向液压泵

1—定子 2—转子 3—叶片 4—转子轴
5—出油管道 6—溢流阀 7—安全阀
A—进油孔 B—出油孔

知识点 1.4 电子控制动力转向系统

电子控制动力转向系统包括电动动力转向系统、电子-液力式动力转向系统、电动-液力式转向系统。目前应用最多的为电动动力转向系统。

一、电动动力转向系统概述

动力转向系统中应用的助力装置主要有液压助力系统、电控液压助力系统（EHPS）和电动转向系统（EPS）。目前大多数商用汽车和约 50% 的轿车都采用动力转向，微型轿车也开始安装动力转向装置。液压助力转向系统从发明到现在已经有大约半个世纪的历史，可以说是一套较完善的系统。电控液压助力装置只是对液压助力装置添加电子装置，并没有从根本上解决液压助力装置存在的不足。随着汽车微电子技术的发展、汽车燃油节能的要求以及全球性的环保行动，其固有的不足已越来越明显，不能完全满足时代发展的要求。

EPS 使用电动机的动力帮助驾驶人进行转向。该系统采用了最新的电力电子技术和高性能的电机控制技术，能显著改善汽车的动态性能和静态性能，提高汽车行驶中驾驶人的舒适性和安全性，减少对环境的污染等。本知识点先介绍电动动力转向系统。

二、电动动力转向系统的组成、原理及特点

1. 电动动力转向系统的组成

如图 1-34 所示，电动动力转向系统一般由转矩传感器、车速传感器、电动机、电磁离合器、减速机构和电子控制单元等组成。电动机是电动动力转向系统的助力源，电子控制单元根据车速和转矩等参数，控制电动机工作，实现助力转向的作用。

2. 工作原理

当转向盘转向时，装在转向轴上的转矩传感器不断地测出转向轴上的转矩大小，并把它变成输出信号，该信号与车速信号同时输入电子控制单元。电子控制单元根据这些输入信

号，判断汽车的运行工况，确定助力转矩的大小和方向，控制电动机的电流大小和转向，进而调整转向助力的大小。电动机的转矩通过电磁离合器向减速机构减速增矩后，施加在汽车的转向机构上，使之获得一个与汽车工况相适应的转向作用力。

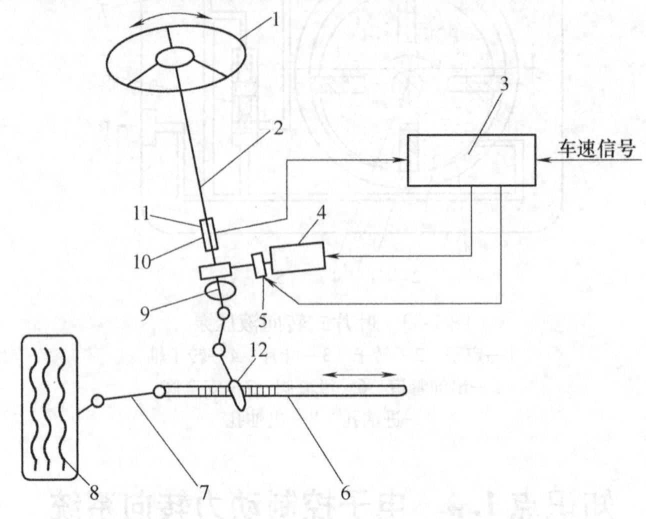

图1-34 电动动力转向系统的组成

1—转向盘 2—转向轴 3—电子控制单元 4—电动机 5—电磁离合器 6—齿条 7—横拉杆 8—转向轮 9—输出轴 10—扭力杆 11—转矩传感器 12—转向齿轮

3. 特点

（1）重量轻 电动式动力转向系统通常把电动机、离合器、减速装置和转向扭杆等各部件装配成一个整体，结构紧凑、重量较轻，与液压式动力转向系统相比，重量轻25%左右。

（2）能源消耗少 电动机只是在转向时才被接通电源，所以动力消耗和燃油消耗均可降到最低程度。而液压式动力转向系统的转向液压泵始终处于工作状态，动力消耗较大。

（3）减少环境污染 省去了油压系统的油路，没有漏油现象。

（4）转向助力特性好 由于微型计算机速度快，灵敏度高，可以按照汽车性能的需要设置、修改转向助力特性。

三、电动动力转向系统主要部件的结构及工作原理

电动动力转向系统主要由转矩传感器、电动机、电磁离合器及减速机构等组成，其各部分的结构和工作原理如下：

1. 转矩传感器

转矩传感器也称为转向传感器，其作用是测量转向轴与转向器之间的相对转矩，是电动助力的参数之一。

（1）转矩传感器的结构 实际应用的转矩传感器的结构如图1-35所示。

（2）转矩传感器的工作原理 无触点式转矩传感器的结构及工作原理如图1-36所示。

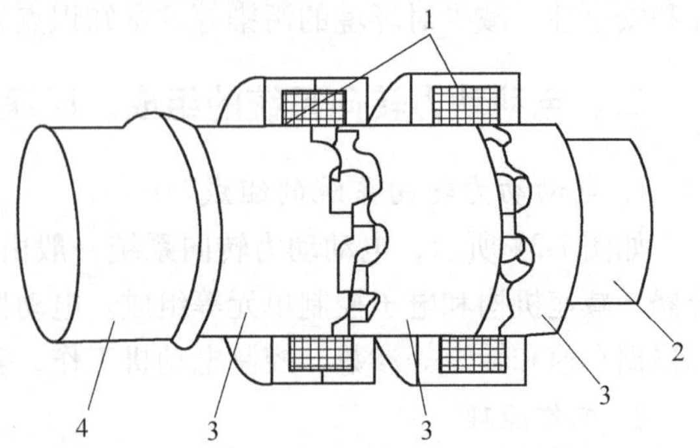

图1-35 实际应用的转矩传感器的结构

1—检测线圈 2—输入轴 3—检测环 4—输出轴

在输出轴的极靴上分别绕有A、B、C、D共4个线圈，汽车直行，转向轴处于中间位置时，扭力杆的纵向对称面正好处于极靴AC、BD的对称面上。当在两端V、W加上连续的输入脉冲电压信号U_1时，由于通过A、C、U、T的闭路磁通量为0，所以在U、T两端检测到的输出电压信号$U_0=0$；转向时，由于扭力杆和输出轴极靴之间发生相对扭转角位移θ时，极靴A、D之间的磁阻增加，B、C之间的磁阻减少，A、D与B、C之间的磁通量不能互相抵消，于是在U、T之间就出现了电位差。该电位差与扭力杆的扭转角θ和输入电压U_1成一定的函数关系。

通过测量U、T两端的电位差就可以测量出扭力杆的扭转角θ的大小，据此计算出转向盘施加的转矩。

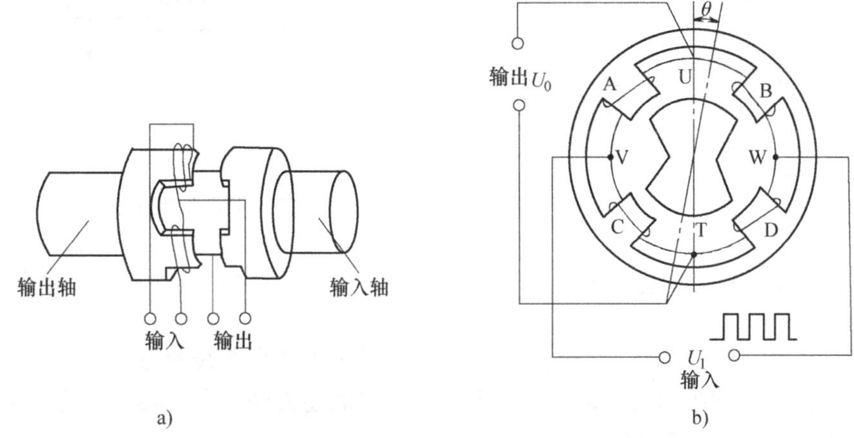

图1-36 无触点式扭矩传感器的结构及工作原理

a）结构 b）工作原理

2. 电动机、离合器与减速机构

电动机、离合器和减速机构组成的整体称为电机组件，其结构如图1-37所示。

(1) 电动机 转向助力电动机一般采用直流电动机，其工作原理与起动用直流电动机的原理基本相同。其电压为12V，最大通过电流一般为30A左右，额定转矩为10N·m左右。

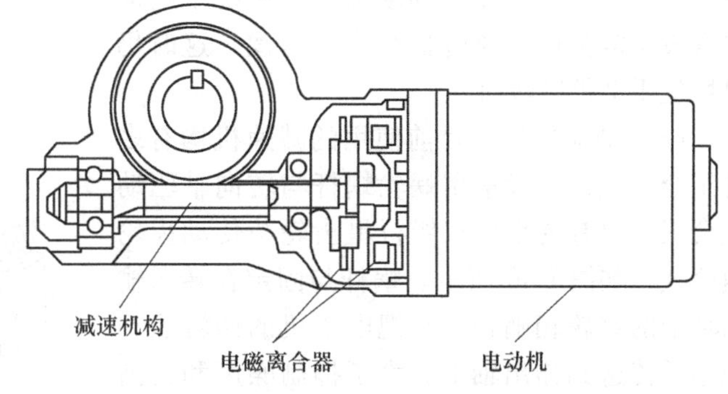

图1-37 电机组件的结构

电动机输出转矩的控制是通过控制其输入电流来实现的，而电动机的正转和反转则是由电子控制单元输出的正、反转触发脉冲控制的。图1-38所示是一种比较简单实用的电动机正反转控制电路。

a_1、a_2为触发信号端。从电子控制单元得到的直流信号输入到a_1、a_2端，用以触发电动机产生正、反转。当a_1端得到输入信号时，晶体管VT_3导通，VT_2管得到基极电流而导通，电流经VT_2管的发射极和集电极、电动机M、VT_3管的集电极和发射极搭铁，电动机有正向电流通过而正转。当a_2端得到输入信号时，晶体管T_4导通，VT_1管得到基极电流而导通，电流经过 VT_1 管的发射极和集电极、电动机 M、VT_4 管的集电极和发射极搭铁，电动机有反向电流通过而反转。控制触发信号端的电流大小，就可以控制电动机通过电流的大小。

（2）电磁离合器　一般使用干式单片电磁离合器，其结构如图 1-39 所示。它的工作电压为 12V，额定转速时传递的转矩为 15N·m，线圈电阻（20℃时）为 19.5Ω。

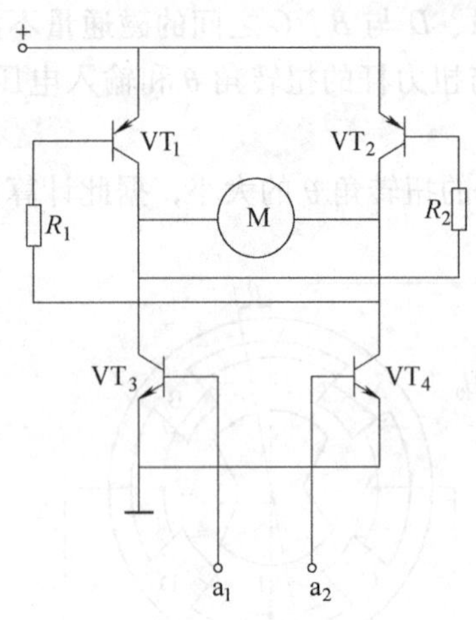

图 1-38　电动机正反转控制电路

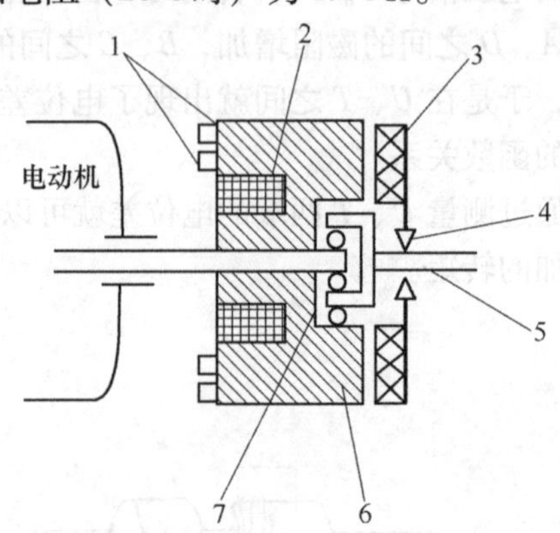

图 1-39　干式单片电磁离合器的结构

1—集电环　2—线圈　3—压板　4—花键　5—从动轴　6—主动轮　7—滚珠轴承

电磁离合器的工作原理是：当电流通过集电环 1 进入离合器线圈时，主动轮 6 产生电磁吸力，带花键的压板被吸引与主动轮 6 压紧，电动机的动力经过主动轴、主动轮 6、压板 3、花键 4、从动轴 5 传给执行机构。

由于转向助力的工作范围限定在一定速度区域内，所以离合器一般设定一个速度范围，如当车速超过 30km/h 时，离合器便分离，电动机也停止工作，这时就没有转向助力的作用。当电动机停止工作时，为了不使电动机及离合器的惯性影响转向系统的工作，离合器也应及时分离，以切断辅助动力。当系统中电动机等发生故障时，离合器会自动分离，这时仍可恢复手动控制转向。

（3）减速机构　目前使用的减速机构有多种组合方式，一般采用蜗轮蜗杆与转向轴驱动组合式；也有的采用双级行星齿轮与传动齿轮组合式，如图 1-40 所示。蜗杆与固定在转向输出轴上的蜗轮相啮合，它把电动机的回转运动减速后传递到输出轴上。为了抑制噪声和提高耐久性，减速机构中的齿轮有的采用特殊齿形，有的采用树脂材料制成。

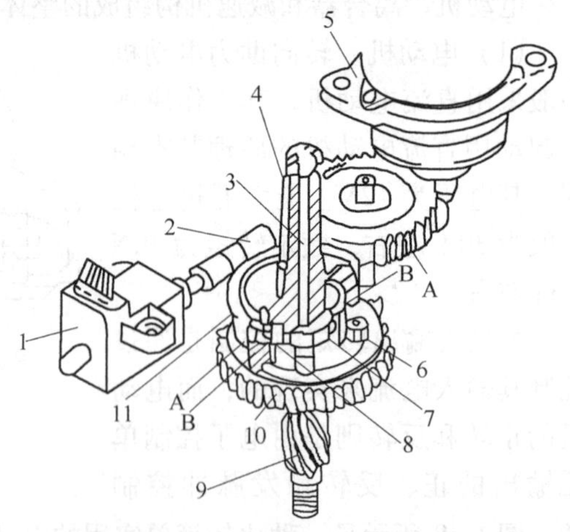

图 1-40　双级行星齿轮减速机构

1—转矩传感器　2—转轴　3—扭力杆　4—输入轴　5—电动机与离合器　6—行星小齿轮 A　7—太阳轮　8—行星小齿轮 B　9—驱动小齿轮　10—齿圈 B　11—齿圈 A

3. 控制系统

电动动力转向系统的控制系统如图 1-41 所示，该系统的核心是一个 8 位微型计算机。

转向盘转矩信号和车速信号经过输入接口送入微型计算机，随着车速的升高，微型计算机控制相应地降低助力电动机电流，以减少助力转矩。发动机转速信号也被送入微型计算机，当发动机处于怠速时，由于供电不足，助力电动机和离合器不工作。因此，电动动力转向系统工作时，电子控制单元必须控制发动机处于高怠速工作状态。点火开关的通断（ON/OFF）信号经A-D转换接口送入微型计算机。当点火开关断开时，电动机和离合器不能进入工作。微型计算机输出控制指令经D-A转换接口送入电动机和离合器的驱动放大电路中，控制电动机的旋转转向和离合器的耦合。电动机的电流经驱动放大回路、电流表A、A-D转换接口反馈给微型计算机，即电动机的实际电流与按微型计算机指令应给的电流相比较，调节电动机的实际电流，使二者接近一致。

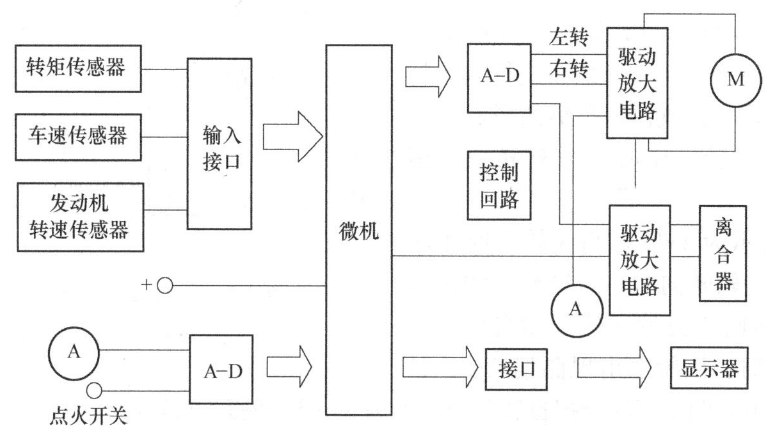

图1-41 电动动力转向系统的控制系统

知识点1.5 四轮转向系统

汽车在行驶过程中，经常需要变换车道和转弯。驾驶人通过一套专门的机构——汽车转向系统，使汽车改变行驶方向。转向系统还可以修正因路面倾斜等原因引起的汽车跑偏。转向系统不仅关系到汽车行驶的安全，还关系到轮胎使用寿命和燃油油耗等。随着科学技术的发展，市场对汽车性能的要求越来越高，特别是汽车的操纵稳定性，成为当代汽车研究的一个重要方面。转向系统的好坏直接影响到汽车的操纵稳定性、转向轻便性以及驾驶人的工作强度和工作效率，因此转向系统的设计是汽车设计中很重要的一个部分。伴随着现代汽车工业的发展，高速公路和高架公路的出现，同向并行车辆的增多和行驶速度的提高及道路条件的变化，要求更加精确灵活的转向系统。作为改善汽车操纵性能最有效的一种底盘控制技术是四轮转向技术。

一、四轮转向系统的概述

1. 四轮转向系统的作用

四轮转向系统即4WS（4 Wheel Steering），使汽车低速行驶转向并且转向盘转动角度很大时，后轮相对于前轮反向偏转，并且偏转角度随转向盘转角的增大而在一定范围内增大，确保车辆良好的操作稳定性。

汽车急转弯、调头行驶、避障行驶或进、出车库时，四轮转向系统使汽车转向半径减小，转向机动性能提高。汽车在高速行驶转向时，后轮应相对于前轮同向偏转，从而使汽车车身的横摆角度和横摆角速度大为减小，使汽车高速行驶时的操纵稳定性显著提高。

2. 四轮转向系统的特性

（1）低速时逆向转向特性　由低速转向时的行驶轨迹，可知2WS（两轮转向系统）车的情况是后轮不转向，所以转向中心大致在后轴的延长线上。4WS车的情况是对后轮进行逆向转向操纵，转向中心就比2WS车的超前并在靠近车体处。在低速转向时，若前轮转向角相同，则4WS车的转向半径更小，内轮差也减小，所以转向性好，如图1-42所示。

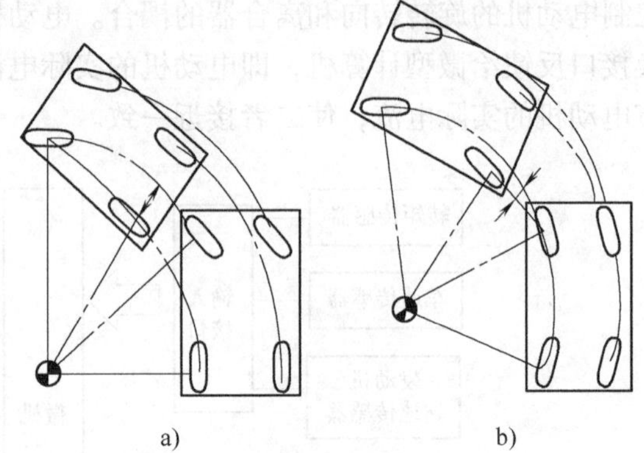

图1-42　低速转向时的行驶轨迹
a）2WS车　b）4WS车

（2）高速时同向转向特性　直行汽车的转向是两个运动的合成，即车辆的质心点绕改变前进方向的转向中心的公转和自转运动。

图1-43所示为2WS车高速转向时车辆的运动状态。前轮转向时，前轮产生侧偏角α，且产生旋转向心力使车体开始自转。当车体出现偏向时，后轮也出现侧偏角β，且产生旋转向心力。四个车轮分担自转和公转的力，一边平衡一边转向。但是，车速越高，离心力就越大，所以必须给前轮更大的侧偏角，使它产生更大的旋转向心力。为了使后轮也产生与此相对应的侧偏角，车体就会产生更大的自转运动。但是，车速越高，车体的自转运动就越不稳定，容易引起车辆的急转或侧滑。

理想的高速转向的运动状态是尽可能使车身的方向和前进方向一致，以防多余的自转运动。在4WS的车上通过对后轮的同相位转向操纵，使后轮侧偏角和前轮相同，它与前轮的旋转向心力相平衡，从而抑制自转运动。

这样就有可能得到车身方向与车辆前进方向相一致的稳定转向状态，如图1-44所示。此外，4WS车对于直线行驶时路面的干扰，车身变化小，便于驾驶人修正转向盘。

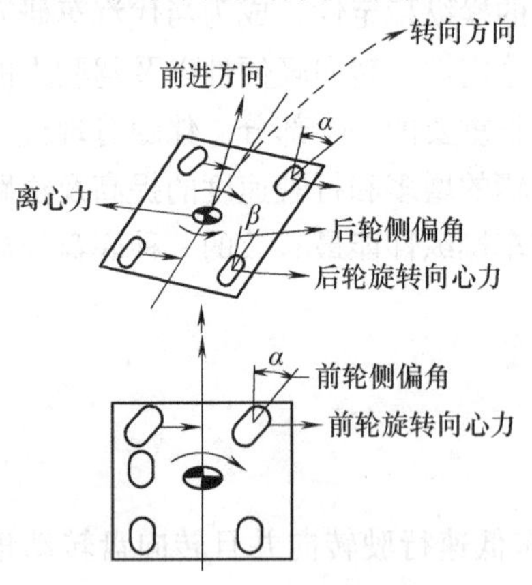

图1-43　2WS车高速转向时车辆的运动状态

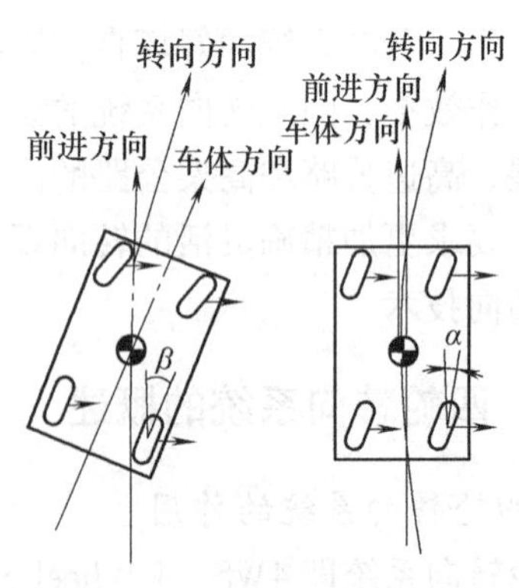

图1-44　高速转向时2WS车和4WS车同向转向操纵的比较

(3) 转向角比例控制　转向角比例控制就是后轮转角和转向盘转角成比例变化，在低速区时逆相位而在中高速区时同相位。如图 1-45 所示，该方式是在机械式 4WS 的结构上增加了电子控制装置，前、后轮都有齿轮机构，中间由连接轴连接。转向时，转向盘的旋转传递到齿轮齿条转向器，由齿条带动横拉杆左、右运动，使前轮转向。同时，小齿轮向后输出动力，通过连接轴传给后轮齿轮机构。

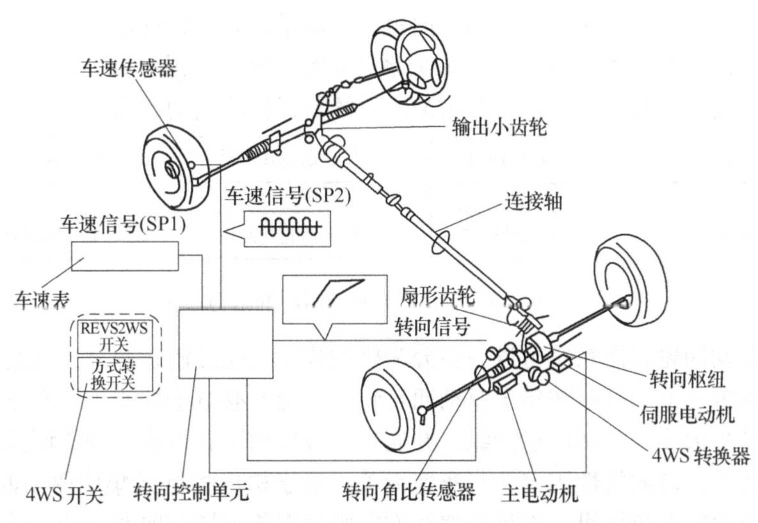

图 1-45　4WS 工作原理简图

3. 四轮转向系统的控制逻辑

ECU 通过转向角传感器、车速传感器等输入信号，进行以下控制。

(1) 转向角控制　如图 1-46 所示，驾驶人通过 4WS 方式转换开关，可选择常规模式 (NORMAL) 和运动模式 (SPORT)。车速主要由车速表的传感器提供，作为辅助信号用 ABS 车速传感器中的前轮的一个传感器输入信号。转向角传感器是检测后转向齿轮箱内的连杆的旋转角度，根据滑动阻力相对应于旋转角的模拟电压输入 ECU。此外，倒车时停止 4WS 的工作，便于驾驶人驾驶。

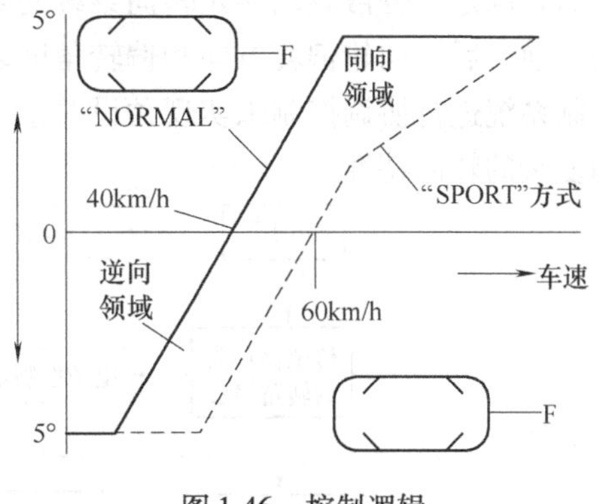

图 1-46　控制逻辑

(2) 安全性控制

1) 转向角传感器异常时，通过副电动机驱动到同相位方向最大值时停止控制。此时，若是副电动机异常，则用主电动机进行同样的控制。

2) ECU 异常时，通过副电动机驱动到相同方向最大值为止，然后停止控制。此时，能避免出现逆相位状态。

3) 主电动机异常时，驱动副电动机只在同相方向上，以常规模式 (NORMAL) 按照车速进行转向角比例控制。

4) 车速传感器异常时，采用 SP1 和 SP2 中车速高的值，通过主电动机对后轮进行同相位转向角比例控制。

4. 四轮转向驱动方式

实现四轮转向的关键是如何将转向盘的转动量传递给前、后转向轮，并为转向轮提供动力使其发生协调、联动偏转。根据转向盘转动量传递途径以及转向轮动力来源的不同，对四轮转向系统作如下的分类：

（1）集中驱动四轮转向系统　当用机械传动链将转向盘的转动量分别传递给前后轮转向机构，从而在前、后转向轮偏转量与转向盘的转动量之间形成确定的机械联系时，即属于集中驱动四轮转向系统。集中驱动四轮转向系统的结构框图如图1-47所示，其中前、后转向轮偏转的驱动动力来自于转向盘以及由液压系统等提供的辅助动力。

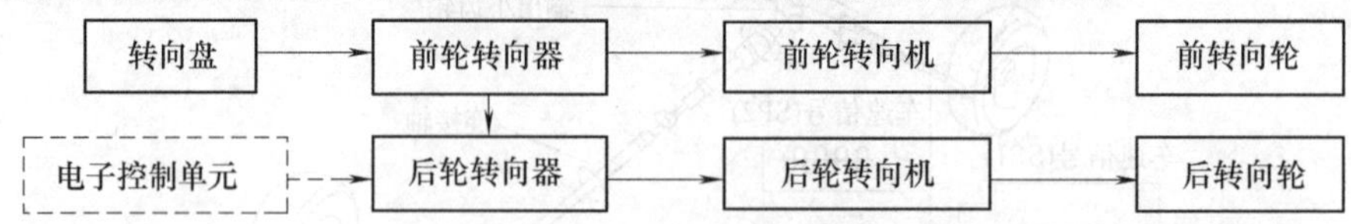

图1-47　集中驱动四轮转向系统的结构框图

此类集中驱动四轮转向系统可进一步分为机械式和机电控制式两种，其差异主要在后轮偏转方向的操纵方式上。机械式集中驱动四轮转向系统没有电子控制单元虚框，前、后轮的偏转方向和偏转角大小均由转向盘操纵，并通过机械传动链获得确定的协调关系。这种四轮转向系统结构简单，转向特性固定，与车速无关。对于机电控制式集中驱动四轮转向系统，后轮偏转角大小由转向盘操纵，而后轮偏转方向则根据传感器获取的前轮偏转方向与角度以及车速信息由电子控制单元确定。集中驱动四轮转向系统的制造成本较低，但当传动链零件磨损后则不能精确保证前、后轮转角大小关系。

（2）分散驱动四轮转向系统　在如图1-48所示的分散驱动四轮转向系统中，前轮转向动力由转向盘直接提供，前转向轮偏转方向及偏转量与转向盘转动量之间通过机械传动链形成确定关系；后转向轮偏转的操纵由专门的液压系统或电动机提供动力，至于后轮偏转方向及偏转量则根据传感器获取的转向盘转动方向与转角信息以及车速等其他信息由电子控制单元综合确定。分散驱动四轮转向系统的基本特征在于：前、后转向轮偏转的驱动动力是分开的，前、后转向轮偏转方向和偏转角度之间不是靠机械传动链形成固定的联系，而是靠电子控制系统进行协调控制来实现预设关系，因此后轮转向控制灵活、方便，能够获得更加精确和复杂的转向特性。

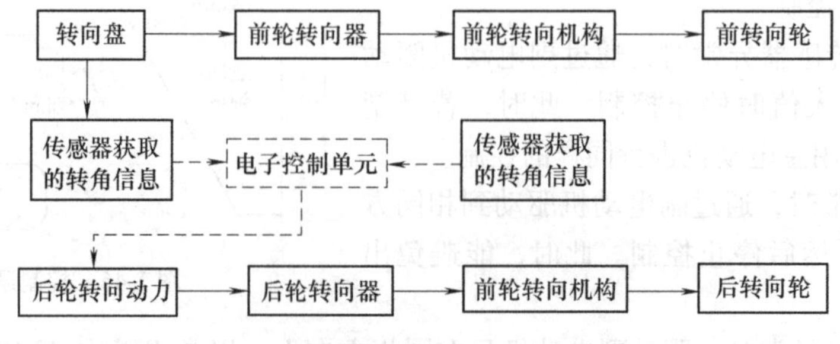

图1-48　分散驱动四轮转向系统结构框图

5. 四轮转向系统后轮的转向方式

四轮转向系统的汽车在后轮增加了转向机构，通过机械或电子控制装置来控制后轮的转向。汽车低速行驶时，后轮与前轮反向偏转，从而使汽车具有更小的转弯半径；而在高速行驶时，后轮与前轮同向偏转，转向时减小了轮胎的侧偏角和车身的横向摆动，使汽车具有更好的操纵稳定性。四轮转向汽车的后轮转向主要有三种方式。

1）同相位方式：在高速行驶时，后轮与前轮同向偏转。

2）反相位方式：在低速行驶时，后轮与前轮反向偏转。

3）同相位与反相位转换方式：在低速或急转弯行驶时，后轮先反向偏转，再同向偏转。当后轮与前轮反向偏转时，四轮转向汽车比两轮转向汽车具有明显的更小的转弯半径，大大提高了汽车在低速时的机动性。

二、四轮转向系统的类型及工作原理

1. 四轮转向系统的类型

根据后轮转向的控制方式，四轮转向系统可以分为三种类型：机械式四轮转向系统，机电组合控制四轮转向系统和电控四轮转向系统。

2. 四轮转向系统的工作原理

（1）机械式四轮转向系统

1）组成。机械式四轮转向系统由前轮转向器、中央传动轴和后轮转向器三部分组成，如图1-49所示。

2）工作原理。机械式四轮转向系统前轮采用齿轮齿条式液压动力转向器，后轮采用机械式转向器，通过中心传动轴驱动后轮转向器。同时，后轮横拉杆形成转向联动装置。机械式四轮转向系统的转向特性如图1-50所示，当小角度转动转向盘时，后轮与前轮同向偏转，随着转向盘转角的增大，后轮转角逐渐减小、回正，然后反向偏转，后轮的最大转角约为5°。机械式四轮转向系统是结构最简单的一种形式，其转向特性是一定的，完全由后轮转向器的结构确定，与车速无关。因此，即使汽车在停车时转向，后轮也必须经过先同向后反向的偏转过程，由图1-49可知，转向盘必须在转过约200°后后轮才反向偏转，这一点不利于低速转向的机动性。

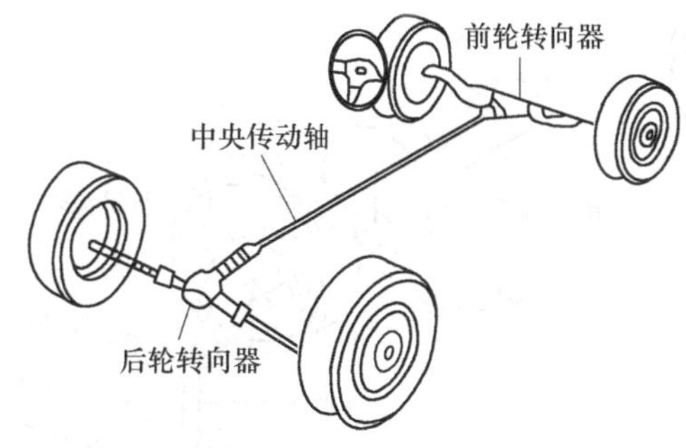

图1-49 机械式四轮转向系统

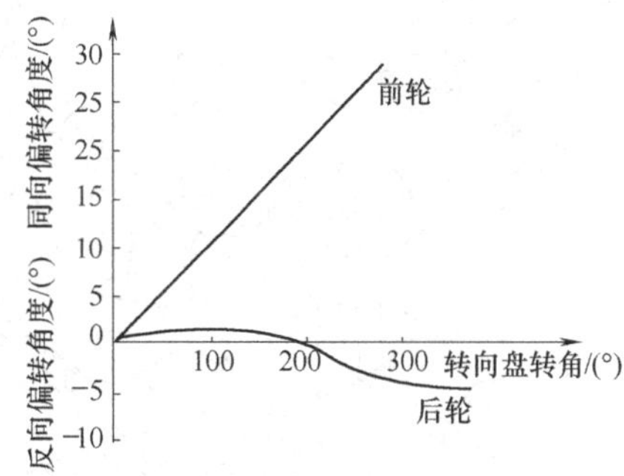

图1-50 机械式四轮转向系统的转向特性

3）主要部件介绍。

①前轮转向器。前轮采用齿轮齿条式液压动力转向器，其结构与普通齿轮齿条式动力转向器相似，区别在于增加了一组齿条和一个驱动中心传动轴小齿轮，如图1-51所示。在转向齿条上的活塞左面的齿条由转向盘通过小齿轮操纵，而活塞右面的齿条则通过小齿轮与中心传动轴连接。汽车转向时，齿条左右移动，直接带动前轮偏转，同时，齿条带动小齿轮转动，从而驱动中心传动轴，并将动力传递到后轮。

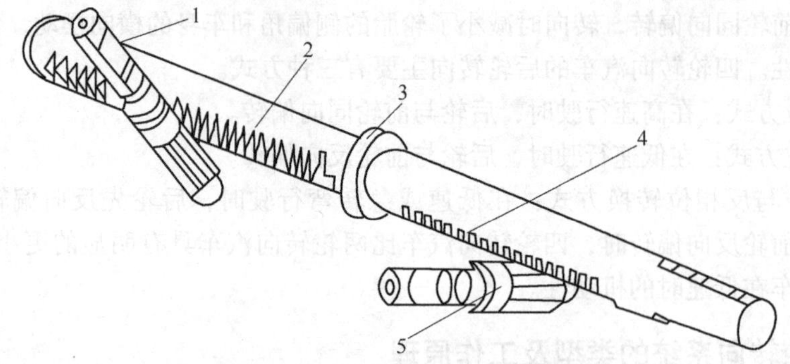

图 1-51 前轮齿轮齿条动力转向器

1—主动小齿轮 2—齿条 3—动力缸活塞 4—驱动中心传动轴的齿条 5—从动小齿轮

②后轮转向器。后轮转向器通过中央传动轴由前轮转向器操纵，后轮转向器如图 1-52 所示，主要包括偏心轴、偏心小齿轮、内齿轮、滑块、导向块和摆动杆等部件组成。

后轮转向器的简化原理图如图 1-53 所示，偏心轴的前端轴颈与偏心小齿轮的孔配合，偏心小齿轮的外齿与内齿轮的内齿啮合（内齿轮固定不动），前端的轴颈插入滑块相应的孔中，滑块在导向块的凹槽内可以上、下滑动，导向块用螺栓固定在摆动杆上。汽车右转向时，中心传动轴带动偏心轴沿顺时针方向旋转，偏心小齿轮绕固定的内齿轮轴线作顺时针方向公转，同时又绕自己的轴线作逆时针方向自转。小齿轮上的偏心短轴颈将旋转运动传递给滑块，滑块再将旋转运动转变为导向块的左、右移动。此时，滑块的水平运动的轨迹是先向右移动，再逐渐回位，然后再向左移动。由此可见，开始转向时，摆动杆的运动方向与前轮转向器齿条的运动方向相同，此时后轮的偏转方向与前轮相同。在设计时只要合理地确定偏心轴、偏心齿轮的偏心距和各个齿轮的直径，同时保证零部件相互位置的正确安装，就能符合转向特性。

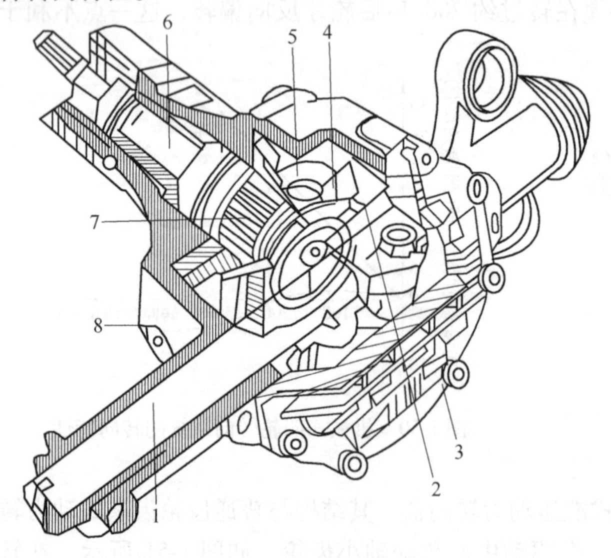

图 1-52 后轮转向器

1—横拉杆 2—导向块 3—齿轮箱盖 4—滑块
5—内齿环 6—偏心轴 7—行星齿轮 8—转向器块

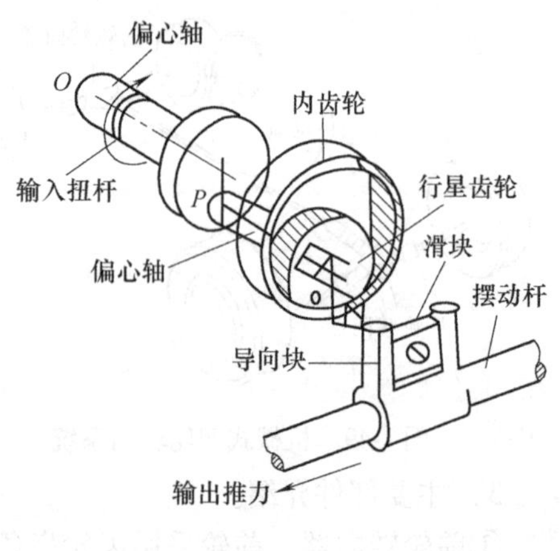

图 1-53 机械式后轮转向器的简化原理图

（2）机电组合控制液压驱动四轮转向系统

1）组成。机电组合控制液压驱动四轮转向系统如图1-54所示，主要由前轮转向器、转向角度传输轴、传感器、电子控制单元、转向油泵和后轮转向器等组成。

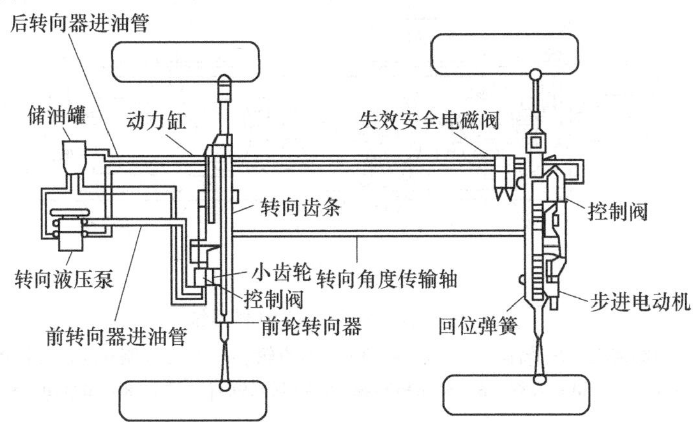

图1-54　机电组合控制液压驱动四轮转向系统

2）工作原理。机电组合控制液压驱动四轮转向系统后轮的偏转方向由车速传感器控制，后轮的偏转角度则由机械式转向角度传输轴控制，因而称为机电组合控制系统。前轮转向器和后轮转向器分别由独立的液压系统驱动，转向油泵需要进行改装，以便为前、后液压系统提供液压动力。后轮转向器通过两根横拉杆与后轮连接，并且组成转向联动装置。另外，后轮转向器还配备安全系统，如果电控装置或液压装置失效，后轮能够自动回正，此时转向系统与普通的两轮汽车相同，以确保行车的安全。

前轮转向器的结构与机械式四轮转向相似，通过机械式转向角度传输轴（类似于传动轴，两端通过万向节与前、后转向器连接）将前轮的转角信息传递到后轮，用于控制后轮转向器转角的大小。机电组合控制液压驱动四轮转向系统的转向特性如图1-55所示，当车速低于35km/h时，后轮相对前轮反向偏转；当车速高于35km/h时，后轮相对前轮同向偏转。与机械式四轮转向系统相比，机电组合控制液压驱动四轮转向系统中后轮的偏转方向与转向盘转角无关，而是通过传感器由车速控制的；但是，转向盘转角的大小对后轮的偏转角度有直接的影响。

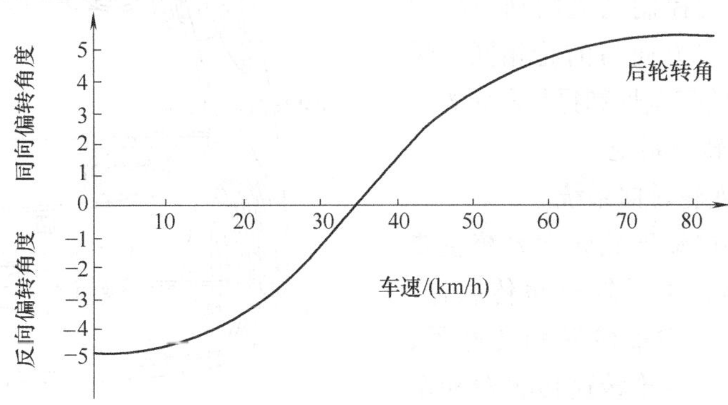

图1-55　机电组合控制液压驱动四轮转向系统的转向特性

3）主要部件介绍。后轮转向相位控制系统如图1-56所示，主要包括步进电动机、控制接头、控制杆、控制阀、小锥齿轮、主锥齿轮、摇臂和传感器等。

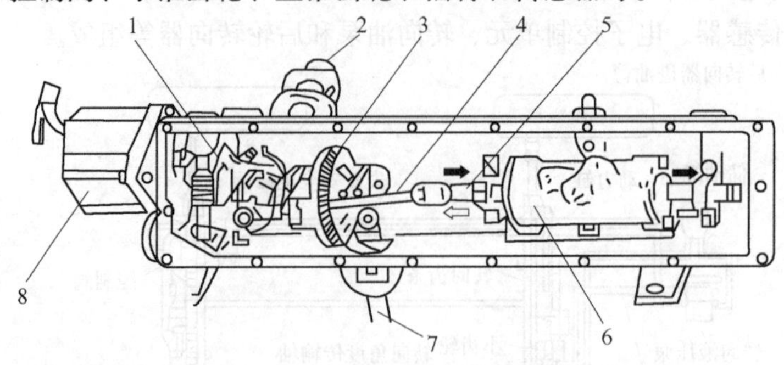

图1-56 后轮转向相位控制系统

1—扇形控制齿板 2—转向角比传感器 3—主锥齿轮 4—液压控制阀连杆（控制杆）
5—液压控制阀输入杆 6—液压控制阀 7—后轮转向传动轴 8—步进电动机

电子控制单元（ECU）不断地分析从传感器传来的车速信息，根据车速来操纵步进电动机。液压控制阀连杆（控制杆）穿过主锥齿轮上的孔，其右端与控制阀输入杆用球头销进行连接，左端与摇臂连接。摇臂固定在控制接头上，控制接头与前端短轴上的蜗杆啮合，短轴一端带有锥齿轮并与步进电动机的小锥齿轮啮合。

汽车转向时，前轮转向器将转向盘转角信息经输入轴传递给小锥齿轮和主锥齿轮，并带动控制杆摆动，使其长度产生变化，再通过球头销带动控制阀输入杆左、右移动，从而操纵控制阀改变流向动力缸的油路，达到控制后轮左、右偏转的目的。步进电动机根据车速自动调整控制接头的位置，用于控制后轮的偏转方向。当车速低于35km/h时，步进电动机和输入轴一起调整控制杆的位置，精确操纵控制阀流向动力缸的油路，以保证后轮的偏转方向与前轮相反，从而使汽车在低速行驶时获得良好的转向机动性。当车速等于35 km/h时，步进电动机和输入轴一起调整控制杆的位置，使控制阀停止向动力缸供油，保证后轮沿直线行驶位置（后轮不偏转）。当车速高于35km/h时，步进电动机和输入轴一起调整控制杆的位置，改变控制阀流向动力缸的油路，使后轮的偏转方向与前轮相同，保证汽车高速行驶时的安全性和操纵稳定性。

（3）电控四轮转向系统

1）电控-电动四轮转向系统。

①组成。电控-电动四轮转向系统主要由后轮转向执行器、主后轮转角传感器、副后轮转角传感器、主前轮转角传感器、副前轮转角传感器、后轮转速传感器和车速传感器等组成。电控-电动四轮转向系统如图1-57所示。

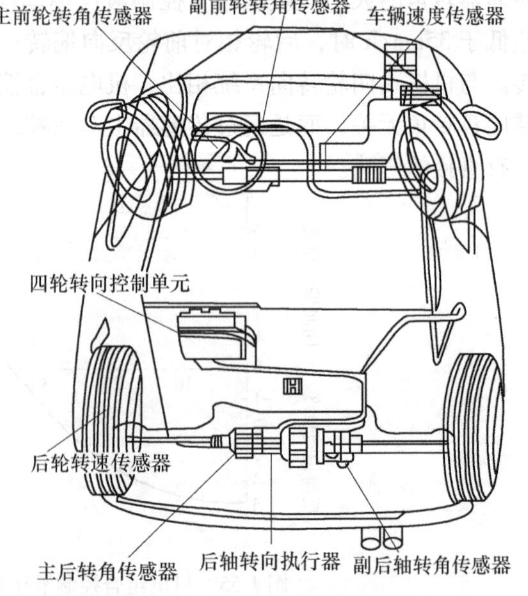

图1-57 电控-电动四轮转向系统

②工作原理。电子控制系统采用转向盘的转动速度和方向、车辆行驶速度、前轮转向角、后轮转角和转速等信息来计算并且控制后轮的转动角度和方向。主后转角传感器位于后轮转向执行器左侧，传感器内的脉冲环随循环球螺杆一起转动，并将左后轮转角信号传递到电子控制单元。副后转角传感器位于后轮转向执行器的另外一侧，用于测量右后轮的转角，通过电压信号传送到电子控制单元。主前转角传感器安装在组合开关下面的转向柱上，其中包括测量转向盘转动的速度和方向两个传感器。副前转角传感器安装在前齿轮齿条式转向器内，用于测量前轮的转角。每个后轮均安装有后轮速度传感器，用于测量每个后轮的转速，对于选装ABS的汽车，该传感器发出的信号同时输送到四轮转向系统和ABS的电子控制单元。

③主要部件介绍。后轮转向执行器类似于电动转向器，如图1-58所示，主要包括由定子和转子组成的电动机以及循环球螺杆机构，循环球螺杆机构通过万向节与左、右后横拉杆连接，换向器用于控制循环球螺杆机构的转动方向。汽车转向时，电子控制单元根据传感器的信号进行计算，并将计算结果信号输送到后轮转向器内的电动机，控制电动机转动，电动机驱动循环球螺杆机构，再通过万向节将动力传递到左方横拉杆，从而带动后轮偏转。当汽车点火开关关闭或四轮转向系统失效时，回位弹簧用于保证后轮的回正，确保行车的安全性。

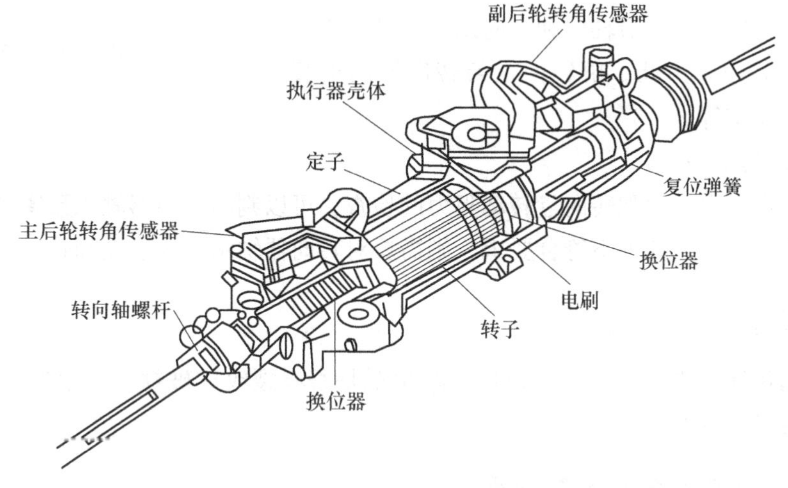

图1-58 后轮转向执行器

2）电控-液压驱动四轮转向系统。这种类型的四轮转向系统与机电组合液压驱动方式相似，区别在于后轮的偏转方向和偏转角度全部由传感器和电子控制单元控制，前轮转向器和后轮转向器之间没有任何机械传动装置，后轮液压驱动装置用油管与转向油泵连接。

知识点1.6 转向系统的维护与故障诊断

一、机械转向系统的维护

1. 转向盘自由行程的检查

汽车每行驶12000km左右，应检查转向盘的自由行程，检查步骤如下：

1）起动发动机（机械转向系统无需起动发动机）。

2）转动转向盘，使前轮处于直线行驶位置。

3）轻轻转动转向盘，在转向轮就要开始转动时（或感觉到有阻力时），使用直尺测量转向盘外缘的移动量，一般为15~20mm。

4）如果不符合要求，应该检查转向器间隙以及调整转向球头销等。

2. 转向盘转动阻力的检查

转向盘转动阻力可用如图1-59所示的弹簧秤拉动转向盘边缘的方法进行测量。

转动力$F=M/r$，其中，M为转动力矩，r为转向盘半径。

3. 转向盘锁止功能的检查

1）将点火开关转至LOCK位置，轻轻转动转向盘，此时转向盘应该锁止不能转动。

2）将点火开关转至ACC位置，转向盘应能自由转动。

4. 转向操纵机构松动、摆动的检查

用双手握住转向盘，沿轴向和径向用力摇动，观察此时转向盘是否移位，由此了解转向盘与转向轴的安装情况、轴承是否松旷等。

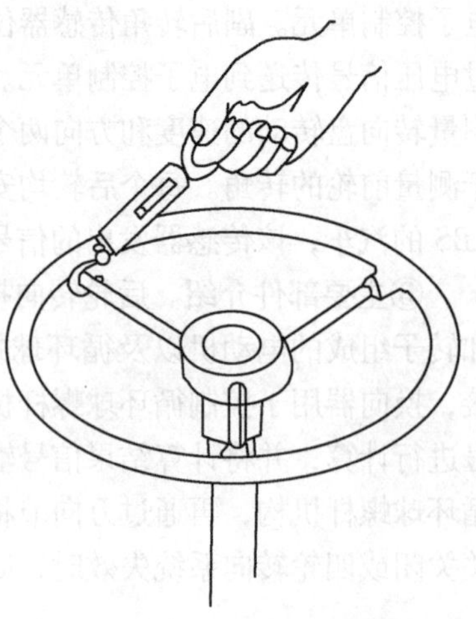

图1-59 转向盘转动阻力的检查

5. 转向器的检查

通过转向盘自由行程和转向盘转动阻力的检查，可以判断转向器轴承预紧度和转向器传动副配合间隙的大小，如果不符合要求，则需要对转向器轴承的预紧度和转向器传动副的配合间隙进行调整。

6. 转向传动机构的检查

检查转向传动机构是否弯曲、损坏，防尘罩是否有裂纹或破损。用手摇晃转向传动机构，检查是否松动或摆动。

二、机械转向系统的故障诊断

1. 转向沉重

（1）故障现象　汽车在行驶中，转动转向盘感到沉重费力，转弯后又不能及时回正方向。

（2）故障原因

1）转向器方面的原因。

2）转向传动机构的原因。

3）前桥（转向桥）和车轮方面的原因。

4）其他部位的原因。

（3）故障诊断与排除

1）顶起前桥，转动转向盘，若感到转向盘变轻，则说明故障部位在前桥、车轮或其他部位。此时，应首先检查轮胎气压，如果气压偏低，则应充气使之达到正常值，接下来应用前轮定位仪检查前轮定位，尤其应注意后倾角和前束值，如果是因为前束过大而造成的转向沉重，则还能发现轮胎有严重的磨损。

2）若转向仍感到沉重，则说明故障在转向器或转向传动机构，可进一步拆下转向摇臂与直拉杆的连接，此时若转向变轻，则说明故障在转向传动机构，应检查各球头销是否装配过紧或推力轴承是否因缺油而损坏，各拉杆是否弯曲变形等，通常检查时可用手扳动两个车轮，左、右转动查看各传动部分，并转动车轮，检查车轮轴承预紧度。

3）拆下转向摇臂后，若转向仍沉重，则说明转向器本身有故障，可检查转向器是否缺油，转动转向盘时倾听有无转向轴与转向柱管的碰擦声，检查并调整转向器主动轴上、下轴承的预紧度和啮合间隙，转向摇臂轴转动是否发卡等，如不能解决，就将转向器解体，检查其内部有无部件损坏。

4）经过上述检查，如仍不见转向减轻，可检查车桥、车架或下控制臂（独立悬架式）与转向节臂，看其有无变形，如发现变形，应予以修整或更换。同时检查前弹簧（板簧或螺旋弹簧），看其是否折断，若折断应进行更换。

2. 转向不灵敏

（1）故障现象　左、右转动转向盘时，有明显的间隙感觉，需较大幅度地转动转向盘才能控制汽车的行驶方向。

（2）故障原因

1）转向器主动齿轮与齿条啮合间隙过大，轴承松旷，横拉杆及各连接杆件松旷。

2）轮毂轴承调整不当或磨损松旷。

（3）故障诊断与排除

1）转动转向盘，转向器齿条不能立即随之运动，表明齿条与主动齿轮的啮合间隙过大。

2）若齿条运动而横拉杆不动，则应更换缓冲衬套，并检查连接情况。

3）横拉杆运动而转向臂不动，应对横拉杆外端球头销进行检修和调整。

4）若转向臂能随之灵活摆动，可晃动前轮，检查轮毂轴承是否松旷。

5）对于其他类型的转向系统，还应检查和调整转向器的轴承预紧度和啮合间隙，调整和紧固各连接杆件球头销等。

3. 低速摆头

（1）故障现象　汽车在低速行驶时，感到方向不稳，产生前轮摆振。

（2）故障原因

1）转向器传动副的啮合间隙过大。

2）转向传动机构横、直拉杆各球头销磨损松旷，弹簧折断或调整过松。

3）转向节主销与衬套之间的配合间隙过大或前轴主销孔与主销之间的配合间隙过大。

4）前轮轮毂轴承装配过松或紧固螺母松动。

5）后轮胎气压过低。

（3）故障诊断与排除

1）外观检查。

①检查车辆是否装载货物超重，而引起前轮承载过小。

②检查后轮胎气压是否过低，若轮胎气压过低，则应充气使之达到规定值。

③检查前悬架弹簧是否错位、折断或固定不良，若错位，则应拆卸修复；若折断，则应

更换；若固定不良，则应按规定力矩拧紧。

2）检查转向盘自由行程。

①由一人握紧转向摇臂，另一人转动转向盘，若自由行程过大，则说明转向器传动副的啮合间隙过大，应进行调整。

②放开转向摇臂，仍有一人转动转向盘，另一人在车下观察转向拉杆球头销，若有松旷现象，则说明球头销或球碗磨损过甚、弹簧折断或调整过松，应先更换损坏的零件，再进行调整。

③通过以上检查均正常，则可支起前桥，并用手沿转向轴轴向推拉前轮，凭感觉判断是否松旷。若有松旷感觉，可由另一人观察前轴与转向节的连接部位。

4. 高速摆头

（1）故障现象　汽车行驶中出现转向盘发抖，车头在横向平面内左右摆动、行驶不稳等。有下面两种情况：

1）在高速范围内某一转速时出现。

2）转速越高，上述现象越严重。

（2）故障原因

1）转向轮动不平衡。

2）前轮定位不正确。

3）车轮偏摆量大。

4）转向传动机构运动干涉。

（3）故障诊断与排除

1）外观检查。检查减振器是否漏油，悬架弹簧是否折断。

2）支起驱动桥，用三脚架塞住非驱动轮，起动发动机并逐步使汽车换入高速档，使车轮达到车身摆振的车速。

①若此时车身和转向盘出现抖动，则说明传动轴严重弯曲或松旷，转向轮动不平衡或偏摆量大（前驱动）。

②若此时车身和转向盘不抖动，则说明故障原因为车架、车桥变形或前轮定位不正确。

3）检查前轮是否偏摆。

①支起前桥，在前轮轮辋边上放一划针，慢慢地转动车轮，查看轮辋是否偏摆过大，若轮辋偏摆量过大，应予以更换。

②拆下前轮，在车轮动平衡仪上检查前轮的动平衡情况，若动不平衡量过大，应加装平衡块予以平衡。

4）经上述检查均正常，应检查车架、车桥是否变形，并用前轮定位仪检查并调整前轮定位。

三、动力转向系统的维护

1. 定期检查转向储油罐内动力转向液的液面高度

热态时（约为66℃，用手摸感觉烫手），储油罐内动力转向液的液面高度必须在HOT（热）和COLD（冷）标记之间。如果是冷态（约为21℃），则液面高度必须在ADD（加）和COLD（冷）标记之间。如果液面高度不符合要求，则必须加注DEXRON2型动力转向液

（液力传动油）。

2. 动力转向系统的清洗、换油与保护

动力转向系统的清洗、换油与保护应在有动力转向换油设备的汽车养护中心进行，使用专用设备，用动力转向系统强力清洗剂首先换出动力转向系统中的旧油，然后用清洗剂清洗动力转向系统，最后用新油（加动力转向保护剂）再次换出动力转向清洗剂，直至换油结束。动力转向系统的清洗、换油与保护作业通常应行驶50000km进行一次，这样能确保动力转向系统工作更安全、可靠，避免出现早期损坏，延长其使用寿命。

四、动力转向系统的故障诊断

1. 转向沉重

（1）故障现象　动力转向的汽车，本来转向是很轻便的，但突然感到转向沉重或转向盘转不动。

（2）故障原因

1）转向储油罐缺油或油面高度不足。

2）系统中混入大量空气。

3）转向储油罐滤网堵塞或管路堵塞。

4）液压泵磨损，内部泄漏或驱动部分打滑、磨坏。

5）助力器内溢油阀、安全阀机件磨损，弹簧过软或调整不当。

6）助力器内滑阀与滑壁之间的间隙过大或关闭不严。

7）系统各接头、衬垫处密封不良，产生液压油外漏；系统内部密封元件损坏，产生内漏。

（3）故障诊断与排除

1）检查液压泵驱动部分的工作情况，检查驱动带是否打滑或其他驱动形式的齿轮传动等有无损坏。

2）检查转向储油罐内的油面高度，看其是否达到规定的高度。如果油面过低，应予以加足，使油面达到油尺上的高度标记。检查转向储油罐内的滤清器是否堵塞或损坏，如果堵塞，应进行清洗；如果损坏，应予以更换。

3）检查系统中是否混有空气。如果发现液压油中有泡沫（或液压油混浊），就可能是油路中有空气（通常通过观察回油管回油时是否夹带气泡来判定）。空气的进入通常是液压泵的进油管裂损、接头松动以及液压泵轴上的密封环损坏等所致。如出现上述损坏，均应先进行维修，然后排除系统中的空气。

4）检查液压泵流量及溢油阀、安全阀的作用是否良好。可用压力表接在管路上进行检查，如果检查结果说明作用不良，应将阀及弹簧卸下，进行清洗和检查，必要时更换新件。

5）检查控制阀内的滑阀，看其作用是否良好。若滑阀与滑壁之间的间隙过大或滑阀关闭不严，应更换新的转向螺杆及滑阀（配合间隙值可参照《使用说明书》要求）。

6）检查助力活塞上的密封环和阀体径向环槽的中间密封作用是否良好，必要时应予以更换，同时还要检查液压缸表面有无损伤。

7）检查单向阀的球阀与阀座的接触是否严密。如因脏物垫起而关闭不严，应进行清洗；如因阀本身而引起关闭不严，则必须更换新件。

2. 转向时有噪声

(1) 故障现象　转向时液压泵处发出响声。

(2) 故障原因

1) 液压泵驱动部分发响，如传动带过松和驱动齿轮传动件损坏等。

2) 液压油量不足、系统中混有空气。

3) 转向储油罐滤芯堵塞或损坏。

4) 各管路接头松动或油管破裂、堵塞。

(3) 故障诊断与排除

1) 先检查转向储油罐内的油面高度。若油面过低，则应补足液压油。检查驱动部分的工作情况，检查传动带是否过松、驱动齿轮及其他部件是否损坏，若不正常，则应按规定要求给予调整和修复。

2) 检查回油管的回油情况，观察液压油中是否夹带气泡（油液呈混浊状），若有气泡，应先查出漏气之处，然后再排除空气。检查转向储油罐滤芯以及油路各处有无堵塞、损坏，若有，则均应予以修复。

3. 转向盘自由行程过大

(1) 故障现象　转动转向盘发现自由行程过大（通常指大于30°）。

(2) 故障原因

1) 转向纵拉杆两端的球头销与销座之间的间隙过大。

2) 齿条与齿扇之间的间隙过大。

3) 转向螺杆和转向螺母与钢球之间的间隙过大。

(3) 故障诊断与排除　应逐一检查上述间隙是否过大，并采取相应的措施。

4. 左、右转向时轻重不一

(1) 故障现象　汽车在行驶中左、右转弯时，左、右转动转向盘感到轻重不同。

(2) 故障原因

1) 控制阀中的滑阀偏离中间位置，或虽在中间位置但与阀体台肩的缝隙大小不一致。

2) 滑阀或阀体台肩处有毛刺、碰伤或有脏物阻滞，使液压油循环受阻，致使加力不平衡。

3) 动力缸一侧有空气，造成活塞两侧压力差过大，致使左、右转向轻重不同。

(3) 故障诊断与排除

1) 先检查液压油是否脏污，视需要更换液压油和清洗液压助力系统。

2) 拆检控制阀。滑阀在中间位置时的预开缝隙一般仅有0.1～0.2mm，全开缝隙为1.0～2.0mm。在装配时如果调整不当或紧固不牢，都会使滑阀偏离中间位置，遇此情况则需要重新按规定进行装配和紧固。若不属于装配问题，则需考虑制造误差和损伤，视情况予以更换或修复。

3) 排出系统中的空气，消除动力缸一侧有空气的影响。

五、电子控制动力转向系统的维护与诊断

以NISSAN为例，说明电动转向系统的维修与检测方法。NISSAN电控转向结构原理如图1-60所示。

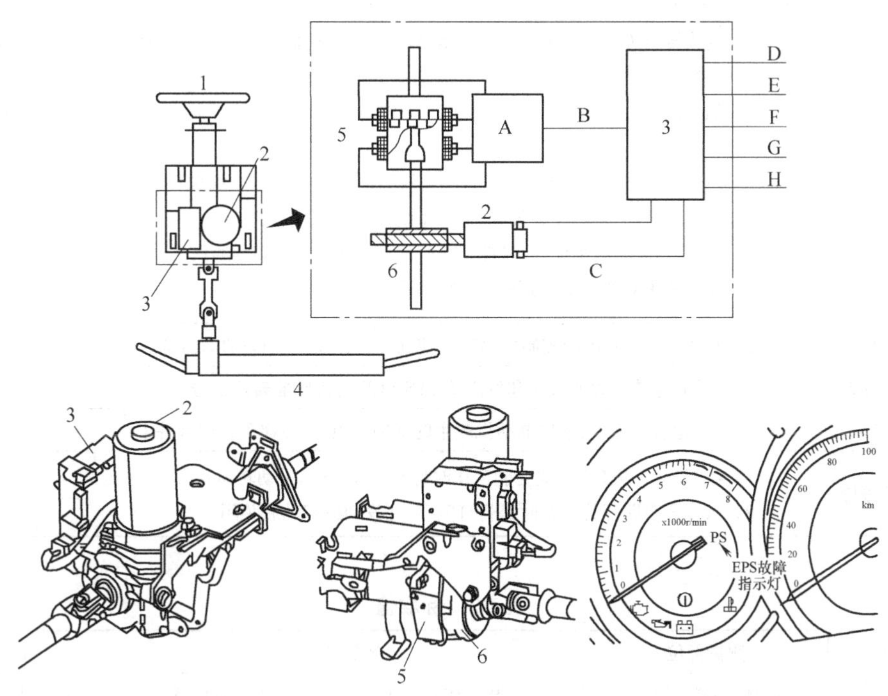

图 1-60 NISSAN 电控转向结构原理图

1—转向盘 2—电动机 3—EPS ECU 4—转向机总成 5—转矩传感器 6—减速齿轮
A—传感器处理信号 B—传感器信号 C—辅助扭力信号（电动机驱动型） D—点火电源
E—CAN（H） F—CAN（L） G—电源 H—搭铁

进行故障诊断的基本步骤如下：

①进行故障诊断的最重要的一点是透彻地了解电动转向系统（EPS）各个子系统的组成和工作原理。

②检查前了解客户的反馈是非常重要的，有必要通过同客户一起驾驶车辆来检查症状。

③对于间歇性故障，根据与客户的反馈及过去的案例来再现症状是非常重要的。请勿根据一些特殊情况进行检查，因为大多数间歇性故障是由于接触不良引起的。在此情况下，用手晃动可疑的线束或插头是有效的方法。如果修理后不进行任何症状检查，没有人可以判断症状是否已被真正地排除。

④完成诊断修理之后，一定要执行“清除故障码”

各元件的功能见表 1-1。

1. 电子控制单元输入与输出检测

1）使用车用万用表进行电压测量。

2）测量时切勿用力拉伸插头端子。

3）测量结果和标准值对照，标准值见表 1-2。

表 1-1 各元件的功能

零部件名称	作　用
电动助力转向（EPS）电子控制单元	1）接收转矩传感器发出的转向力信号以及 CAN 通信网络传递的车速信号等，并对电动机发出输出辅助转矩信号 2）如果持续过度地使用电动转向，电子控制单元的输出信号便会减少，以保护电动机与 EPS ECU 3）电气系统在故障条件下，"安全-失效"模式功能便会启动，关闭对电动机的输出信号，转为手动转向。EPS 警告灯便会闪亮，显示系统出错 4）通过 CAN 通信系统，可以控制并协调与不同单元之间的通信 5）允许使用 CONSULT-Ⅱ进行系统诊断
电动机	通过 EPS ECU 发出的控制信号产生辅助转矩，是转向助力的动力源
转矩传感器	监测转向盘转向力的大小和发送给 EPS ECU 的传感器转矩信号
减速齿轮	通过涡轮减速增矩，增加电动机产生的辅助转矩，并传递到转向管柱上
EPS 警告灯	1）在"安全—失效"模式功能工作时打开，同时显示手动转向状态 2）当打开钥匙开关检查时警告灯闪亮，在发动机起动后关闭

表 1-2 标准值

测量端口		测量部位	测量状态	标准/V
4（V）		转矩传感器（辅助）	点火开关在 ON 位置，转向盘位于中置位置	约 2.5
5（BR）		转矩传感器	电源点火开关处于 ON 位置	约 8
6（G）		转矩传感器（主）	点火开关在 ON 位置，转向盘位于中置位置	约 2.5
7（L）		转矩传感器搭铁		导通
9（L）	—	CANH		
10（O）	搭铁	点火电源	点火开关处于 ON 位置	蓄电池电压约 12
			点火开关关闭	约 0
16（P）	—	CANL		
17（R）	搭铁	蓄电池电源	点火开关处于 ON 或 OFF 位置	蓄电池电压约 12
18（B）	搭铁	搭铁		导通
19（-）	—	电动机（+）		
20（-）	—	电动机（-）		

2. 故障码的读取和清除

以使用 CONSULT-Ⅱ诊断仪为例来演示故障码的读取和清除，具体操作步骤如下：

1）点火开关在 OFF 位置。

2）将 CONSULT-Ⅱ诊断仪和 CONSULT-Ⅱ转换器连接到数据接口上。

3）将点火开关转至 ON 位置。

4）触摸"START（NISSAN BASED VHCL）"—"EPS"—"SELF-DIAG RESULTS"。如果 EPS 不显示，打印"SELECT SYSTEM"屏幕。参阅使用 CONSULT-H 诊断仪时的注意

事项；在刚起动发动机或将点火开关转到 ON 位置后，即使触摸“START（NISSAN BASED VHCL)”也可能不显示。在这种情况下，重新连接 CONSULT-Ⅱ诊断仪和 CONSULT-Ⅱ转换器。)

5）显示自诊断结果，故障码被显示。触摸“PRINT”可打印自诊断结果。如果显示“NO FAILURE”，则检查 EPS 警告灯。

6）从显示项目列表中执行适当的检测，修复或更换故障部件。可参阅 STC-Ⅱ“显示项目列表”。各模式及相应的功能见表 1-3。

表 1-3 各模式及相应的功能

模式	功能
SELF-DIAG RESULTS	从 EPS 电子控制单元接收自诊断结果并显示故障诊断码
DATA MONITOR	从 EPS 电子控制单元接收输入/输出信号，同时显示并储存这些信号，以方便确定故障原因
ECU PART NUMBER	显示 EPS 电子控制单元零部件编号
CAN DIAG SUPPORT MNTR	监控 CAN 通信的发送/接收状态

“CAN 通信”故障诊断清除存储器的步骤如下：

1）关闭点火开关。

2）起动发动机并在 CONSULT-Ⅱ诊断仪显示屏上依次触摸“START（NISSAN BASEDVHCL)”—“EPS”—“SELF-DIAG RESULTS”—“ERASE”，以清除 DTC 诊断记忆。

3）如果记忆无法清除，重复步骤 1)、2)。

4）再次执行自诊断，确保 DTC 记忆被清除。

【项目实训】

实训 1.1 转向系统的结构认识和转向系统传递路线及零件分析

一、实训目的

1）转向系统的传递路线及结构布置的认识。

2）熟悉转向系统的零件结构。

二、实训设备

桑塔纳 2000 型轿车 1 辆、桑塔纳 2000 型轿车转向试验台若干。

三、实训内容与步骤

1. 转向系统整体结构认识及传递路线

桑塔纳 2000 型轿车的转向系统采用带动力助力的转向机构，由转向操纵机构、动力转向器、动力转向泵、动力转向管路和转向传动机构等组成，如图 1-61 所示。其动力传递路线是：转向盘—转向管柱—动力转向器—转向横拉杆—车轮。

2. 转向系统零件分析

（1）转向盘　转向盘直径为400mm，其骨架的轮辐用C15K材料制造，轮缘材料为St34（相当于我国15钢）。中间以硬泡沫聚氨酯填充，表皮为黑色网络皱纹式。

转向盘轮辐上两边附有两块喇叭按钮盖板，内装两只双音喇叭按钮。轮辐中心部位有打开盖板可装拆和调整转向盘。

转向管柱分成上、下两段，在转向柱上段，套装有喇叭接触环、转向灯开关、刮水器开关、车锁和转向管柱套等。

转向管柱上段的下部弯曲，其端部焊有近似于半月形的法兰盘，盘上装有两个驱动销，与转向管柱下段上端面法兰盘的两孔相配。连接处还压装有尼龙衬套和橡胶圈。

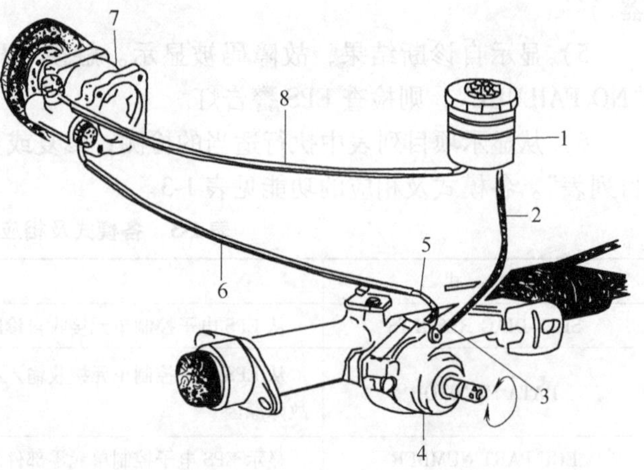

图1-61　桑塔纳2000型轿车的动力转向系统示意图

1—转向储油罐　2—动力转向器出油软管
3—动力转向器出油硬管　4—动力转向器
5—动力转向器进油硬管　6—动力转向器进油软管
7—叶片式液压泵　8—进油软管

转向柱上段设有单列向心球轴承，通过转向柱套管与车架相连接。轴承下面的转向轴上焊有两个半圆合成的托架，起轴向定位作用。托架内侧铣有两条纵向槽，当驾驶人拔出车锁后，锁内簧舌伸入槽中，使转向盘锁定不能左、右转动，防止窃车。

（2）动力转向器　桑塔纳2000型轿车的转向器采用由转阀、齿轮齿条式转向器和转向动力缸组成的整体式动力转向器，如图1-62所示。动力转向器上部的阀体为转阀结构，转阀的阀体与小齿轮设计加工成为一体，阀芯上有磨削的控制槽，阀芯通过转向轴上的拨叉来拨动。

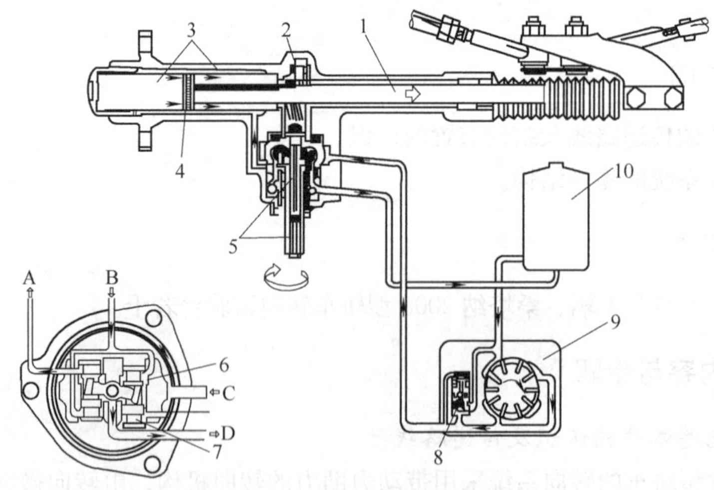

图1-62　动力转向系统工作原理

1—齿条　2—齿轮　3—工作主缸　4—活塞　5—弹性扭力杆　6—控制阀　7—柱塞阀芯
8—限压阀　9—液压泵　10—转向储油罐　A—通向工作缸左边　B—通向工作缸右边　C—进油口　D—出油口

转向轴用销钉与阀中的弹性扭力杆相连，该扭力杆的刚度决定了阀的特性曲线，同时也起到阀的中心定位作用。系统的最大工作压力设定为104kPa，而在原地转向时，系统的工作压力为0.8×104kPa，此时所对应的转向盘转向力矩为5.5N·m。

在齿条与小齿轮啮合位置的背面装有由弹簧压紧的压力块，通过调节螺钉来改变弹簧的预紧力，可消除齿轮与齿条之间的啮合间隙。

当向右转动转向盘时，转向力矩使得弹性扭力杆扭转，并且转向管柱的转角要比转向机小齿轮转得多一点，这就使右边旋转柱塞阀芯下移，使进油通道开大，左边旋转柱塞阀芯上移，关闭进油通道，此时左、右旋转柱塞阀芯分别打开和关闭各自的回油通道。当向左转动转向盘时，情况与向右转动转向盘时相反。

动力转向器的阀孔同时也具有节流阻尼的作用，不需要像机械转向器那样另外加转向减振器。在转向回正时，通过阀的阻尼力来防止转向回正速度过快，增加转向回正的舒适性，或者通过阻尼作用减小汽车直线行驶时由于路面不平对前轮的冲击引起的转向盘抖动和打手，提高其保持直线行驶的能力。

桑塔纳2000型轿车采用动力转向系统后，由于系统液压阻尼力的增加，使汽车的转向回正能力受到削弱。为了满足汽车回正性要求和提高桑塔纳2000型轿车保持直线行驶的能力，增加驾驶人的路感，桑塔纳2000型轿车前悬架与普通桑塔纳轿车前悬架相比向前移动了10mm，使前桥主销后倾角由50′±30′增加到1°30′±30′，改善了驾驶人的路感反应，特别是使驾驶人在高速行驶时能把握好方向。

（3）转向横拉杆　转向横拉杆分为左、右两根，其内端均为有孔的接头，与横拉杆压接成整体，孔内压配有橡胶-金属缓冲套。横拉杆外侧均有一个带球头销的可调接头，球头销与转向节臂连接，均用防松螺母以（46±5）N·m的力矩拧紧。

（4）前桥转向臂　桑塔纳2000型轿车的前桥由于采用了柱式独立悬架和前轮驱动形式，转向系统中以减振器作为实体的主销。

根据右边旋转柱塞阀芯进油通道开度的大小，来控制流入工作缸左边的液压油的流量和油压。工作缸左边的液压油推动转向器活塞向右运动，起到助力作用。转向器活塞移动距离的大小，则取决于施加在转向盘上转向力矩的大小。

转向器工作缸右边的液压油在转向器活塞的作用下，通过打开的回油环槽返回到转向储油罐中。

实训1.2　转向系统的拆装与检查

一、实训目的

1）掌握转向系统正确的拆卸和安装方法。

2）熟悉转向系统零件的检查方法。

二、实训设备

桑塔纳2000型轿车1辆、桑塔纳2000型轿车转向试验台若干。

三、实训内容与步骤

1. 转向盘与转向管柱的分解

转向盘与转向管柱的分解图如图 1-63 所示，拆装和分解转向盘与转向管柱时可参照此图进行。

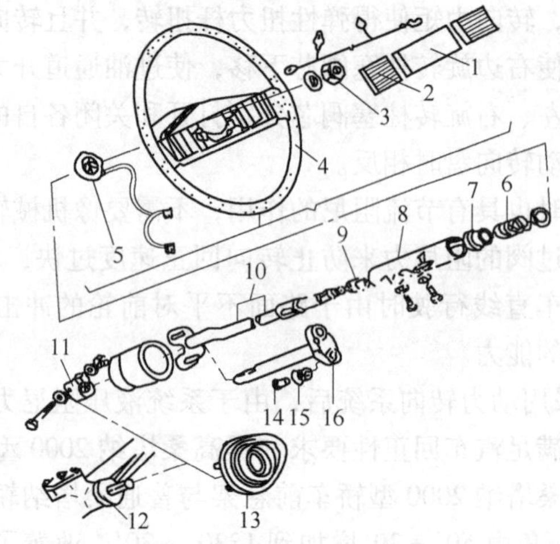

图 1-63 转向盘与转向管柱的分解图

1—转向盘盖板 2—喇叭按钮盖板 3—转向盘与转向柱紧固螺母 M16（45N · m） 4—转向盘 5—接触环 6—压缩弹簧 7—连接圈 8—转向柱套管 9—轴承 10—转向柱上段 11—夹紧箍 12—动力转向器 13—转向管柱防尘橡胶圈 14—转向减振阻尼销 15—转向减振橡胶圈 16—转向管柱下段

2. 转向管柱的拆装与检查

（1）转向管柱的拆卸 转向管柱上装有一套组合开关，包括点火开关、前风窗刮水器清洗开关、转向灯开关和远近光变光开关，因此在拆卸前必须将蓄电池电源线断开，转向灯开关放在中间位置，并使车轮处于直线行驶位置，然后按下列拆卸步骤进行：

1）向下按橡皮边缘，撬出盖板。

2）取下喇叭盖，拆卸喇叭按钮及有关接线。

3）拆下转向盘紧固螺母，取下转向盘。

4）拆下组合开关上的 3 个平口螺栓，取下开关。

5）拆下阻风门控制把手手柄上的销子，然后旋下手柄和环形螺母，取下开关。

6）拆下转向管柱套管的两个螺钉，拆下套管。

7）将转向管柱上段往下压，使上段端部法兰盘上的两个驱动销脱离转向管柱下段，取出转向管柱上段。

8）取下转向管柱橡胶圈，松开夹紧箍的紧固螺栓，拆下转向管柱下段。

9）用专用工具卸下弹簧垫圈，卸下左边的内六角圆柱头螺栓，旋出右边的开口螺栓，拆下转向盘锁套。

（2）转向管柱的检查 检查转向管柱有无弯曲、安全联轴器有无磨损或损坏、弹簧弹性是否失效，如有，则应修理或更换新件。

（3）转向管柱的安装 安装应基本按照与拆卸相反的顺序进行，但同时应注意以下几点：

1）转向管柱与凸缘管应一起安装，并用水泵钳连接起来。

2）应将凸缘管推靠到转向机构主动齿轮上，夹紧箍圈口应向外，注意不可用手掰开夹紧箍。

3）装配转向管柱的断开螺栓时，应将螺栓拧紧至螺栓头断开为止，然后拧紧圆柱螺栓。

4）车轮应处于直线行驶位置，转向灯开关应处在中间位置，这时才可装转向盘，否则在安装转向盘时，当分离爪齿通过接触环上的弹簧片时，有可能造成损坏。

5）应更换所有的自锁螺母和螺栓，转向管柱如有损坏，不能焊接修理。

3. 动力转向器的拆卸和安装

桑塔纳2000型轿车的动力转向器在原机械式齿轮齿条式转向器的基础上增加了转向储油罐、液压泵、控制阀及动力缸。转向器和动力缸、控制阀组合成一体，故称为整体式动力转向器。桑塔纳2000型轿车的动力转向器零件分解图如图1-64所示。

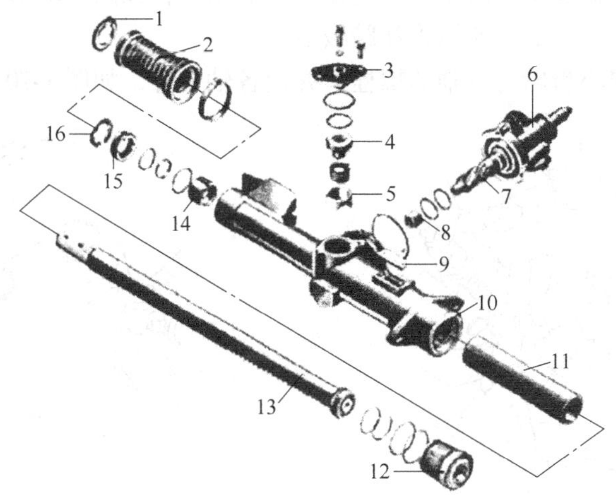

图1-64　桑塔纳2000型轿车的动力转向器零件分解图

1—防尘罩挡圈　2—波纹防尘罩　3—盖板　4—密封座　5—压块　6—阀体　7—齿轮　8—轴承　9—铭牌　10—转向器壳　11—缸筒　12—密封挡盖　13—齿条　14—支承衬套　15—齿条油封座　16—挡环

（1）动力转向器的拆卸

1）吊起车辆，排放转向液压油（ATF）。

2）拆下固定横拉杆的螺母，如图1-65所示。

3）拆卸左前轮罩处的转向器固定螺栓，如图1-66所示。

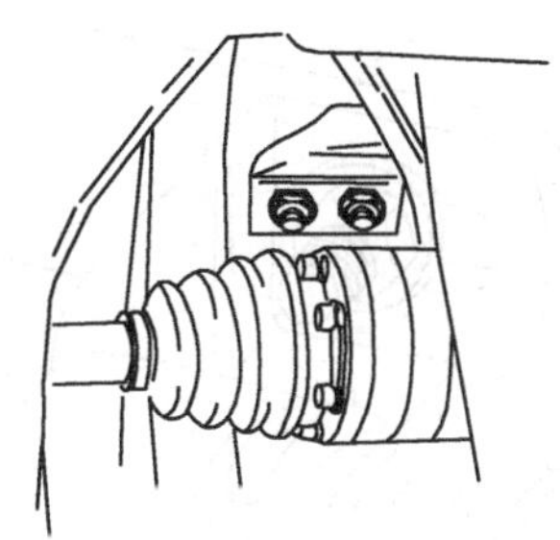

图1-65　拆卸横拉杆固定螺母

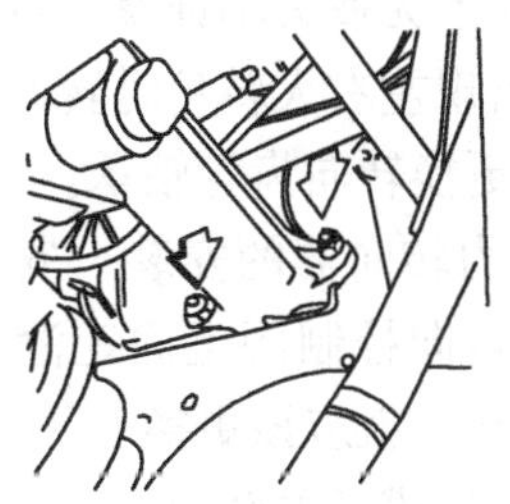

图1-66　拆卸左前轮罩处的转向器固定螺栓

4）松开在转向控制阀外壳上的高压油管，如图 1-67 所示。

5）拆卸后横板上固定转向器的左边自锁螺母，如图 1-68 所示。

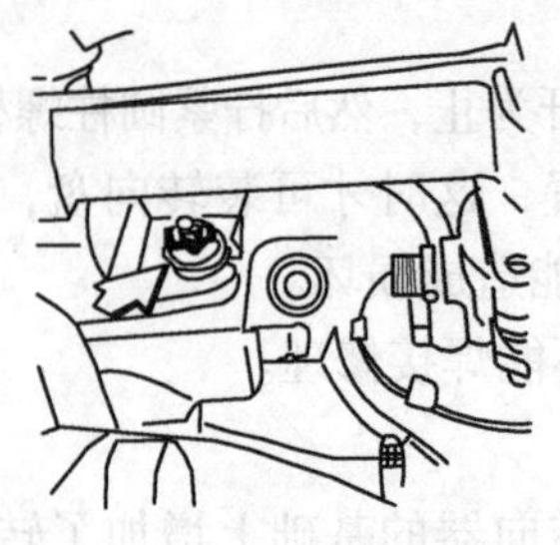

图 1-67 松开高压油管

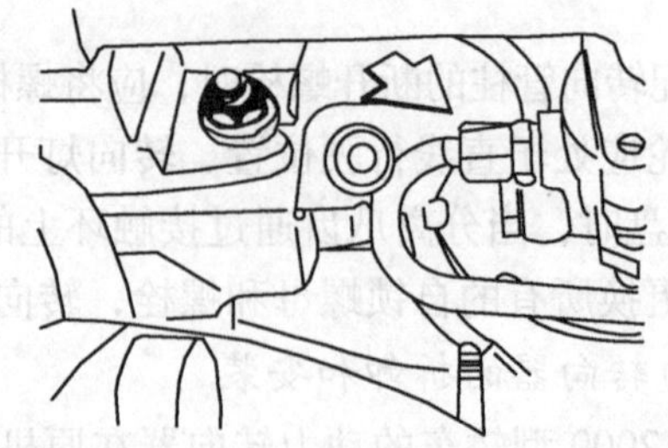

图 1-68 拆卸后横板上固定转向器的左边自锁螺母

6）把车辆放下，拆卸紧固齿条与转向横拉杆的螺栓，如图 1-69 所示。

7）拆卸仪表板侧边下盖、通风管和踏板盖。

8）拆卸紧固转向小齿轮与下轴的螺栓，并使各轴分开，如图 1-70 所示。

图 1-69 拆卸紧固齿条与转向横拉杆的螺栓

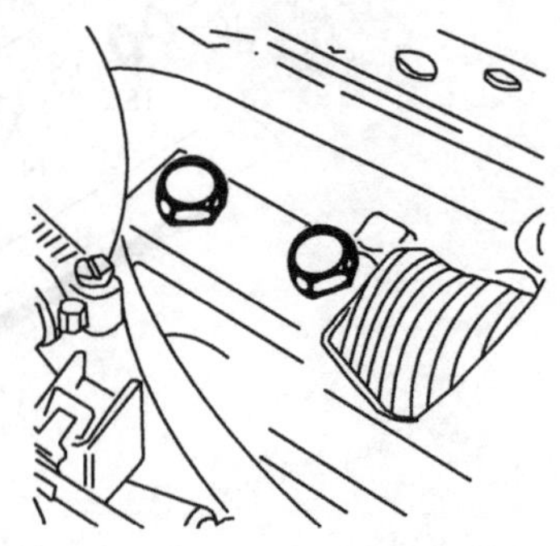

图 1-70 拆卸紧固转向小齿轮与下轴的螺栓

9）拆卸后横板上转向器的固定自锁螺母，如图 1-71 所示。

10）拆下转向器。

（2）动力转向器的检修

1）零件出现裂纹应更换，横拉杆和齿条在总成修理时应进行隐伤检验。

2）转向齿条的直线度误差不得大于 0.30mm。

3）齿面上无疲劳剥蚀及严重磨损。

4）若出现左右大转角时转向沉重，且又无法调整时应更换转向齿轮轴承。

（3）动力转向器的安装　安装时应注意液压泵上和在转向控制阀上固定泄放螺栓的密封环只要被拆卸，就应该更换。

1）安装后横板的转向器，安装自锁螺母但不必完全拧紧。

2）吊起车辆。

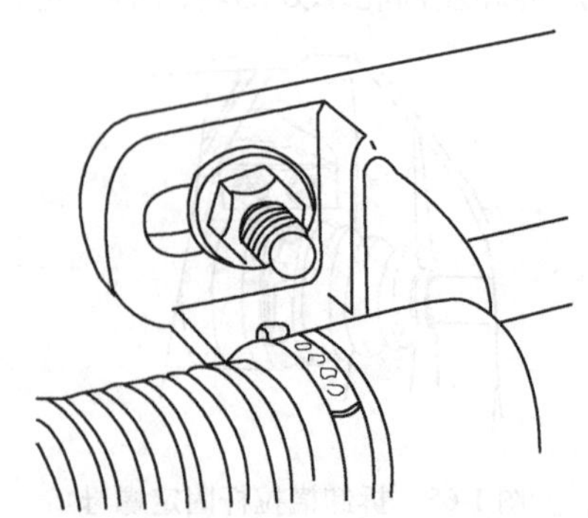

图 1-71 拆卸后横板上转向器的固定自锁螺母

3）在转向液压泵上安装高压和回油软管，并用40N·m的力矩拧紧固定螺栓，使用新的密封圈；安装在左前轮罩上的转向器固定螺栓，并用20N·m的力矩拧紧；安装在后横板上转向器的固定自锁螺母，并用40N·m的力矩拧紧；把高压管固定在转向控制阀外壳上。

4）把车辆放下。

5）用40N·m的力矩拧紧在后横板上转向器的固定螺母；安装横拉杆支架固定螺栓，并用45N·m的力矩拧紧；从车辆内部把回油软管安装在转向控制阀外壳上；安装保护网（防尘套）；连接下轴，安装固定螺栓，并用25N·m的力矩拧紧；安装踏板盖、通风管和仪表板盖。

6）吊起车辆。

7）把车辆放下。

8）安装固定横拉杆支架的自锁螺母，并用45N·m的力矩拧紧。

9）向转向储油罐内注入ATF，直到达到标有MAX的地方。不要再使用已排出的ATF。

10）吊起车辆。在发动机熄火的情况下转动转向盘数次，以便把系统中存在的空气排出，充ATF，使之达到标有MAX的地方。

4. 转向传动机构的检修

（1）转向传动机构的拆卸

1）从转向臂处松开横拉杆球销防松螺母（该螺母的拧紧力矩为30N·m），分别拆卸左、右横拉杆的球铰一端。

2）拆卸连接件上的左、右横拉杆另一端，该端自锁螺母的拧紧力矩为45N·m，这样分别拆卸左、右横拉杆。

3）从支架上拆卸转向减振器的一端，从转向器壳体上拆下转向减振器的另一端，取下转向减振器。

4）齿条的输出端铣有扁舌，平面上钻有两孔，分别用两只M10的螺栓以45N·m的拧紧力矩与转向支架相连接。因此，拆下这两只M10的紧固螺栓，使转向器齿条输出端自由。

5）拆下锁紧螺母与调整螺栓，取出补偿弹簧，更换密封圈，这样可使齿条与齿轮啮合放松。

6）拆下转向器壳体左、右凸台与车身的连接螺栓（20N·m、35N·m），可取下转向器。

（2）转向传动机构的检修

1）横拉杆及前桥转向臂的检修

①检查槽形螺母是否松脱，如松脱应拧紧。同时，检查开口销、盖等的装配情况。

②使转向盘从直行状况向左、向右反复转动600°左右，此时检查横拉杆、前桥转向臂等是否松脱、松旷。

③检查转向臂和左、右横拉杆相连接处的磨损和装配情况，转向前臂出现明显变形或裂纹，更换新件。

2）横拉杆支架出现明显变形或裂纹，更换新件。

3）对于转向传动机构中的自锁螺母，拆卸后应全部进行更换。

4）检查转向减振器漏油状况，其容量为86mL。若渗漏严重，应更换或分解修理，更换密封圈等零件。查看支承是否开裂，若有应更换。检查减振器的工作行程，必须将减振器拆下来进行试验：减振器的最大行程为 556mm，最小行程为 344. 5mm，最大阻尼载荷为 560N，最小阻尼载荷为 180N，不符合要求时，应更换减振器总成。

（3）转向传动机构的装配与调整　安装顺序基本上与拆卸顺序相反，这里再指出一些注意事项：

1）连接转向管柱下段与齿轮轴时，夹紧箍应推至转向管柱下段上，其自锁螺母的拧紧力矩为 25N · m。外面套有密封胶套，密封环应嵌入转向器壳体上的环形槽中。

2）转向器壳体的紧固螺栓不可拧得太紧。

3）波纹橡胶管可在转向器安装后进行调换，这时在齿条上涂转向器润滑脂。

4）波纹管挡圈推至齿条限位处，将波纹管一端用夹紧箍夹紧在环槽中。

5）转向拉杆球头销预紧度的调整。组装横、直拉杆总成时，注意在球头销和球碗表面涂抹润滑油。组装直拉杆时，用弯头扳手将调整螺栓拧到底后，再退回 1/4 圈左右，并使开口销孔对准，然后穿入开口销锁止螺栓；组装横拉杆时，将螺栓拧到底，再退回 1/4 ~ 1/2 圈，装上开口销锁止螺栓。

【习题】

一、填空题

1. 转向系统可按照转向能源的不同分为________和________两大类。

2. 机械式动力转向系统由________、________和________三大部分组成。

3. 循环球式转向器中一般有两级传动副，第一级是________传动副，第二级是________或________传动副。

4. 上海桑塔纳轿车齿轮齿条式转向器由________、________和________等主要机件组成。

5. 蜗杆曲柄指销式转向器传动副的主动件是________，从动件是装在摇臂轴曲柄端部的________。

6. 按照传能介质的不同，转向传力装置分为________和________两种。

7. 与非独立悬架配用的转向传动机构主要包括________、________、________和________。

8. 在转向传动机构中，为了防止运动干涉，各个横、直拉杆均采用________进行连接。

9. 液压式动力转向系统中，转向助力装置由________、________、________和________组成。

10. 液压转向传力装置有________和________两种。

11. 动力转向器由________、________和________三部分组成。

12. 动力转向系统的最大使用特点是转向操纵________。

13. 液压动力转向系统中的旋转式控制阀主要由阀体和________等主要机件组成。

二、选择题

1. 在动力转向系统中，转向所需的动力来源于（　）。

A. 驾驶人的体能　　B. 发动机动力

C. A、B 均有　　D. A、B 均没有

2. 循环球式转向器中的转向螺母可以（　）。

A. 转动　　B. 轴向移动

C. A、B 均可　　D. A、B 均不可

3. 转弯半径是指由转向中心到（　　）。

A. 内转向轮与地面接触点间的距离　B. 外转向轮与地面接触点间的距离

C. 内转向轮之间的距离　　D. 外转向轮之间的距离

4. 转向梯形理想表达式中的 B 是指（　　）。

A. 轮距　　B. 两侧主销轴线与地面相交点间的距离

C. 转向横拉杆的长度　　D. 轴距

5. 采用齿轮齿条式转向器时，不需（　　）。

A. 转向节臂　　B. 转向摇臂

C. 转向直拉杆　　D. 转向横拉杆

三、判断题

1. 当汽车转弯时，内侧轮胎的转向半径通常小于外侧轮胎的转向半径。（　　）

2. 为了提高行车的安全性，转向轴可以有少许轴向移动。（　　）

3. 可逆式转向器有利于转向轮和转向盘自动回正，但汽车在坏路面上行驶时易发生转向盘“打手”现象。（　　）

4. 摇臂轴的端部刻有标记，装配时应与转向摇臂的刻度标记对正。（　　）

5. 转向直拉杆两端的弹簧在球头销的同一侧。（　　）

6. 循环球式转向器中的转向螺母既是第一级传动副的主动件，又是第二级传动副的从动件。（　　）

7. 转向横拉杆体两端螺纹的旋向一般均为右旋。（　　）

8. 汽车转向传动机构的功用是将转向器输出的力和运动传到转向桥两边的转向节，使两侧转向轮偏转。（　　）

9. 采用动力转向系统的汽车，当转向助力装置失效时，汽车也就无法转向了。（　　）

10. 汽车的动力转向实际上是依靠发动机输出的动力来帮助转向的。（　　）

四、简答题

1. 什么是转向盘的自由行程？为什么转向盘会留有自由行程？自由行程过大或过小对汽车转向操纵性能会有何影响？一般范围应是多少？

2. 简述机械转向系统的基本组成及工作原理。

3. 说明转向系统角传动比的定义及对转向的影响。

4. 目前在轻型及微型轿车上为什么大多数采用齿轮齿条式转向器？

5. 在汽车转向系统中，怎样同时满足转向灵敏和转向轻便的要求？

6. 转向传动机构的功用是什么？

7. 说明电动式动力转向系统的组成和工作原理。

8. 动力转向器的结构类型有哪些？

9. 简述机械转向系统的维护项目。

10. 动力转向系统的常见故障有哪些？如何排除？

项目2 车轮与轮胎

【知识目标】

1）了解汽车车轮的组成。

2）了解汽车车轮的结构。

3）了解汽车轮胎的组成与结构。

4）掌握轮胎的规格与标志。

5）了解汽车轮胎的动力特性。

【能力目标】

通过本次项目的完成，你应能够：

1）正确认识汽车车轮的结构、组成及工作原理。

2）了解汽车轮胎的结构和分类。

3）了解汽车轮胎的动力学。

4）正确判别汽车轮胎的型号和规格。

【知识准备】

知识点2.1 车轮的组成与结构

车轮与轮胎组成车轮总成，习惯上简称为车轮。图2-1所示为奥迪100型轿车的车轮总成。

车轮与汽车的行驶平顺性、操纵稳定性和安全性等有密切的关系，其主要功用有：

1）承受各个方向的作用力，包括支承汽车重量，产生驱动力、制动力、转向时的向心力及抗侧滑的侧向力。

2）缓和路面不平引起的冲击。

3）行驶中发生侧偏时具有自动回正能力，保证汽车直线行驶或正常转向。

4）保证汽车有一定越过路障的通过性。

车轮是介于轮胎和车轿之间承受负荷的旋转组件，通常由轮辋和轮辐组成。

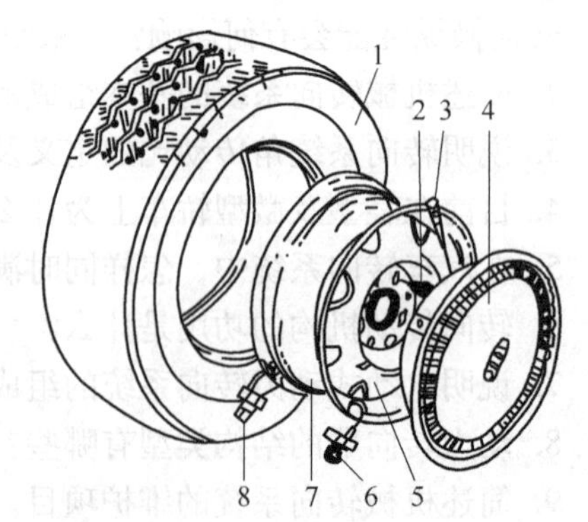

图2-1 奥迪100型轿车的车轮总成

1—轮胎 2—螺栓 3—气门嘴 4—轮胎饰罩

5—辐板 6、8—平衡块 7—轮辋

一、车轮类型

1. 按照轮辐结构分类

按照轮辐结构的不同，车轮可以分为辐板式车轮和辐条式车轮。

辐板式车轮中连接轮辋与轮毂的轮辐为圆盘状辐板，如图2-2所示。辐板3和轮辋4焊接或铆接固定成一个整体。辐板3通常使用螺栓安装在轮毂1上。

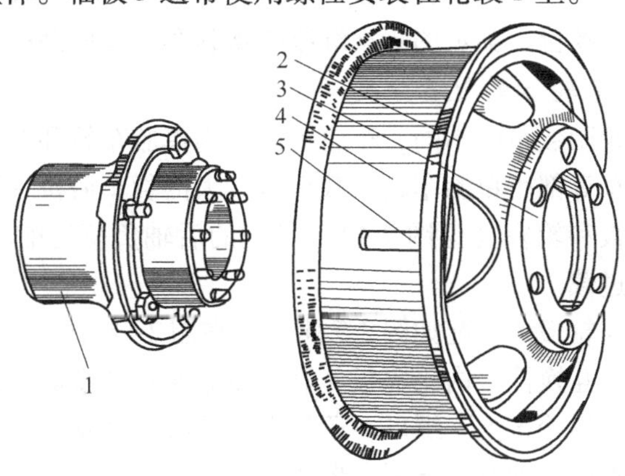

图2-2 辐板式车轮

1—轮毂 2—挡圈 3—辐板 4—轮辋 5—气门嘴出口

辐条式车轮的轮辐是钢丝辐条（见图2-3a）或者与轮毂铸成一体的铸造辐条（见图2-3b）。

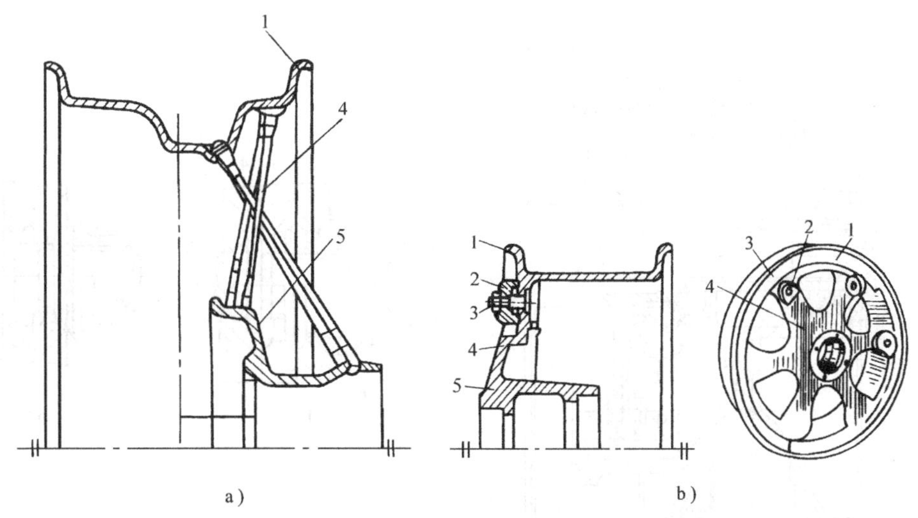

图2-3 辐条式车轮

a）钢丝辐条 b）铸造辐条

1—轮辋 2—衬块 3—螺栓 4—辐条 5—轮毂

辐条式车轮盛行于单件生产的时代。由于需要装配，生产率低，价格昂贵，并且需要定期加固，所以在汽车大批量生产的今天辐条式车轮逐渐被淘汰，仅用在赛车和某些高级轿车上，以减轻车轮的重量。

2. 按照车轮的材质分类

按照车轮材质的不同，车轮可以分为钢制车轮、铝合金车轮和镁合金车轮等。

铝合金铸造车轮比钢制车轮轻，散热性好（散发制动摩擦时产生的热量），并且造型上的限制少，可以制造出新颖、时尚的车轮。

钢制车轮价格低廉、应用最广，为美化造型，可在其外面加装塑料制轮罩。

镁合金铸造车轮比铝制车轮还要轻，但由于价格昂贵而且耐腐蚀性差，普及率很低。

目前，重量更轻、更廉价、美观的碳素纤维等塑料车轮在研制中。

3. 按照车轴一端安装轮胎的数量分类

按照车轴一端安装轮胎数量的不同，车轮可以分为单胎车轮和双胎车轮。

一般轿车、轻型货车等都用单胎车轮。载重量较大的货车后桥一般装用双胎车轮，即在同一轮毂上安装两套辐板和轮辋（见图 2-4）。货车的后轴负荷比前轴大得多，采用双胎车轮可有效避免后轮轮胎过载。

双胎车轮内外辐板与轮毂的装配如图 2-5 所示。在图 2-5a 中，辐板的螺栓孔两端面都做成锥形，使内、外轮具有互换性。内轮辐板 3 靠在轮毂 4 的外端面上，用具有锥形端面的特制螺母 1 固定在辐板固定螺栓 5 上。螺母 1 还具有外螺纹。外轮辐板 2 紧靠着内轮辐板，并用锁紧螺母 6 来固定。采用这种双螺母固定形式时，为了防止汽车在行驶中固定辐板的螺母自行松脱，汽车两侧车轮上的辐板固定螺栓 5 一般采用旋向不同的螺纹，左侧用左旋螺纹，右侧用右旋螺纹。

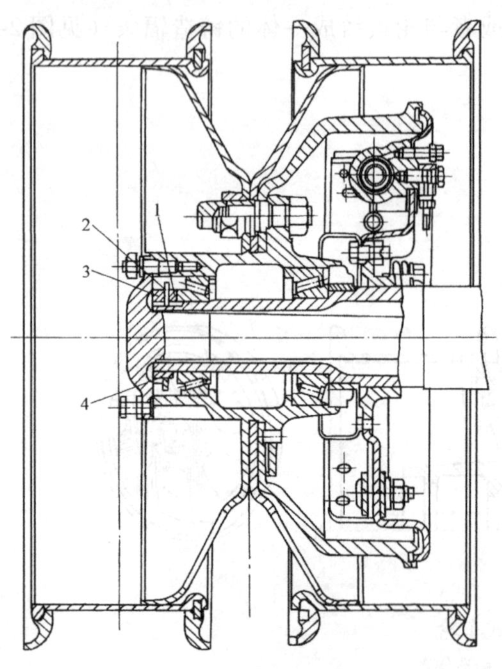

图 2-4 载货汽车双胎车轮

1—调整螺母 2—锁止垫片 3—锁紧螺母 4—销钉

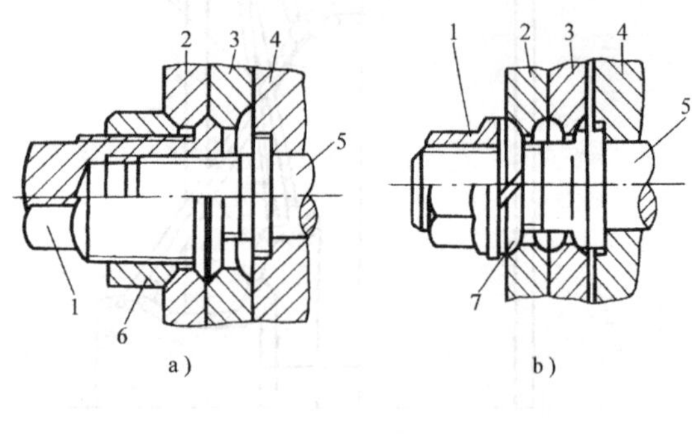

图 2-5 双胎车轮辐板的固定

a）双螺母固定形式 b）单螺母固定形式

1—特制螺母 2—外轮辐板 3—内轮辐板 4—轮毂
5—辐板固定螺栓 6—锁紧螺母 7—球面弹簧垫圈

在图 2-5b 中，采用单螺母的固定形式，由于在该结构中采用了球面弹簧垫圈 7，可以防止特制螺母1的自行松脱，故汽车左、右车轮上的辐板固定螺栓5均可用右螺纹，从而减少了零件品种。

二、车轮组件

1. 轮辋

轮辋是轮胎装配和固定的基础，为了保证轮胎具有准确的形状，根据汽车的用途，设有多种形状的轮辋。轮辋按照断面结构形式的不同有图2-6所示七种，其中最常见的为深槽轮辋和平底轮辋（图2-7）。

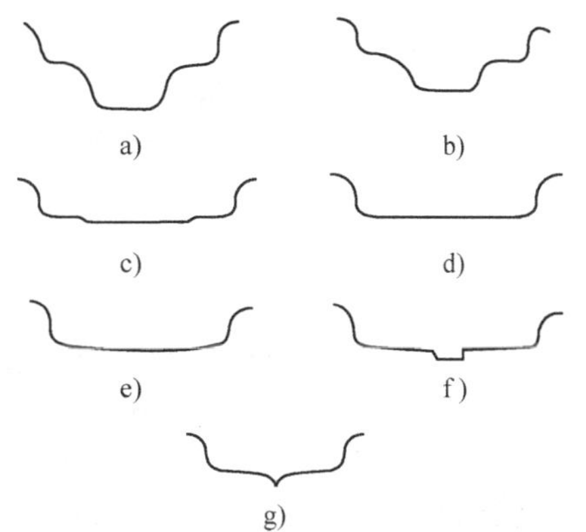

图2-6 轮辋轮廓类型及代号

a）深槽轮辋（DC） b）深槽宽轮辋（WDC） c）半深槽轮辋（SDC） d）平底轮辋（FB） e）平底宽轮辋（WFB） f）全斜底轮辋（TB） g）对开式轮辋

深槽轮辋一般采用钢板冲压成形的整体结构，中部为一深槽，有带肩的凸缘用以安放外胎的胎圈，凸缘倾斜角度一般是5°±1°，便于外胎拆装。深槽轮辋结构简单、刚度大、质量小，最适宜小尺寸弹性较大的轮胎，尺寸较大较硬的轮胎则很难装进，所以深槽轮辋主要用于轿车及轻型越野汽车。

平底轮辋底部呈平环状，只有一边为可拆卸的挡圈当作凸缘。在安装轮胎时，先将轮胎套在轮辋上，然后再安装挡圈。平底轮辋主要用于中、重型载货汽车以及自卸车和大客车等安装大而硬的轮胎。

对开式轮辋内部由两部分组成，二者用螺栓紧固在一起，内、外轮辋有等宽度的，也有不等宽度的。这种结构使轮胎安装特别可靠，且装卸方便，多用在重型汽车上。

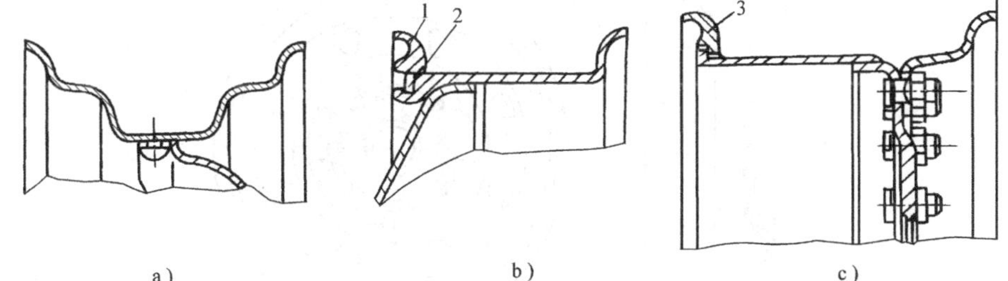

图2-7 轮辋断面

a）深槽轮辋 b）平底轮辋 c）对开式轮辋

1、3—挡圈 2—锁圈

按照构件件数的不同，轮辋又可分为一件式和多件式（见图2-8）。

轮辋和轮胎都有多种规格，每一种规格的轮胎，应配用规定的标准轮辋，必要时可选用与标准轮辋相近的允许轮辋。如果轮辋选用不当，特别是使用过窄的轮辋，则会造成轮胎过早损坏。

近年来，越来越多地采用低压轮胎宽轮辋，以改善汽车的通过性和操纵稳定性，同时也可以提高轮胎和道路的使用寿命。

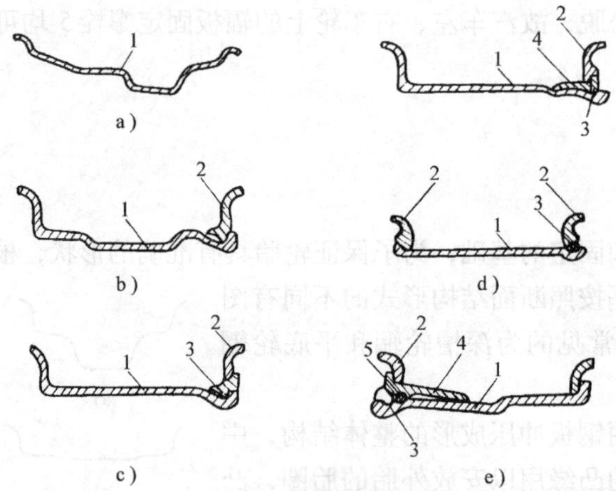

图 2-8 轮辋结构形式

a）一件式轮辋 b）两件式轮辋 c）三件式轮辋 d）四件式轮辋 e）五件式轮辋

1—轮辋体 2—挡圈 3—锁圈 4—座圈 5—密封

轮辋的边缘上往往夹装平衡块，以保证车轮总成在高速旋转时的动平衡。若车轮不平衡量过大，则会引起车身振动、前轮摆振，同时加速了轮胎的异常磨损。

2. 辐板

钢制车轮的辐板是用薄钢板冲压成型，为提高强度，常冲压成各种起伏的形状（见图 2-9)，为减轻重量和有利于制动器散热，辐板上开有若干孔。辐板和轮辋焊接或铆接为一体。

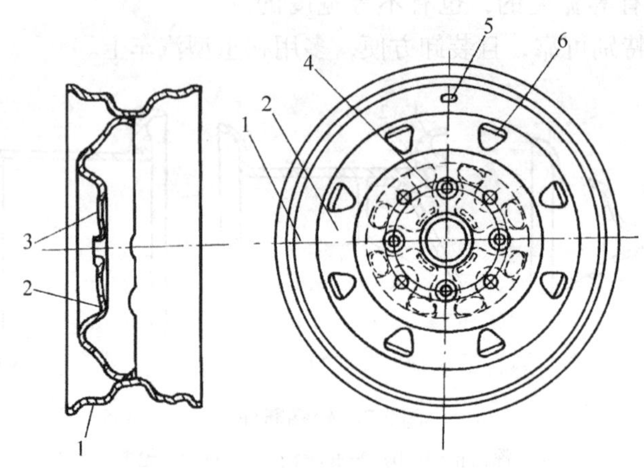

图 2-9 辐板结构

1—轮辋 2—辐板 3—螺栓孔 4—螺母座凸台 5—气门嘴孔 6—通风口

铝合金车轮的辐板与轮辋铸成一体。铝制车轮通过造型的方式，靠本身的旋转从制动器排出制动热量，这种车轮的旋转方向是固定的，在更换轮胎时不能装错方向。

三、车轮的安装与轮毂结构

车轮通过轮毂安装在车轴上。轮毂位于车轮的中心，内有中心圆孔。轮毂的结构形式有三种：独立成件（见图2-2），与轮辐制成一体（见图2-3b），与制动鼓（盘）制成一体。

不同的车桥，轮毂结构和车轮的安装形式不同。

1. 从动桥上的轮毂结构和车轮安装

奥迪100轿车后轮毂采用典型的非驱动轴轮毂结构（见图2-10）。轮毂与制动鼓制成一体，中心孔内装有内、外两个圆锥滚子轴承。轮毂轴承的间隙有一定的要求，通过垫片5调整，如奥迪100轿车为0.02～0.04mm。间隙过大，轴承松旷，车轮会发生摆动，车辆的操纵稳定性变差，也会引起轮胎异常磨损；间隙过小，轴承过紧，摩擦过大，轮毂发热，轴承润滑脂融化，车辆的制动性能下降。二者都会引起轴承的过早损坏和汽车的经济性下降。

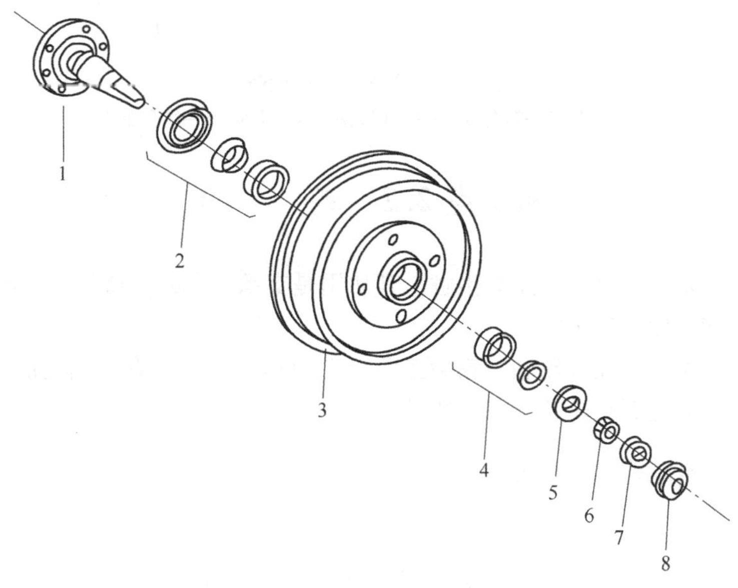

图2-10 车轮在从动桥上的安装

1—后轮毂轴 2—内轴承 3—后制动鼓 4—外轴承 5—垫片 6—车轮螺母 7—锁盖 8—盖

车轮通过螺栓固定在制动鼓上。车轮螺母6要以规定的力矩拧紧并用锁盖7锁死。以防汽车在高速行驶转向时的离心力使车轮脱落。

2. 驱动桥上的轮毂结构和车轮安装

驱动桥上的轮毂除了与从动桥上的轮毂相类似需用轴承安装在车桥上之外，它往往通过内花键与半轴相连，或通过螺栓与半轴凸缘连接，以传递动力。

3. 转向驱动桥上的轮毂结构和车轮安装

图2-11为奥迪100转向驱动桥的前轮毂安装情况。轮毂4通过内花键与半轴1配合，通过轮毂轴承3与转向节2内圆柱孔配合，既可实现驱动力传递、车身重量支承，又不影响转向。轮毂轴承3为双列复合轴承，功能上相当于一对单列轴承，无需调整轴承间隙。轴承内圈与轮毂外圆、轴承外圈与转向节孔之间都是过盈配合。组合螺栓5将轮毂4紧固在传动轴上。

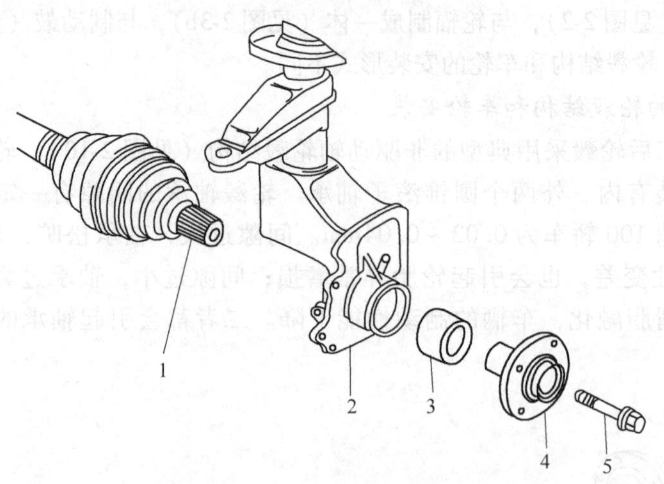

图2-11 奥迪100前轮毂

1—半轴 2—转向节 3—轮毂轴承 4—轮毂 5—组合螺栓

知识点2.2 轮 胎

轮胎安装在轮辋上，直接与路面接触，其功用是支承汽车的全部质量，产生驱动力、制动力、侧向力，缓和路面冲击等。

现代汽车几乎都采用充气轮胎。轮胎按照组件的不同可分为有内胎轮胎和无内胎轮胎；按胎体结构不同可分为斜交轮胎、子午线轮胎等。

一、有内胎轮胎和无内胎轮胎

1. 有内胎轮胎

有内胎轮胎由外胎4、内胎3和垫带2等组成（见图2-12）。

内胎是一个环形橡胶管，应具有良好的弹性，并能耐热和不漏气，为使内胎在充气状态下不产生褶皱，其有效尺寸应稍小于外胎内壁尺寸。内胎上装有充气、放气的气门嘴（见图2-13），有一个金属座筒7，气门嘴底部的凸缘10通过内胎上的窄孔插入内胎中，由螺母8将它夹紧在两个垫片9之间，使气门嘴严密地装在内胎上。轮胎安装在车轮上时，气门嘴被固定在轮辋上的孔内。金属座筒7内装有带密封衬套3的气门芯。密封衬套3的环形槽内嵌有橡胶密封圈。当螺母2拧入时，密封圈即被压紧在座筒的锥形凹面上。座筒外面旋上一个带橡胶密封罩的盖1，其柄部可以作为拧出气门芯上螺母2的扳手。密封衬套3下面装有橡胶阀门4。当轮胎被充气时，橡胶阀门4被空气压力压下，压缩空气进入内胎；充气完毕后，套在杆5上的弹簧6便将它紧密地压在阀座上。

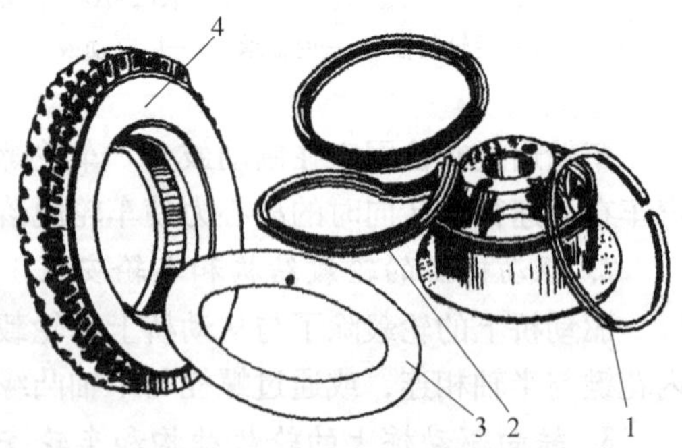

图2-12 有内胎轮胎

1—挡圈 2—垫带 3—内胎 4—外胎

垫带是一个环形的橡胶带，垫在内胎与轮辋之间，以保证内胎不被轮辋和胎圈擦伤，还可防止尘土及水汽侵入。在深槽式轮辋上使用的有内胎轮胎往往没有垫带。

外胎是用来保护内胎的强度较高又具有一定弹性的外壳，它由耐磨橡胶等制成，直接与地面接触。

2. 无内胎轮胎

无内胎轮胎在外观上与有内胎轮胎相似，所不同的是没有内胎及垫带（见图2-14），空气直接充入外胎中，因此要求轮胎与轮辋之间有很好的密封性。

无内胎轮胎虽无充气内胎，但在轮胎内壁表面上附有一层2～3mm的橡胶密封层1，称为气密封衬层，它是用硫化的方法粘附上去的。气密封衬层在胎缘部位留有余量并被固定在轮辋上。有的胎圈上有若干道同心的环形槽纹3，在轮胎内空气压力的作用下能使槽纹胎圈可靠地贴在轮辋边缘上，以保证轮胎与轮辋之间的气密性。

气门嘴4直接固定在轮辋7上，其间垫以密封用的橡胶密封衬垫6。铆接轮辋和辐板的铆钉5自内侧塞入，并涂上一层橡胶。

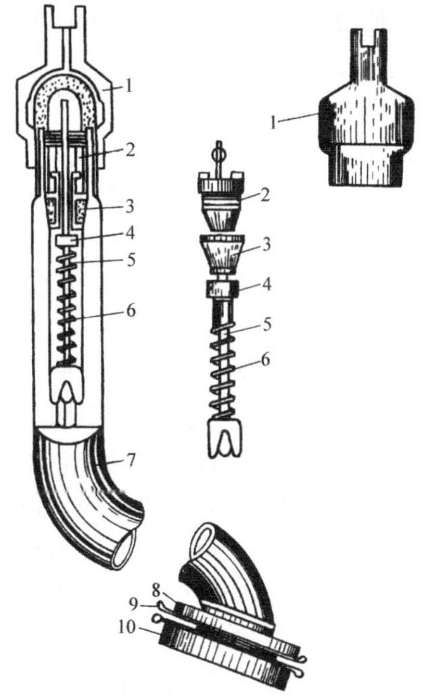

图2-13 气门嘴

1—盖 2、8—螺母 3—密封衬套 4—橡胶阀门 5—杆 6—弹簧 7—金属座筒 9—垫片 10—凸缘

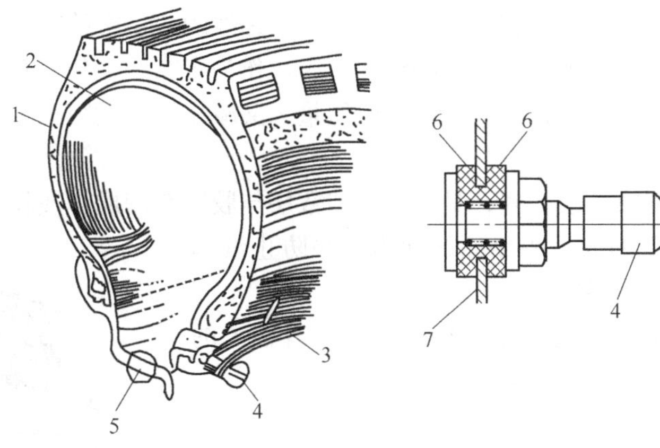

图2-14 无内胎的充气轮胎

1—橡胶密封层 2—自粘层 3—环形槽纹 4—气门嘴 5—铆钉 6—橡胶密封衬垫 7—轮毂

图2-14所示无内胎轮胎中在橡胶密封层1和胎面之间贴有一层用硫化橡胶的特殊混合物制成的自粘层2，当轮胎穿孔时，自粘层能自行将刺穿的孔粘合。但当天气炎热时，自粘层可能软化而向下流动，从而破坏车轮平衡。因此，越来越多的无内胎轮胎采用无自粘层结构，当轮胎穿孔后，由于轮胎和气密层处于压缩状态而裹紧穿刺物，保持较长时间内不漏气。即使穿刺物拔出，由于轮胎的弹性作用轮胎也能暂时保持气压。

无内胎轮胎的优点是：轮胎穿孔时，压力不会急剧下降，能继续安全地行驶；不会因为内、外胎之间的摩擦和卡住而引起损坏；气密性较好，可以直接通过轮辋散热，所以工作温度低，使用寿命较长；结构简单，质量较小。

二、斜交轮胎与子午线轮胎

1. 斜交轮胎

图2-15所示为有内胎的普通斜交轮胎结构图，其外胎由胎面、胎圈、缓冲层5和帘布层1组成。

胎面是外胎最外的一层，包括胎冠3、胎侧4和胎肩2三部分。胎冠又称为行驶面，直接与路面接触，承受摩擦和全部负荷。胎冠是用耐磨橡胶制成，以保护胎体和内胎免受机械损伤。胎冠上有各种形状的凹凸花纹，以使轮胎与地面之间有良好的附着性能，防止纵、横向滑移。胎侧部分的橡胶层较薄，胎肩是较厚的胎冠与较薄的胎侧间的过渡部分，一般也制有花纹，以便散热。

帘布层又称为胎体，是轮胎的骨架，其作用是承受负荷、保护轮胎的形状和外缘尺寸，通常由成双数的多层挂胶布（帘布）用橡胶粘合而成。斜交轮胎的帘布层和缓冲层各相邻层帘线交叉且与轮胎中心线呈小于90°排列，故称为斜交轮胎。

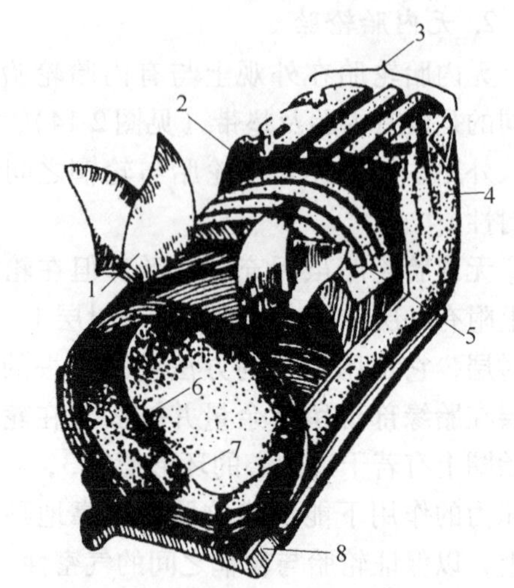

图2-15 有内胎的普通斜交轮胎结构图

1—帘布层 2—胎肩 3—胎冠 4—胎侧 5—缓冲层 6—内胎 7—垫带 8—轮辋

帘布由纵向强韧的经线和放在各经线之间的少数纬线织成。帘线有棉丝、人造丝线、尼龙线和钢丝等多种。现在多采用聚酰胺纤维和金属丝作为帘布线，使帘布层数减少到4层甚至2层。这样既减少了橡胶消耗和提高了轮胎质量，又减小了滚动阻力，延长了轮胎的使用寿命。

缓冲层位于胎面和帘布层之间，是用胶片和数层挂胶帘布制成，质软而弹性好，能有效缓和汽车在行驶时所受到的不平路面的冲击，并防止汽车在紧急制动时胎面与帘布层脱离。

胎圈由钢线圈、帘布层边和胎圈包边组成，有很大的刚度和强度，使外胎牢固地装在轮辋上。

2. 子午线轮胎

子午线轮胎由胎面、胎圈、带束层和帘布层组成（见图2-16）。与斜交轮胎相比，子午线轮胎的结构有以下特点：

1）帘布层帘线排列方向与轮胎的子午断面一致，这样就使其强度得到充分的利用。子午线轮胎的帘布层数可比普通斜交轮胎减少约40%～50%，胎体较柔软。

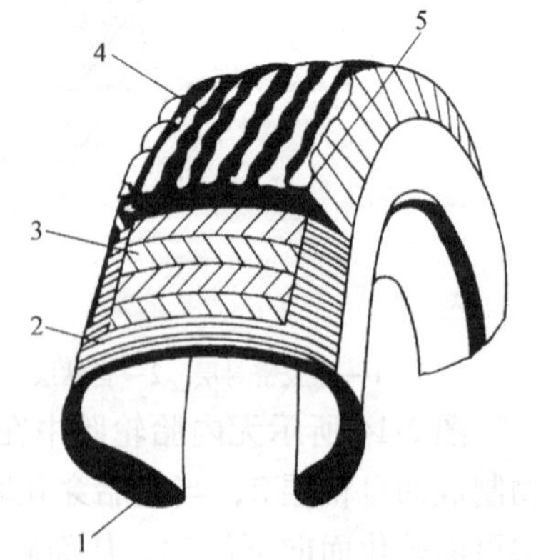

图2-16 子午线轮胎

1—胎圈 2—帘布层 3—带束层 4—胎冠 5—胎肩

2）使用带束层以承受行驶时产生沿圆周方向的切向力，子午线轮胎的帘布线在圆周方向上依靠橡胶来联系，无法承受太大的切向力。带束层通常采用高强度、抗拉伸的玻璃纤维、聚酰胺纤维或钢丝等材料制成，与子午断面接近垂直（呈70°~75°），可以承受较大的切向力。

子午线轮胎的使用特性有以下优点：

1）接地面积大，附着性能好，对地面单位压力小，滚动阻力小，节省燃油消耗。

2）胎冠较厚且有坚硬的带束层，胎面刚性大。承载时接触地面处变形小（见图2-17a）高速行驶时不容易发生“驻波”现象，不易被刺穿，使用寿命长。

3）帘线横向排列，在承受横向力时，胎侧虽然有些变形，但接触地面处变形小（见图2-17b），操纵稳定性好。

4）径向弹性大，缓冲性能好，负荷能力较大。

5）帘布层数少，胎侧薄，所以散热性能好。

子午线轮胎的缺点是：因胎侧较薄，胎冠较厚，在其过渡区胎肩部分易产生裂口，制造难度高，成本高。

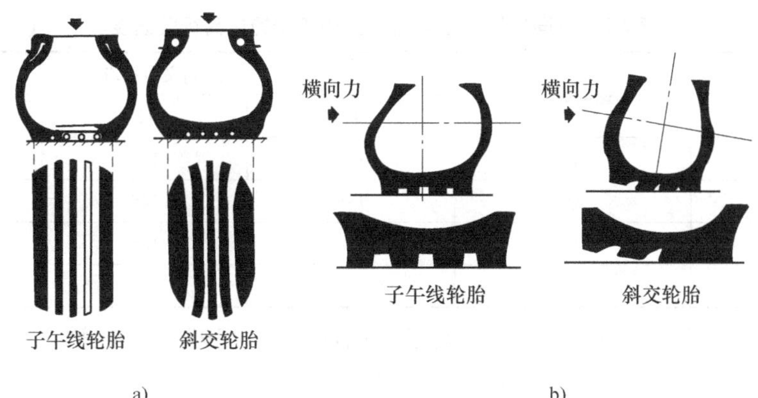

图2-17 轮胎变形
a）垂直载荷 b）横向力

子午线轮胎性能得到不断的改进，应用越来越广泛；而斜交轮胎除特殊专用车使用外，基本已被淘汰。

三、轮胎的规格及标志

1. 轮胎规格

轮胎规格的标记方法有米制和英制两种。我国英制和米制两种方法并存，并逐渐向米制过渡。

轮胎尺寸标注如图2-18所示。

（1）英制标记方法及形式　轮胎规格的英制标记方法及形式如图2-19所示，其中轮胎层级，对于棉帘线轮胎，即为帘线层数；对于其他帘线轮胎，则为承载能力相当的棉帘线层数。

例如6.5 R 16 6P，R表示为子午线轮胎，断面宽度为6.5in，轮辋直径为16in，轮胎层级为6。

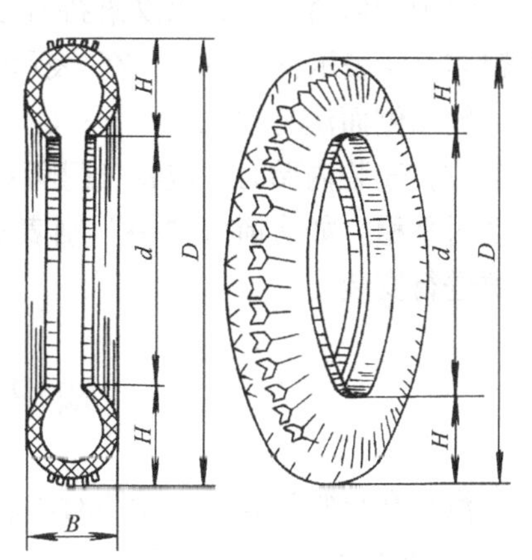

图2-18 轮胎尺寸标注

（2）公制标记方法及形式　轮胎规格的公制标记方法及形式如图 2-20 所示。轮胎名义高宽比又称扁平率，数值为 $H/B\times100$。

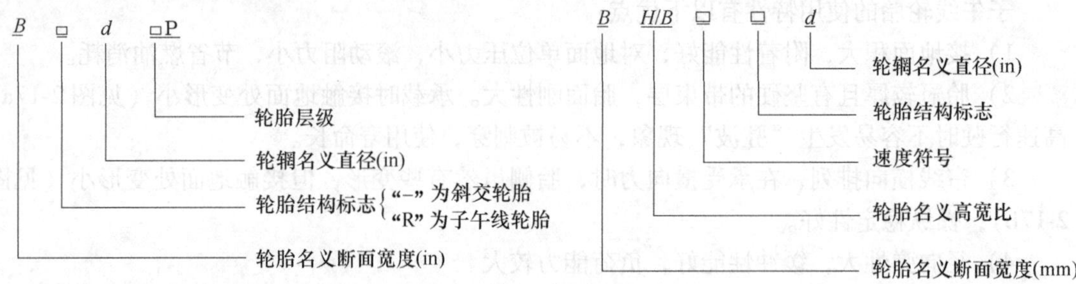

图 2-19　轮胎规格的英制标记方法及形式　　图 2-20　轮胎规格的公制标记方法及形式

速度级别符号表示轮胎最高行驶速度。不同结构及不同名义直径轮胎的最高行驶速度（km/h）见表 2-1。

表 2-1　不同结构及不同名义直径轮胎的最高行驶速度　（单位：km/h）

轮胎结构	速度级别	名义直径/in		
		10	12	≥13
斜交轮胎	P	120	135	150
子午线轮胎	Q	135	145	160
子午线轮胎	S	150	165	180
子午线轮胎	H	—	195	210

例如 195/60 H R 14，R 表示子午线轮胎，断面宽度为 195mm，轮辋直径为 14in，扁平率为 60%，速度符号为 H（最高行驶速度为 210km/h）。

2. 胎侧标志

根据国际的有关规定和方便使用者购置，外胎两侧标志有规格、制造厂商和厂名（或地点）、标准轮辋、生产编号、帘布材料及结构代号；轿车轮胎还标有速度级别代号、胎面磨耗标志位置的符号；载货汽车轮胎还需有层级；胎面花纹有行驶方向的，还标有行驶方向标志。

我国胎体帘布材料以汉语拼音表示，如 M 表示棉帘布，R 表示人造丝帘布，N 表示尼龙帘布，G 表示钢丝帘布，ZG 表示钢丝子午线帘布。

轮胎侧面注有“△”、“—”、“口”等符号或注有“w”、“D”等文字，表示轮胎最轻的部位，安装内胎时，应将气门嘴对准符号安装，以使轮胎周围的重量平均，保持轮胎高速转动时平稳。如有箭头“→”则表示为有方向性的轮胎，应使箭头所指的方向与旋转方向一致进行安装。

知识点 2.3　轮胎动力学

汽车在行驶过程中，轮胎对附着力、滚动阻力有一定的影响。

1. 轮胎与附着力的关系

轮胎对附着力的影响表现在轮胎与附着系数的关系上。

轮胎的花纹、结构尺寸、橡胶成分和质量及帘线的材料等对附着系数都有影响。细而浅花纹的轮胎在硬路面上有较好的附着性能，宽而深花纹的轮胎，在松软路面可以增大嵌入轮胎花纹内土壤的剪切断面，从而达到提高附着系统数的目的。

增大轮胎与地面的接触面积能提高轮胎的附着能力，因此，低气压、宽断面轮胎和子午线轮胎的附着系数要比一般轮胎高。

轮胎气压对附着系数影响很大。在硬路面和松软路面上，降低轮胎气压可增大轮胎与地面的接触面积，因而附着系数明显提高（见图2-21）。

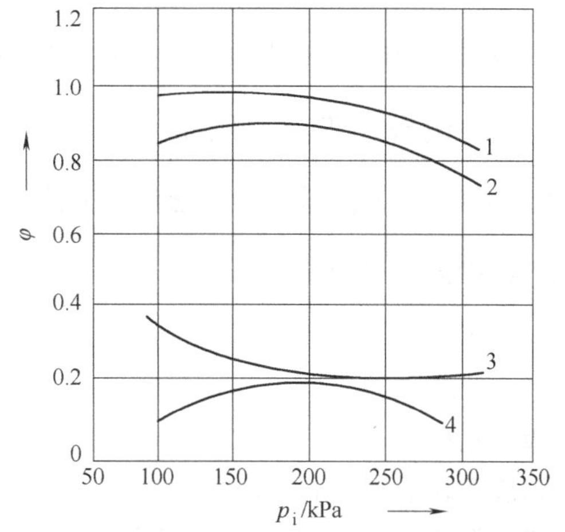

图2-21 附着系统数 φ 与轮胎气压 p_i 的关系

1—干燥混凝土路面 2—湿混凝土路面

3—软路面 4—积雪路面

轮胎的磨损程度会影响其附着能力。新轮胎的附着系数很高，随着胎面花纹深度的减小，其附着系数将显著降低。

2. 轮胎与滚动阻力的关系

轮胎对滚动阻力的影响表现为轮胎对滚动阻力系数的影响。

轮胎的结构、材料和气压对滚动阻力系数有很大的影响。在保证轮胎具有足够的强度和使用寿命的条件下，采用较少的帘布层、较薄的胎体以及采用较好的轮胎材料均可减少轮胎的内摩擦损失，减小滚动阻力系数。子午线轮胎的滚动阻力系数较低。在软路面上行驶的汽车，采用大直径轮缘的轮胎，其与路面的接触面积增加，路面变形减小，因而可降低滚动阻力系数。

轮胎的充气压力对滚动阻力系数影响很大。在硬路面上行驶的现代汽车，为了提高汽车的行驶平顺性及车轮与道路间的附着性能而多采用低压轮胎，轮胎气压降低，轮胎在滚动过程中的变形加大，内摩擦损失增加，因而低压轮胎较高压轮胎有较高的滚动阻力系数。在软路面上行驶的汽车，降低轮胎气压可增大轮胎与地面的接触面积，降低轮胎对地面的单位压力，减小土壤变形，轮辙深度变浅，因而由于土壤变形而引起的滚动阻力减小，滚动阻力系数较小。但过多地降低轮胎气压，致使轮胎变形过大，则由于轮胎变形而引起的滚动阻力急剧增长，也可导致滚动阻力系数的增加。故在软路面上行驶的轮胎，对于一定的使用条件有一最佳轮胎气压值。

高速行驶时，由于轮胎质量的惯性影响，内摩擦损失随车轮转速的提高而加大，滚动阻力系数迅速增长。当车速达到某一临界车速时，轮胎恢复变形的速度没有车轮圆周速度快，使轮胎周缘不再是圆形而呈明显的波浪形，这称为轮胎的驻波现象。出现驻波后，不但滚动阻力系数显著增加，轮胎的温度也很快增加到100℃以上，易使胎面与轮胎帘布层脱落，会出现爆胎现象，这是非常危险的。

【项目实训】

实训 车轮平衡

一、实验目的与要求

熟悉车轮动平衡机的结构和使用方法；掌握车轮动平衡的检测步骤及调整方法。

二、实验设备、工具、用品

车轮动平衡机、汽车车轮、平衡块、工具。

三、实验内容与步骤

1. 就车式检测

（1）准备工作

1）支起车桥。

2）清除车轮上的石子、泥土和旧平衡块。

3）检查轮毂轴承的预紧度。若不符合要求，则作必要的调整。

4）在轮胎外侧面的任意位置用胶布或粉笔作标记。

（2）从动轮静平衡的检测

1）支起车桥，将测量装置推至被测车轮一端的车桥下，调节可调顶杆让测量装置紧贴悬架下或转向节下。

2）将车轮动平衡机的摩擦轮压向轮胎，起动电动机，驱动车轮转动至规定转速，车轮的转动方向应与前进行驶时相同。

3）记住指示灯下的轮胎标记位置，读取显示的不平衡量数值。

4）操纵动平衡机上的制动装置，使车轮停转。

5）用手转动车轮，让轮胎上的标记处于上述在指示灯下看到的位置处，此时轮辋的最上部（时钟的12点位置）即为加装平衡块的位置。按指示装置显示的数值选择相应质量的平衡块，牢固地装卡到轮辋边缘处。

6）重新进行复查检测，若不符合要求，则应调整平衡块的质量及位置，直至符合要求为止。

（3）从动轮动平衡的检测

1）将传感磁头吸附在制动底板边缘平整处。

2）让动平衡机摩擦轮驱动车轮至规定转速，记住轮胎标记位置，读取不平衡量的数值。停转、查找加装平衡块的位置等操作步骤与静平衡相同。

（4）驱动轮平衡检测时可以用汽车本身的动力驱动车轮转动，用汽车的制动系统制动使车轮停转，其余方法与从动轮动、静平衡检测相同。

2. 离车式检测

以CB-2000型电脑车轮动平衡机为例，它采用计算机技术处理各项参数，具有自动校准、自动故障诊断、键盘操作、数字显示及使用简便等特点，平衡过程自动进行，瞬间同时完成车轮两个校正平面的平衡检测。

（1）使用方法

1）开机。接好电源，打开主电源开关（在机箱的左侧，绿色键为开，红色键为关）。此时机器显示板上显示-A-、8.0，表示电脑工作正常，可以装上被测车轮。

2）输入数据。键盘上有 A、L、D 三个方栏，每个方栏内有 + 和 - 两个键，+ 键表示增加数值，- 键表示减少数值，只要按下 + 或 - 键，就会得到所需要的数值。数值 A 为机箱到轮辋内边缘的距离（单位为 cm）。在机箱的右侧有标尺，把标尺向外拉出，标尺的端头与轮辋内边缘凹弧接触，这时测得的数值就是 A。然后在 A 栏内按动 + 键或 - 键，输入数值 A。数值 L 为轮辋的宽度（单位为 in），动平衡机配有专用的卡尺测量 L 数值，测得数值 L 后，按下 L 栏内的 + 键或 - 键，输入数值 L。数值 D 为轮辋直径（单位为 in），这个数值可用标尺测量，也可以从轮胎上的标记读取，得到数值后按动 D 栏内的 + 键或 - 键，输入数值 D。

3）机上 F 键为出厂前调机键（功能键），用户不要随意按动，正常工作以前，以显示板上横排 4 个小灯全不亮为准，如有亮的可按 F 键，直到全不亮为止。

4）按下 START 键，这时车轮自动旋转，平衡过程开始，显示板上的指示灯灭，约 8s 后，车轮自动停止，显示板显示出车轮内、外边缘的不平衡数值，左侧为内边缘数值，右侧为外边缘数值。

5）装夹平衡块。用手转动车轮，当右边竖排 5 个小灯全亮时，停止转动，在车轮外侧垂直上方（时钟 12 点位置）加上与显示数值相应的平衡块；同样，当左边竖排 5 个小灯全亮时，在车轮内缘上方加上与显示数值相应的平衡块。

6）再次按下 START 键，车轮再次旋转，自动停止时显示板上显示 00、00，表示平衡检测结束。如果显示不为零，需进一步调整。

（2）平衡结果校正

平衡结果不为零时，可按以下方法校正：

1）检查输入数值是否有错，按 R 键，电脑自动显示三项数值，也可以重新输入三项数值。

2）检查车轮是否松动，车轮与连接件的接合面是否干净、紧密。

3）平衡块安装位置不对或质量误差过大。

4）校正方法：用手转动车轮，左侧或右侧的竖排小灯全亮时，观察轮辋上装夹在内边缘或外边缘上平衡块的位置，以平衡机主轴为水平线，平衡块在水平线上方的轮辋最高点，说明所配的平衡块过轻，需增加平衡块的质量。若平衡块在水平线之上，但又不是最高点，可向最高点移动平衡块并增加平衡块的质量，移动距离或增加的质量由实际显示数值的大小而定。若平衡块在水平线以下的最低处，则说明平衡块偏重，应减少平衡块的质量。若平衡块在水平线以下，又不是最低处，则说明平衡块偏重，应减少平衡块质量并向最高点方向移动平衡块。通过以上调整，直至显示 00、00 为止。如果经过上述校正后平衡误差还是比较大，应考虑进行平衡机自我校正。

（3）自我校正　车轮平衡机经长期使用或更换零件后，需作自我校正，方法如下：

1）装上标准 13in 钢质车轮。

2）输入 A、L、D 的准确数据。

3）按 START 键，车轮自动旋转，停止后，一手按 R 键，另一只手再按 START 键，显示板上显示 CAL、CAL，两竖排小灯同时闪亮，当小灯熄灭后，松开双手。

4）再按 START 键。车轮转动停止后，显示 ADD、100 时，在车轮外侧边缘上任何位置上装上 100g 的平衡块。

5）再按 START 键，车轮转动停止后，显示板上显示 END、CAL，表示自我校正过程。

6）再按 START 键，车轮转动停止后，显示内、外侧数值（此数值与平衡无关），取下 100g 平衡块，校正过程结束。

（4）注意事项

1）动平衡机必须可靠接地，以确保安全。

2）车轮旋转前，应保证车轮紧固良好。

3）除去车轮上的各种异物，以免飞出伤人及影响平衡质量。

4）搬动平衡机时禁止抬转动轴。

四、实验报告

简述车轮不平衡带来的影响。

【习题】

一、选择题

1. 解放 CA1092 型货车共装有 6 个轮胎，其中有 4 个轮胎装在 1 个驱动桥上，这辆车的驱动形式为________。

A. 6×4　　B. 6×2　　C. 4×4　　D. 4×2

2. 帘布层帘线排列方向与轮胎子午断面一致，即与胎面中心线成________角的充气轮胎为子午线轮胎。

A. 90°　　B. 30°　　C. 45°　　D. 60°

3. 无内胎轮胎的充气嘴在________上。

A. 外胎边沿　　B. 轮辋　　C. 轮盘　　D. 内胎

4. 轿车车轮应该进行________试验。

A. 动平衡　　B. 静平衡　　C. 不要进行平衡　　D. 道路

5. 高压胎的充气压力为________。

A. 0.5～0.7MPa　　B. 0.15～0.45MPa　　C. 0.15MPa 以下　　D. 5MPa

6. 低压胎的充气压力为________。

A. 0.5～0.7MPa　　B. 0.15～0.45MPa　　C. 0.15MPa 以下　　D. 0.2MPa

7. 超低压胎的充气压力为________。

A. 0.5～0.7MPa　　B. 0.15～0.45MPa　　C. 0.15MPa 以下　　D. 0.2MPa

8. 超低压胎通常使用在________上。

A. 轿车　　B. 越野汽车　　C. 货车　　D. 轿车和越野汽车

9. 子午线轮胎使用________。

A. 循环换位　　B. 交叉换位　　C. 单边换位　　D. 不要换位

10. 现在国产轿车使用________轮胎。

A. 子午线　　B. 无内胎　　C. 子午线无内胎　　D. 斜交无内胎

二、填空题

1. 轮胎根据充气压力可分为________、低压胎和________三种。

2. 子午线轮胎胎冠橡胶较硬，________较软。

3. 按照车轮材质的不同，车轮分为________、________和镁合金等车轮。

4. 轮胎由________和________等组成。

三、简答

1. 试述子午线轮胎的定义及其优点，并写出子午线轮胎 195/60 R 14 85 H 规格各表示什么?

2. 车轮的功用是什么?

3. 车轮规格有哪些?

项目3　车桥与车轮

【知识目标】

1）了解车桥的功用和类型。
2）掌握车桥的基本组成和工作原理。
3）掌握车轮定位的相关参数。

【能力目标】

通过本次项目的完成，你应能够：
1）描述汽车车桥的功用、类型以及各类型车桥的组成及工作原理。
2）知道汽车车桥各构件的名称及在汽车上的安装位置。
3）知道汽车车桥的功用、组成、结构及工作原理。
4）车桥的功用、组成及工作原理。
5）学会前轮前束的检查与调整。
6）通过实训，掌握基本的实践技能。
7）能对汽车车桥进行检修。

【知识准备】

知识点3.1　车　　桥

用于连接和安装左、右车轮的车轴或车梁等部件称为车桥，其功用是传递车架（或承载式车身）与车轮之间各方向的作用力及其力矩。

车桥分为整体式和断开式两种。当采用非独立悬架时，车桥中部是刚性的实心梁或空心梁，这种车桥即为整体式车桥；断开式车桥为活动关节式结构，与独立悬架配用。根据车桥上车轮的作用，车桥又可分为转向桥、驱动桥、转向驱动桥和支承桥四种类型。转向桥、支承桥属于从动桥。

一、支承桥

支承桥仅用于连接安装左、右轮，既不产生驱动力，也不实现转向。前轮驱动汽车的后桥，多轴单桥驱动汽车的中桥或后桥以及挂车上的车桥属于支承桥。与非独立悬架配合使用的支承桥由车轴和左、右轮毂轴组成（见图3-1）。轮毂轴与车轴固联，不存在任何方向的相对运动或转动。车轮通过轮毂轴承安装在轮毂轴上，可相对轮毂轴自由转动，但不能相对车桥偏转。左、右两轮的滚动是独立的，但一侧车轮的跳动会传至另一侧车轮。在与独立悬架配合使用的支承桥中，轮毂轴与车轴不能固联，而是通过摆臂铰接，以实现左、右车轮的独立跳动。有些支承桥省去了车轴，直接将轮毂轴固定在车架上（非独立悬架），或通过摆臂铰接在车架或承载式车身上（独立悬架，见图3-2）。

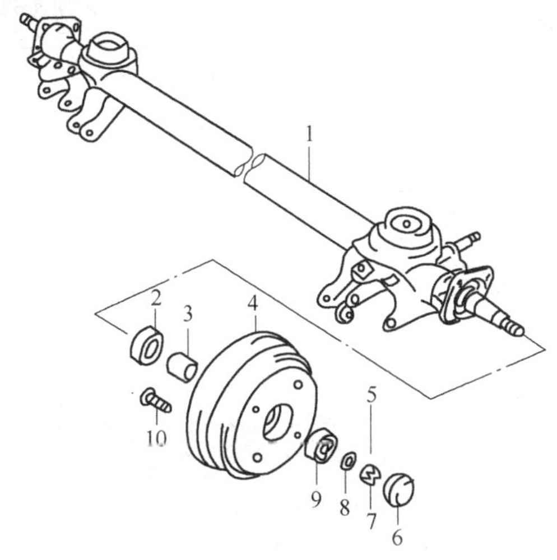

图3-1 整体式支承桥

1—后桥 2、9—轴承 3—隔套 4—后制动鼓 5—开口销 6—轴罩 7—螺母 8—垫圈 10—螺栓

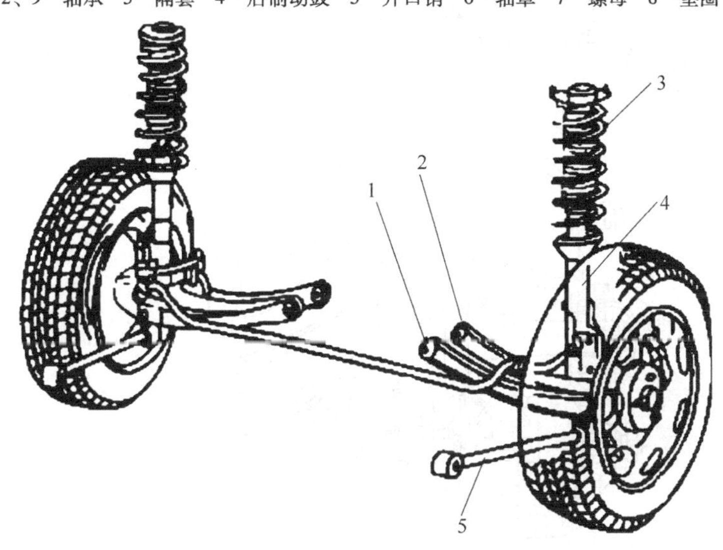

图3-2 断开式支承桥

1、2—摇摆臂 3—后悬架弹簧 4—减振器 5—纵拉杆

二、转向桥

转向桥的功用是使车轮偏转一定角度，以实现汽车的转向。一般汽车只有1个转向桥，位于汽车前部。

1. 整体式转向桥

它与非独立悬架匹配，其结构主要由前轴（梁）14、转向节8、主销5等组成（见图3-3）。

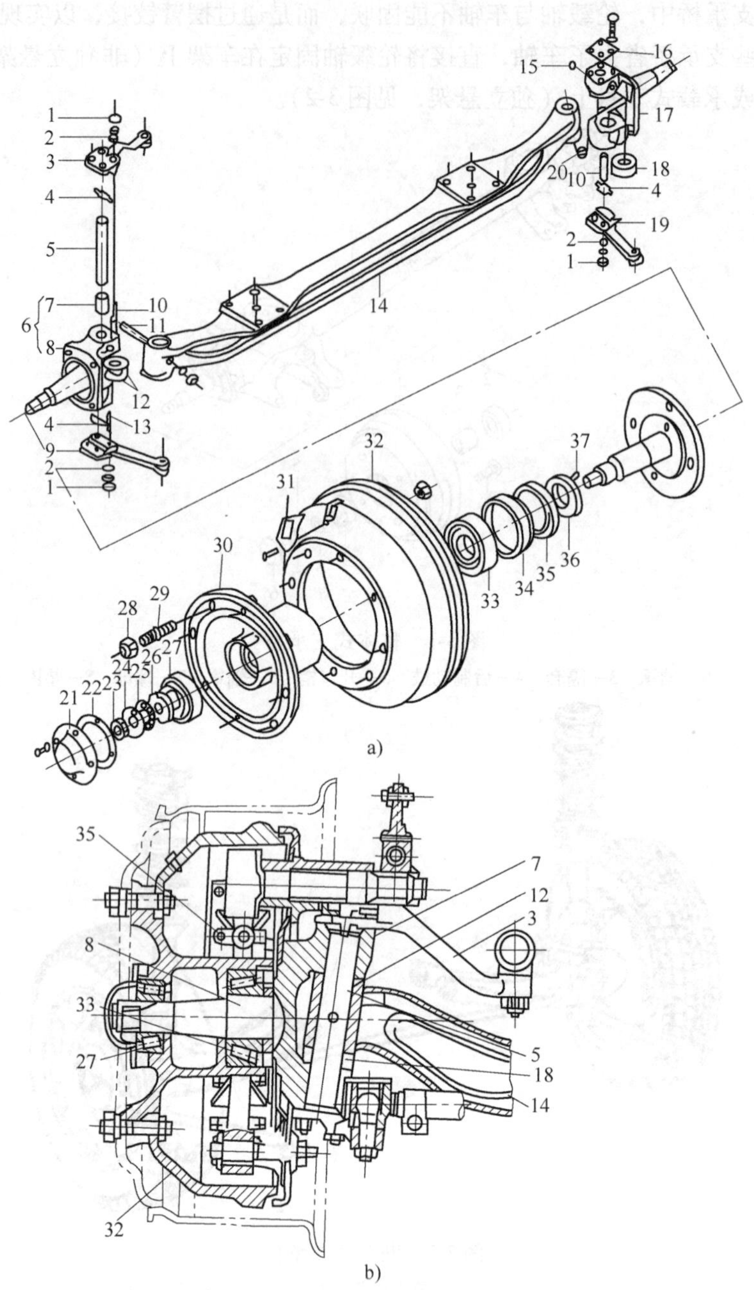

图 3-3　整体式转向桥

a）零件分解图　b）装配图

1—紧固螺母　2—锥套　3—左转向节臂　4—密封垫　5—主销　6—左转向节总成　7—衬套
8—左转向节　9—左转向节臂　10、13—双头螺栓　11—楔形锁销　12—调整垫片　14—前轴
15—油孔　16—右转向节上盖　17—右转向节　18—推力轴承　19—右转向节臂　20—限位螺栓
21—轮毂端盖　22—衬套　23—锁紧螺母　24—止推垫片　25—锁紧垫圈　26—调整螺母
27—前轮毂外轴承　28—螺母　29—螺栓　30—车轮轮毂　31—检查孔螺塞　32—制动鼓
33—前轮毂内轴承　34—轮毂油封外圈　35—轮毂油封总成　36—轮毂油封内圈　37—定位销

（1）前轴　前轴材料一般采用中碳钢，经模锻和热处理，断面形状一般采用工字形或管状，用以提高抗弯强度、减轻质量。为提高抗扭强度，前轴两端加粗并呈拳形，主销5插入拳形上的通孔内，将前轴与转向节8连接起来。在主销孔内装有楔形锁销11，用以固定主销。

在前轴凹形平面的两端各有一块安装钢板弹簧用的底座，其上钻有安装U形螺栓用的4个通孔和1个位于中心位置的钢板弹簧定位孔。在前轴两端还装有转向轮最大转向角的限位凸块。

（2）转向节　转向节（左转向节8、右转向节17）是一个叉形零件。它的外侧是内粗外细的悬臂轴，用来安装车轮内、前轮毂轴承33和27。靠近两叉根部有呈方形的突缘，突缘四周有螺栓孔，用来固定制动底板。转向节内侧上下两叉有两个同轴孔，通过主销5与前轴两端的拳形部分相连，使前轮可以绕主销5偏转一定角度从而使汽车转向。为了减小磨损，转向节销孔内还加垫了青铜衬套7，用装在转向节上的油孔15注入润滑脂进行润滑。为使转向灵活，在转向节下叉与前轴拳形部分之间装有推力轴承18。在转向节上叉与拳形部分之间还装有调整垫片12，以调整间隙大小。在左、右转向节下叉的下端各装有与转向节臂9和19制成一体的端盖。左、右转向节臂与横拉杆相连接。在左转向节上叉的上端装有与左转向节上臂制成一体的端盖，这样就可以通过转向直拉杆前、后推拉左转向节上臂3，使左、右转向节同时绕主销摆动，实现转向。

为了防止转向时轮胎与转向直拉杆或翼子板相碰擦，转向轮的最大转角不能超过规定值，为此在转向节上装有限位螺栓20，它与前轴两端的限位凸块相配合，可以调整转向轮的最大转角。

（3）主销　主销的作用是铰接前轴与转向节，使转向节绕着主销摆动，以实现车轮的转向。主销5的中部切有凹槽，安装时用楔形锁销1与凹槽配合。将主销固定在前轴的拳形孔。主销与转向节上的销孔是动配合。

常见的主销结构有如图3-4所示的四种。

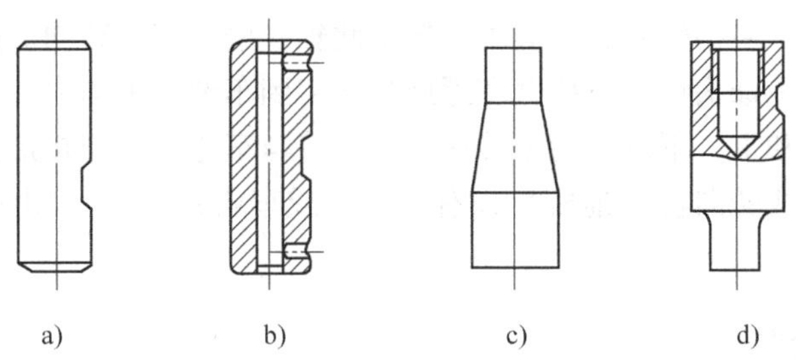

图3-4　常见的主销结构

a）实心圆柱销　b）空心圆柱销　c）圆锥销　d）阶梯销

2. 断开式转向桥

断开式转向桥的作用与非断开式转向桥一样，所不同的是断开式转向桥与独立悬架匹配。图3-5所示为红旗CA7560型轿车的断开式转向桥，其转向桥为活动关节式结构。

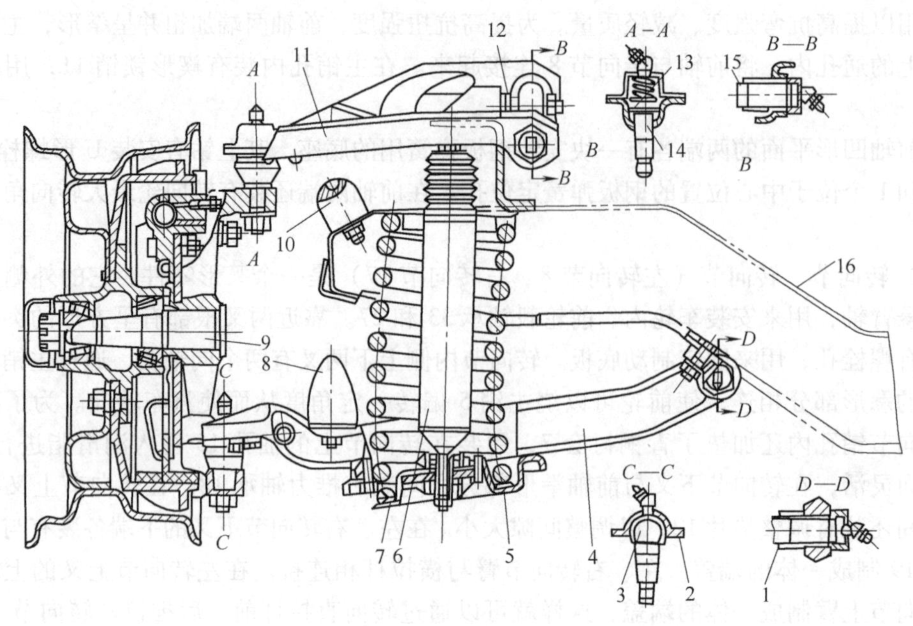

图 3-5 红旗 CA7560 型轿车的断开式转向桥

1—下摆臂轴 2—垫片 3—下球头销 4—下摆臂 5—螺旋弹簧 6—筒式减振器 7—橡胶垫圈 8—下缓冲块 9—转向节 10—上缓冲块 11—上摆臂 12—调整垫片 13—弹簧 14—上球头销 15—上摆臂轴 16—车架横梁

过独立悬架部分的上摆臂 11 和下摆臂 4 的内端分别通上摆臂轴 15 和下摆臂轴 1 与车架横梁 16 作铰链连接，上、下两摆臂的外端分别通过上球头销 14 和下球头销 3 与转向节 9 相连。悬架系统采用螺旋弹簧和双向作用筒式减振器。上摆臂与上球头销是铆接的，不能拆卸，其中装有弹簧 13，当球头销与销座磨损后，自动消除二者的间隙。下摆臂与下球头销是可拆的，磨损后可以通过减薄垫片 2 调整间隙。该车转向桥主销以球头结构代替，即上、下球头销的连线相当于主销轴线，转向时车轮绕此轴线偏转实现转向。路面对车轮的垂直的作用力通过转向节、下球头销、下摆臂和螺旋弹簧传到车架；纵向力、侧向力及其力矩均由转向节及上、下摆臂和上、下球头销来传递。转向节与车轮轮毂连接形式与其他转向桥连接形式相似。有些断开式转向桥（前桥）没有车轴（或车梁），而是仅由一些与悬架共用的杆件组成（见图 3-6）。

三、转向驱动桥

既能转向又能驱动的车桥称为转向驱动桥。前轮驱动汽车和四轮驱动汽车的前桥为转向驱动桥。

1. 整体式转向驱动桥

图 3-7 所示为整体式转向驱动桥，由于转向需要，半轴被分成内、外两段（内半轴 4 和外半轴 8），中间用万向节 6 连接，同时主销 12 也因而分成上、下两段。转向节轴颈部分做成中空的，以便让外半轴穿过其中。

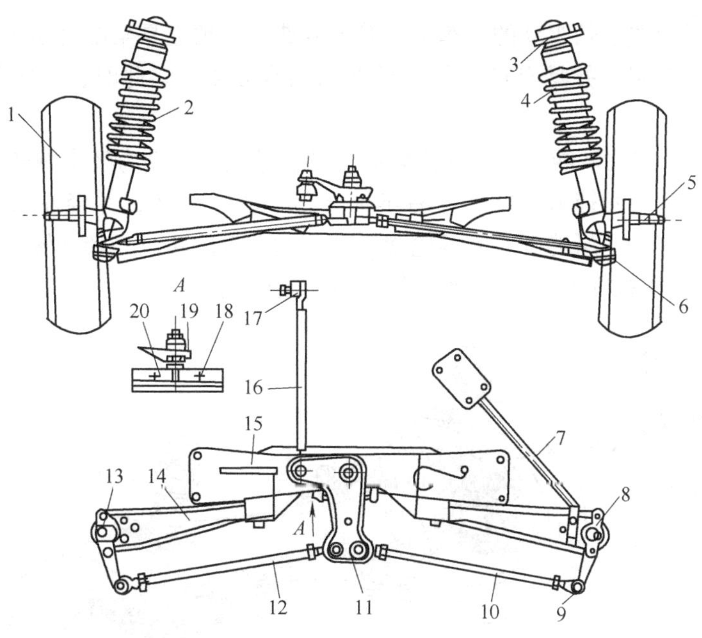

图 3-6 无车轴的断开式转向桥

1—车轮 2—减振器 3—上支点总成 4—缓冲弹簧 5—转向节 6—大头销总成 7—横向稳定杆总成
8—左梯形臂 9—小球头销总成 10—左横拉杆 11—主转向臂 12—左横拉杆 13—右梯形臂 14—悬臂总成
15—中臂 16—直拉杆 17—直拉杆球头 18—转向限位螺钉座 19—转向限位杆 20—转向限位螺钉

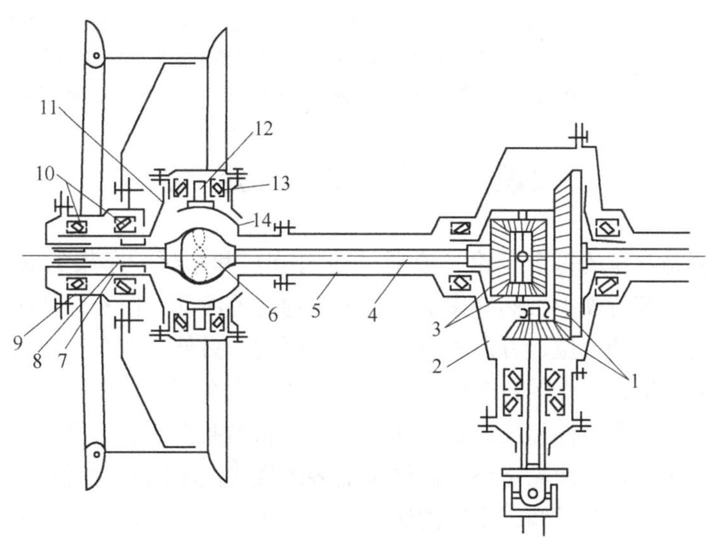

图 3-7 整体式转向驱动桥

1—主减速器 2—主减速器壳 3—差速器 4—内半轴 5—半轴套管 6—万向节 7—万向节轴颈
8—外半轴 9—轮毂 10—轮毂轴承 11—万向节壳体 12—主销 13—主销轴承 14—球形支座

2. 断开式转向驱动桥

在采用发动机前置前轮驱动的轿车上，若与麦弗逊式独立悬架配合使用，则能使前轮内侧空间较大，便于布置，并具有良好的接近性和维修方便性。此时，转向驱动桥应为断开式。

图3-8所示为上海桑塔纳轿车断开式转向驱动桥总成，其动力经主减速器和差速器传至左右内半轴、左右内等角速万向节及左右半轴（传动轴）3、9，并经左右外侧球笼式等角速万向节、左右外半轴凸缘传到左右两轮毂，使驱动车轮旋转。当转动转向盘时，通过齿轮齿条式转向器14和横拉杆16而使前轮偏转，以实现转向。

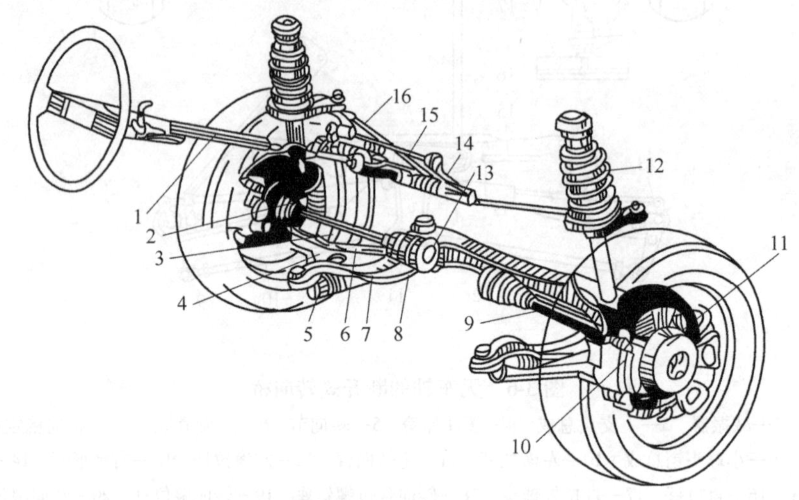

图3-8 上海桑塔纳轿车断开式转向驱动桥总成

1—转向管柱 2—外等角速万向节 3—左半轴（传动轴） 4—悬臂摆臂 5—悬架臂后端的橡胶金属轴 6—横向稳定杆 7—发动机悬架 8—内等角速万向节 9—右半轴（传动轴） 10—制动钳 11—外半轴凸缘 12—减振器支柱 13—橡胶金属支架 14—齿轮齿条式转向器 15—转向减振器 16—横拉杆

知识点3.2 车轮定位

车轮定位，就是汽车的每个车轮（或通过转向节）和车桥、车架的安装应保持一定的相对位置。车轮在汽车行驶中虽然好像都是在直立地向前滚动，但若仔细研究它们的工作状况，就会发现它们各自的方位、方向和姿态是不相同的。另外，汽车在使用中由于车架和悬架的弹性变形，同一辆汽车上的各车轮之间的位置关系也在不断地发生变化。恰当的车轮定位对于增强汽车行驶的安全性和操纵稳定性以及减少轮胎磨损起着重要的作用。

传统车轮定位主要是指前轮定位，但越来越多的现代汽车同时对后轮进行定位，即四轮定位。前轮定位参数有主销后倾、主销内倾、前轮外倾和前轮前束；后轮定位参数有后轮外倾和后轮前束。

一、主销后倾角

在汽车的纵向平面内（汽车的侧面），主销上部向后倾的一个角度γ，称为主销后倾角（见图3-9），正如自行车的前轮叉梁向后倾斜一样：当主销具有后倾角γ时，主销轴线与路面交点将位于车轮与路接触点 b 的前方（见图3-9a）。

当汽车直线行驶时，若转向轮偶然受到外力作用而稍有偏转（例如右偏转，见图3-9中箭头），将使汽车行驶方向向右偏离。这时由于汽车本身离心力的作用，在车轮与路面接触点 b 处，路面对车轮作用着一个侧向反作用力 F_y，对车轮形成绕主销轴线作用的力矩 F_yL，其方向正好与车轮偏转方向相反。在此力矩的作用下，将使车轮回复到原来的中间位置，从而保证汽车能稳定地直线行驶，故此力矩称为回正的稳定力矩。但此力矩也不宜过大，否则在转向时为了克服此稳定力矩，驾驶人需在转向盘上施加较大的力（即转向沉重）。因稳定力矩的大小取决于臂 L 的数值，而力臂又取决于后倾角 γ 的大小。因此，为了不使转向沉重，主销后倾角 γ 不宜过太，γ 一般不超过2°~3°。现代汽车为了提高行驶速度，普遍采用扁平低压胎，轮胎变形增加，引起稳定力矩增加，因此 γ 角可以减小甚至接近于零，有的为负值。

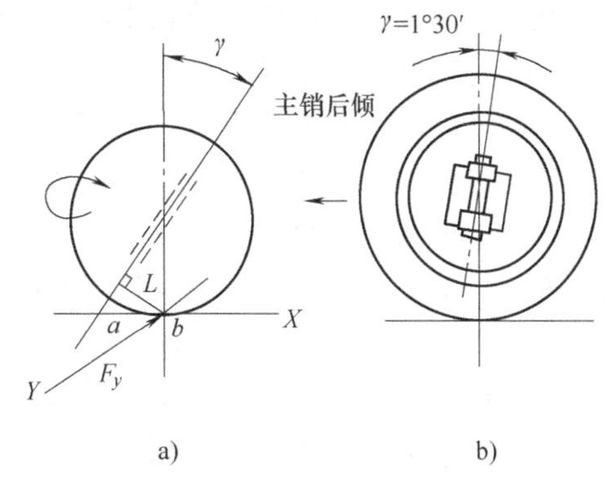

图3-9 主销后倾
a）主销后倾作用原理
b）解放CA1091型汽车主销后倾角

二、主销内倾角

在汽车的横向平面内（汽车的前、后方向），主销上部向内倾斜一个角度，主销轴线与垂线之间的夹角 β 称为主销内倾角（见图3-10a）。

主销内倾角 β 也具有使车轮自动回正的作用（见图3-10b）。当转向车轮在外力作用下由中间位置偏一个角度时，车轮的最低点将陷入路面以下 h 处，但实际上车轮下边缘不可能陷入路面以下，而是将转向轮连同整个汽车前部向上抬起一个相应的高度 h，这样汽车本身的重力使转向轮回复到原来的中间位置，即能自动回正。主销内倾角越大或转向轮偏转角越大，汽车前部就被抬起得越高，转向轮自动回正的作用就愈大。

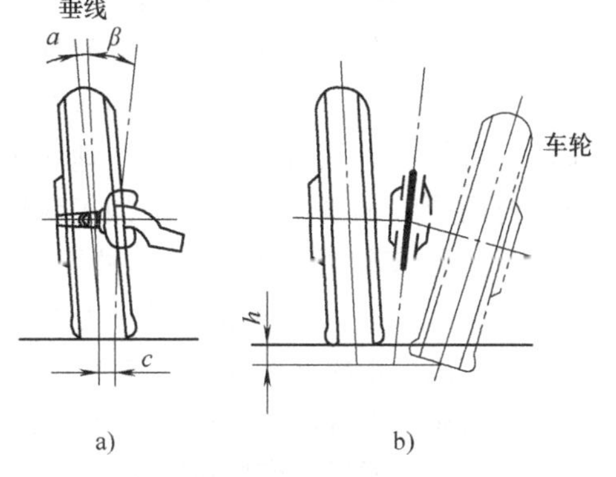

图3-10 主销内倾和前轮外倾

此外，主销内倾角的另一个作用是使转向轻便。由于主销的内倾使得主销轴线与路面的交点到车轮中心平面与地面交线的距离 c 减小，转向时路面作用在转向轮上的阻力矩减小（因力臂 c 减小），从而减小转向时驾驶人在转向盘上的力使转向操作轻便，同时也可以减小因路面不平而从转向轮传到转向盘上的冲击力。但 c 值也不宜过小，即内倾角不易过大，否则在转向时，车轮绕主销偏转的过程中，轮胎与路面产生较大的滑动，因而增加了轮胎与路面之间的摩擦阻力，这不仅使转向变得很沉重，而且加速了轮胎的磨损。故一般内倾角 β 不大于8°，距离 c 一般为40~60mm。但在一些发动机前置、前轮驱动的轿车上，为了使汽车具有良好的行驶稳定性，特别是制动稳定性，其主销内倾角较大，如奥迪100型轿车为14.2°；天津夏利TJ7100型轿车为12°±30′。

三、前轮外倾角

在汽车的横向平面内，前轮中心平面向外倾斜一个角度 α（见图 3-10a），称为前轮外倾角。轮胎呈现八字形张开时称为负外倾，而呈现 V 字形张开时则称为正外倾。

前轮外倾角 α 具有提高转向操纵的轻便性和车轮工作安全性的作用。如果空车时车轮的安装正好垂直于路面，则满载时车桥将因承载变形而可能出现车轮内倾，这样将加速汽车轮胎内侧的偏磨损。另外，路面对车轮的垂直反作用力沿轮毂的轴向分力将使轮毂压向外端的小轴承。加重了外端小轴承及轮毂紧固螺母的负荷，缩短了它们的使用寿命，严重时会损坏外端的锁紧螺母而使车轮松脱，造成交通事故。因此，为了使轮胎磨损均匀和减轻轮毂外轴承的负荷，安装车轮时预先使其具有一定的外倾角，以防止车轮内倾。但是外倾角也不宜过大，否则也会使轮胎产生外侧偏磨损。现代汽车将外倾角一般设定为 1°左右，有的接近垂直，有的为负值。

四、前轮前束

俯视车轮，汽车的两个前轮并不完全平行，而是稍微带一些角度。在通过两前轮中心的水平面内，两前轮的前边缘距离 B 小于两前轮后边缘距离 A，A 与 B 之差称为前轮前束（见图 3-11）。像内八字一样前端小、后端大的称为前束，而像外八字一样后端小、前端大的则称为后束或负前束。

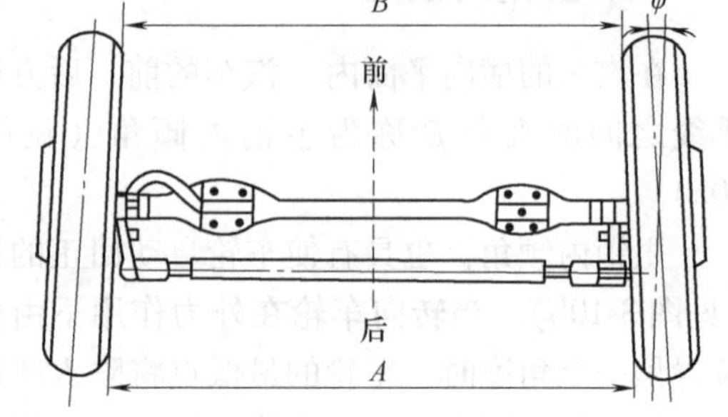

图 3-11 前轮前束

前轮前束的作用是为了消除由车轮外倾而引起的前轮“滚锥效应”：车轮有了外倾角后，在滚动时，就类似于圆锥滚动，从而导致两侧车轮向外滚开。由于转向横拉杆和车桥的约束使车轮不可能向外滚开，车轮将在地面上出现边滚边向内滑移的现象，从而增加了轮胎的磨损。为了消除车轮外倾带来的这种不良后果，在安装车轮时，使汽车两前轮的中心平面不平行。两轮前边缘距离 B 小于后边缘距离 A。这样可使车轮在每一瞬时滚动方向接近于向着正前方，从而在很大程度上减轻和消除了由于车轮外倾而产生的不良后果。

前轮前束可通过改变横拉杆的长度来进行调整。可根据各生产厂所规定的测量位置，使两轮前、后距离差 $A-B$ 符合规定的前束值。测量位置除图示的位置外，还通常取两轮胎中心平面处的前、后差值，也可以选取两车轮钢圈内侧面处的前、后差值。一般前束值为 0 ~ 12mm，有的汽车为与负前轮外倾角相配合，其前束也取负值，即负前束（如上海桑塔纳轿车前束为 -1 ~ -3mm）。

五、后轮定位

随着道路条件的改善，现代轿车的行驶速度越来越快，现在有许多高档轿车都需要设置四轮定位，即不仅要求前轮定位，还需要有后轮定位。其原因是对前轮驱动汽车和独立后悬架汽车而言，如果后轮定位不当，则即使前轮定位良好，也仍然会有不良的操纵性和轮胎早期磨损。

1. 后轮外倾角

像前轮外倾角一样，后轮外倾角也对轮胎磨损和操纵性有影响。理想状态是四个车轮的运动外倾角均为零，这样轮胎和路面接触良好，从而得到最佳的牵引性能和操纵性能。

车轮外倾角不是静态的，它随悬架的上、下移动而变化。车辆加载后，悬架下沉就会引起车轮外倾角改变。为了对载荷进行补偿，采用独立后悬架的大多数车辆常有两个较小的正、后轮外倾角。

2. 后轮前束

后轮前束的定义与前轮前束相似。如果后轮前束不当，则后轮轮胎也会被擦伤，另外还会引起转向不稳定及降低制动效能。

后轮前束也不是一个静态量，悬架摇动和反弹时它就会随之变化，另外滚动阻力和发动机转矩对它也有影响。对于前轮驱动车辆，后轮为从动轮，汽车的驱动力通过纵臂作用在后轴上，后轴将发生一定的弯曲，使车轮有前张的趋势（见图3-12）。而预先设置一定的后轮前束则可以抵消这种前张。后轮驱动车辆的后轮则宜负前束，独立悬架的后驱动轮应尽可能为前束。

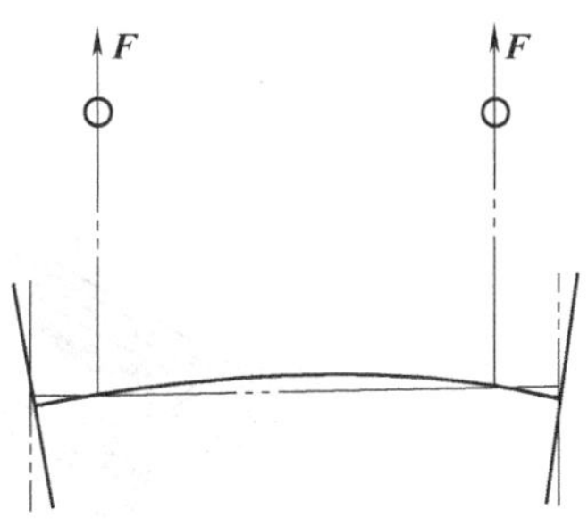

图3-12 前驱汽车后轴受力变形示意图

当汽车在路面上行驶时，最理想的状态是所有车轮的运动前束量均为零，对于防抱死制动车辆尤其如此。因此当在潮湿路面上制动时，不正确的前束会影响制动平衡性。为防止滑移，防抱死制动会增压—保压—卸压循环不停。无防抱死制动系统时，会引起无法控制的滑移。

3. 驱动力作用线

如果两后轮相互平行且与整车平行，那么驱动力作用线将垂直于后轴并与车辆纵轴线重合。但如果一个或两个后轮前端偏内或偏外，或者一个车轮相对于另一个略为后缩，驱动力作用线就要偏离中心线，从而产生了一个驱动力偏离角并使车辆朝与偏离角相反方向偏行。例如，驱动力作用线偏右时，汽车向左侧跑偏。

驱动力偏离角的出现使车辆在冰雪或湿路面上的方向稳定性变差，在车辆制动或急剧加速时有可能使车辆跑偏。用于转向控制的前轮要克服后轮的这种作用，所以驱动力偏离角还会使轮胎磨损加剧。

通过重新调整后轮前束，可使驱动力作用线回中。在大多数前驱动车辆上，可在后轮轮毂轴和后轴之间放置前束/车轮外倾角垫片，或者使用偏心轴套组调整后轮前束，或采用厂家提供的方法调整。

知识点3.3 车 架

车架是整个汽车的装配基体，其作用主要是支承连接汽车的各零部件，承受来自车内和车外的各种载荷。汽车绝大多数部件总成都是固定安装在车架或通过车架连接来实现安装的。

汽车车架的结构形式有三种：边梁式车架、中梁式车架（或称脊骨式车架）和综合式车架。

一、边梁式车架

边梁式车架一般是用铆接或焊接的方法，将两边的纵梁和若干根横梁牢固连接的桥式结构（见图3-13）。边梁式车架便于安装支架和布置总成，有利于改装变型车和发展多种车型的需要，所以目前被广泛应用。

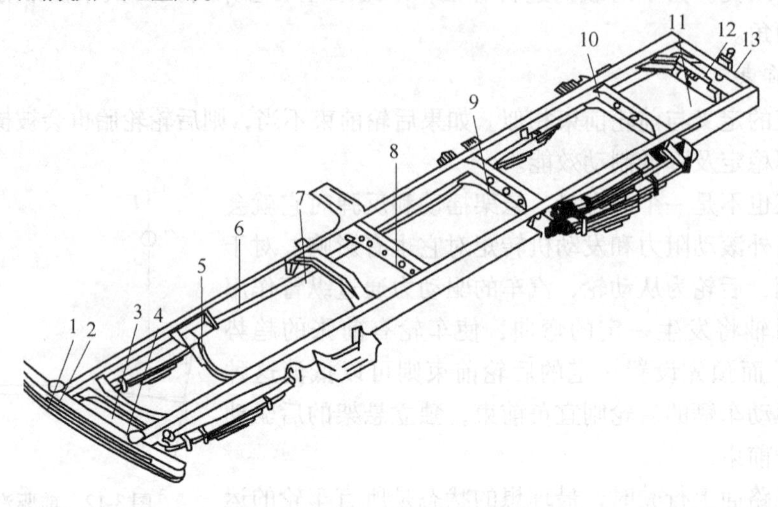

图3-13 边梁式车架

1—横梁式保险杠 2—挂钩 3—前横梁 4—发动机前悬置横梁 5—发动机后悬置右（左）支架和横梁 6—纵梁 7—驾驶室后悬置横梁 8—第四横梁 9—后钢板弹簧前支架横梁 10—后钢板弹簧后支架横梁 11—角撑 12—后横梁 13—拖钩

纵梁一般用低碳合金钢板冲压而成。纵梁的断面形状一般为槽形、Z字形、工字形或箱形断面。纵梁上还钻有多个孔，用来安装踏板、转向器、燃油箱、气筒、蓄电池和车身等零部件的支架，有的用于穿过管道或电线等。边梁式车架的横梁一般也由低碳钢钢板冲压成槽形，以增强车架的抗扭强度，同时还用于支承汽车上的主要部件。

车架前端装有起缓冲作用的横梁式保险杠1，其上面装有挂钩2以便于车辆牵引。前横梁3上安装有散热器，发动机前悬置横梁4是发动机前悬置的支座。为尽可能降低发动机位置，横梁4和5做成下凹形。在驾驶室后悬置横梁7的上面安装驾驶室后悬置，下面安装传动轴的中间轴承支架。由于传动轴安装位置的限制，驾驶室后悬置横梁7做成上拱形，其余横梁做成简单的直槽形。

后横梁12中部装有拖带挂车用的拖钩13。由于拖钩上的作用力很大，故后横梁用角撑11加强。

二、中梁式车架

中梁式车架又称为脊骨式车架，只有1根纵梁位于中央而贯穿汽车全长（见图3-14）。

中梁的断面形状做成管形、槽形或箱形。中梁的前端做成外伸支架，用来固定发动机，而主减速器壳通常固定在中梁的尾端，形成断开式后驱动桥。中梁上的悬伸托架用来支承汽车车身和安装其他机件。如果中梁是管形的，则传动轴可在管内穿过。

中梁式车架有较好的抗扭刚度和较大的前轮转向角，结构上允许车轮有较大的跳动空间，适于装配独立悬架的越野汽车。与同等载质量的汽车相比，中梁式车架轻且质心比较低，故行驶稳定性好；车架的强度和刚度较大；脊梁还能起封闭传动轴的防尘罩作用。中梁式车架制造工艺复杂，精度要求高，总成安装困难，维护修理也不方便，故目前应用不多。

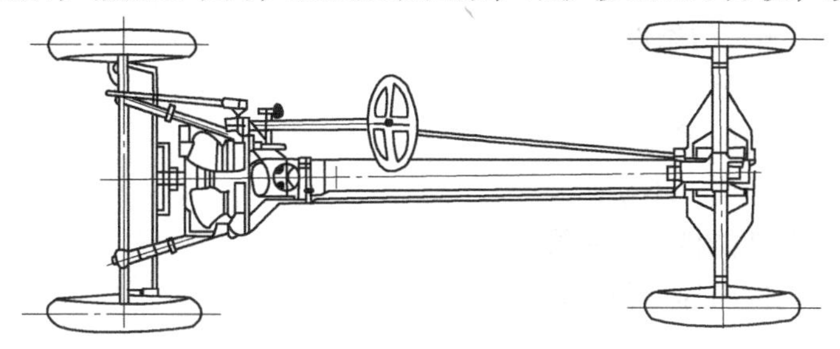

图 3-14 中梁式车架

三、综合式车架

综合式车架是综合边梁式车架和中梁式车架的结构特点形成的（见图 3-15）。这种车架的前段或后段类似于边梁式结构，正好适合于安装发动机、后驱动桥和悬架装置。车架中部采用中梁式结构，传动轴从中梁管内通过。由于安装车门槛的位置附近没有边梁的影响，故可以使地板的外侧高度有所降低。综合式车架的缺点是中间梁的断面尺寸大，造成地板中部凸起；另外，不规则的结构件增加了车架制造的难度。

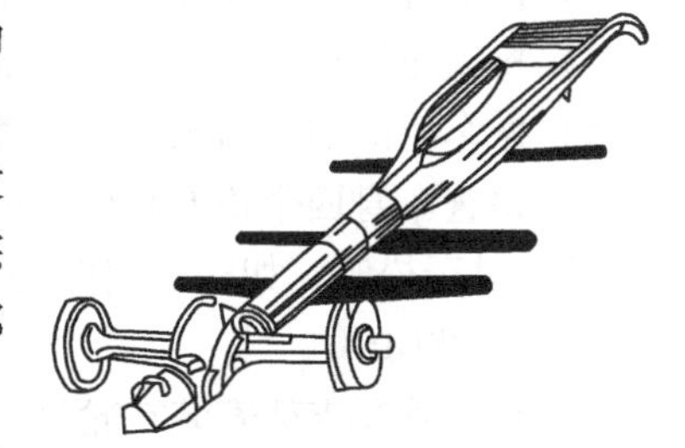

图 3-15 综合式车架

许多轿车和公共汽车没有单独的车架，而是以车身代替车架，主要部件连接在车身上，这种车身称为承载式车身。

【项目实训】

实训 四 轮 定 位

一、实验目的与要求

1）熟悉四轮定位仪的结构和使用方法。

2）掌握四轮定位的检测步骤。

3）了解某两种车型四轮定位参数的调整方法。

二、实验设备、工具、用品

不同型号的汽车两台，四轮定位仪，常用工具，专用工具。

三、实验内容与步骤

1. 检测

各种四轮定位仪的基本检测原理虽然相同，但使用方法存在很大的差异，因此在使用前应认真阅读四轮定位仪的使用说明书。以下介绍电脑式四轮定位仪的检测步骤和注意事项。

（1）被检车辆应满足的条件

1）前、后轮胎气压及胎面磨损基本一致。

2）前、后悬架系统的零部件完好，不松旷。

3）转向系统调整适当，不松旷。

4）前、后减振器性能良好，不漏油。

5）汽车前、后高度与标准值之差不大于5mm。

6）制动系统正常。

（2）检测准备

1）把汽车开上举升平台，托起四个车轮，把汽车举升0.5m（第1次举升）。

2）托起车身适当部位，把汽车举升至车轮能自由转动（第2次举升）。

3）拆下各车轮，检查轮胎磨损情况。

4）检查轮胎气压，不符合标准时应充气或放气。

5）做车轮的动平衡试验（见本章第三节），动平衡完成后，把车轮装好。

6）检查车身四个角的高度和减振器技术状况，如车身不平应先调平；同时检查转向系统和悬架是否松旷，如松旷则应先紧固或更换零件。

（3）检测步骤

1）把传感器支架安装在轮辋上，再把传感器（定位校正头）安装到支架上，并按使用说明书的规定调整。

2）开机进入测试程序，输入被检汽车的车型和生产年份。

3）轮辋变形补偿。转向盘位于直行位置，使每个车轮旋转1周，即可把轮辋变形误差输入电脑。

4）降下第2次举升量，使车轮落到平台上，把汽车前部和后部向下压动4～5次，使其作压力弹跳。

5）用制动锁压下制动踏板，使汽车处于制动状态。

6）转向盘左转至电脑发出“OK”声，输入左转角度；然后把转向盘右转至电脑发出“OK”声，输入右转角度。

7）转向盘回正，电脑屏幕上显示出后轮的前束及外倾角数值。

8）调正转向盘，并用转向盘锁锁住转向盘使之不能转动。

9）把安装在四个轮上的定位校正头的水平仪调到水平线上，此时电脑屏幕上显示出转向轮的主销后倾角、主销内倾角、转向轮外倾角及前束的数值。

10）调整主销后倾角、车轮外倾角及前束，调整方法按电脑屏幕提示进行。若调整后仍不能解决问题，则应更换有关的零部件。

11）进行第2次压力弹跳测试。将转向轮左、右转动，把车身反复压下后，观察屏幕上的数值有无变化，若数值变化应再次调整。

12）若第2次检查未发现问题，则应将调整时松开的部位紧固好。

13）拆下定位校正头和支架，进行路试，检查四轮定位检测与调整的效果。

（4）注意事项

1）四轮定位仪是精密检测设备，操作人员在使用前需经专门培训。

2）使用前，检查四轮定位仪所配附件是否与使用说明书上的清单相符，设备安装时要遵循使用说明书所提出的各项要求。

3）传感器是电脑式四轮定位仪的重要元件，使用前要进行校正，以保证测量精度。

4）传感器应正确地安装在传感器支架上，在不使用时应妥善保管，避免受到损坏；电器类传感器应在接线完毕后再通电，以避免带电接线引起电磁振荡而损坏。

5）移动四轮定位仪时，应避免使其受到振动，否则可能使传感器及电脑受到损坏。

6）四轮定位仪应半年标定 1 次，标定时应使用购买时所带专用标定器具，并按规定程序进行标定。

7）在检测四轮定位前，需进行车轮传感器偏摆补偿，否则会引起相当大的测量误差。

2. 调整

（1）主销后倾角的调整　主销后倾角的调整，需通过改变悬架系统来实现。因为对于非独立悬架结构而言，车轴左、右两端的转向节主销孔并不存在后倾角，而主销后倾角是在悬架安装后由结构尺寸所保证的。因此，当主销后倾角不符合规定时，在钢板弹簧下部与主轴的接触面之间垫以不同厚度的楔形铁片来调整。当楔形铁片由后向前插入时，车轴整体将向后转动一定角度，使车轴左、右两端的转向节主销后倾角加大；当楔形铁片由前向后插入时，则主销后倾角将减小。

（2）主销内倾角的调整　主销内倾角的保证对于不同的悬架，其方式不同，非独立悬架的车轴左、右两端的转向节主销孔有固定的内倾角。因此，内倾角不符合规定时，需对前轴进行校正。对于具有独立悬架的汽车，主销内倾角与车轮外倾角可通过调整摆臂长度来实现。调整主销内倾角，可通过转动上摆臂轴来实现。

（3）车轮外倾角的调整　当车轮外倾角不符合规定时，需检查轮毂轴承是否松旷、转向节铜套是否磨损和转向节轴是否变形等，根据情况可予以修复或更换。独立悬架的车轮外倾角由加在上摆臂轴与固定支架之间的垫片来调整。

（4）车轮前束的调整　车轮前束值的大小，可通过改变转向梯形机构的横拉杆长度来实现。调整时，需先松开横拉杆长度锁紧螺母，然后用管钳转动调整螺母套管，该管左、右两端螺旋线方向相反，转动时可使横拉杆向两端伸长或缩短，由此调节横拉杆的长度。

四轮定位参数的调整方法由各车型的结构决定。调整前，应仔细阅读汽车维修维护相关资料，找准调整部位，明确调整方法。

四、实验报告

1. 给出四轮定位的定义。
2. 阐述汽车的四轮为何要定位。
3. 说明被检车辆应满足什么要求。

【习题】

一、选择题

1. 越野汽车的前桥属于________。

A. 转向桥　　B. 驱动桥　　C. 转向驱动桥　　D. 支承桥

2. 转向轮绕着________摆动。

A. 转向节　　B. 主销　　C. 前梁　　D. 车架

3. 前轮定位中，转向操纵轻便主要是靠________。

A. 主销后倾　　B. 主销内倾　　C. 前轮外倾　　D. 前轮前束

二、填空题

1. 车桥可分为________、________、________和________。

2. 前轮定位包括________、________、________和________。

3. 车架一般分为________、________、________和承载车身。

三、名词解释

1. 四轮定位；

2. 车桥。

四、简答题

1. 前轮前束有什么作用？过大或过小会产生什么后果？如何控制前轮前束？

2. 现代汽车为什么采用发动机前置前轮驱动？

项目4 汽 车 悬 架

【知识目标】

1）了解汽车悬架的功用和类型。
2）掌握非独立悬架的结构形式及组成元件。
3）掌握汽车悬架的基本组成和工作原理。
4）掌握电子悬架的结构和工作原理。

【能力目标】

通过本次项目的完成，你应能够：
1）描述汽车悬架的功用、类型以及各类型车桥的组成及工作原理。
2）知道汽车悬架各构件的名称及在汽车上的安装位置。
3）知道汽车悬架的功用、组成、结构和工作原理。
4）学会汽车减振器的检查与装配。
5）通过实训，掌握基本的实践技能。
6）能对汽车车桥进行检修。

【知识准备】

知识点4.1 汽车悬架概述

悬架就是车架（或车身）与车桥（或车轮）之间的一切传力连接装置的总称，其作用是把路面作用在车轮上的垂直反力（支承力）、纵向反力（牵引力和制动力）和侧向反力以及这些反力所造成的力矩传递到车架（或车身）上，并减少汽车振动，以保证汽车的正常行驶。

一、汽车悬架的基本组成与作用

汽车悬架（见图4-1）一般由弹性元件1、减振器2和导向机构（横向稳定杆4、摆臂3和7、纵向推力杆5等）三部分组成。

弹性元件的作用是使车架（或车身）与车桥（或车轮）之间成为弹性连接和弹性的充气轮胎一起缓和不平路面对车辆的冲击，提高乘员的乘坐舒适性，避免车内货物的损伤，延长汽车的使用寿命。

弹性系统受到冲击时会产生振动，持续的振动容易使乘员感到不舒适或疲劳，为了尽快使弹性系统的振动迅速衰减，悬架还安装有减振器。

导向机构也是传力机构，其作用：一是传递各个方向的力和力矩，二是使车轮按一定轨迹相对于车架和车身跳动。汽车在行驶过程中，车轮（特别是转向轮）的运动轨迹应符合一定的要求，否则对汽车的某些行驶性能（特别是操纵稳定性）有不利的影响。

横向稳定杆是为了增强汽车的横向刚度、防止车身在转弯等行驶情况下发生过大倾斜的辅助弹性元件。

二、汽车对悬架性能的基本要求

由悬架刚度和悬架弹簧支承的质量（簧载质量）所决定的车身固有频率（也称为振动系统的自由振动频率），是影响汽车行驶平顺性的悬架重要性能指标之一。根据力学分析，如果将汽车看成一个在弹性悬架上作单自由度振动的质量，则悬架系统的固有频率为

$$\omega = \frac{1}{2\pi}\sqrt{\frac{C}{m}} = \frac{1}{2\pi}\sqrt{\frac{g}{f}}$$

式中 g——重力加速度；

f——悬架垂直变形（挠度）；

m——悬架簧载质量；

C——悬架刚度，$C = mg/f$。

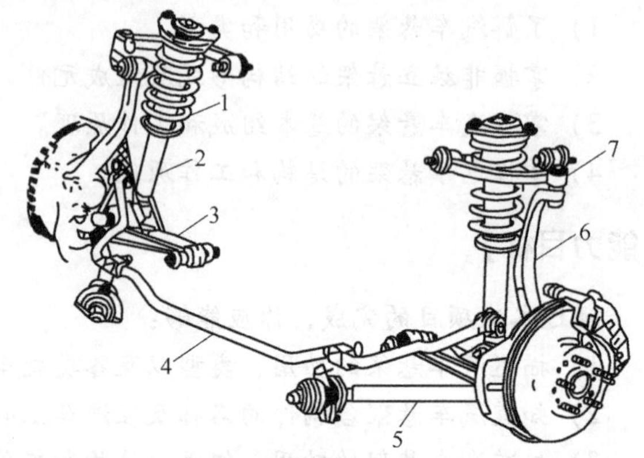

图 4-1 汽车悬架基本组成

1—弹性元件 2—减振器 3—下摆臂 4—横向稳定杆 5—纵向推力杆 6—转向节 7—上摆臂

人体所习惯的垂直振动频率是步行时身体上、下运动的频率，约为 1 ~ 1.6Hz。车身固有频率应当尽可能地处于或接近这一频率范围。由上述公式分析可知：

1）在悬架所受垂直载荷 m 一定时，悬架刚度 C 越小，则汽车固有频率越低。但悬架刚度越小，在一定载荷作用下悬架垂直变形就越大，即车轮上、下跳动所需要的空间越大。这在结构上是难以保证的，实际上车身的固有频率往往偏高，超过了人体所习惯的频率范围。

2）当悬架刚度 C 一定时，簧载质量越大，则悬架垂直变形越大，而固有频率越低，故空车行驶时的车身固有频率要比满载行驶时的高。簧载质量变化范围越大，则频率变化范围也越大。

3）汽车簧载质量从空载到满载，车身固有频率是在变化的，要使车身固有频率随载货的变化而保持不变或变化很小，就只有将悬架刚度做成可变的，即空车时悬架刚度小，而载荷增加时，悬架刚度随之增加。电控悬架能较好地满足这个要求。

三、汽车悬架的种类

（1）按照汽车悬架导向机构分类　按照汽车悬架导向机构的不同，汽车悬架可分为有非独立悬架和独立悬架。非独立悬架（见图 4-2a）的结构特点是两侧的车轮由一根整体式车桥相连，车轮连同车桥一起通过弹性悬架与车架（或车身）连接。当一侧车轮因道路不平而发生跳动时，必然引起另一侧车轮在汽车横向平面内发生摆动。独立悬架（见图 4-2b）的结构特点是车桥做成断开的，每一侧的车轮可以单独地通过弹性悬架与车架（或车身）连接。与非独立悬架相比较，独立悬架有以下优点：

1）两侧车轮可以单独跳动，互不影响。在不平道路上可减少车架和车身的振动，并有助于消除转向轮不断偏摆的不良现象。

2）可以减少汽车的非簧载质量（即不由弹簧支承的质量），降低汽车固有频率，提高汽车的平均行驶速度。在采用独立悬架时，中部的整体梁不再存在，主减速器、差速器及其外壳固定在车架上，成了簧载质量，非簧载质量只包括车轮质量和悬架系统中的一部分零件的全部或部分质量，显然比用非独立悬架时的非簧载质量要小得多。非簧载质量越小，车身频率越接近理想频率，在道路条件和车速相同时，悬架所受到的冲击载荷也越小，所以可以提高汽车的平均行驶速度。

3）发动机总成的位置可以降低和前移，使汽车重心下降，提高了汽车的行驶稳定性；同时给予车轮较大的上、下运动空间，因而可以将悬架刚度设计得较小，降低车身振动频率，改善汽车的行驶平顺性。

4）越野汽车全部车轮采用独立悬架还可保证汽车在不平道路上行驶时，车轮和路面有良好的接触，增大牵引力；此外，可增大汽车的离地间隙，因而大大提高了越野汽车的通过性能。

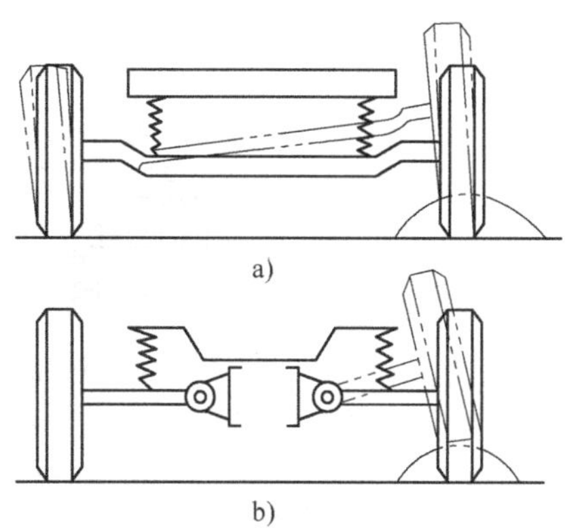

图4-2 非独立悬架与独立悬架示意图
a）非独立悬架 b）独立悬架

但独立悬架结构复杂，制造成本高；保养维修不便；在一般情况下，车轮跳动时，由于车轮外倾角和轮距有一定变化，轮胎磨损较严重。

（2）按照控制方式分类 按照控制方式的不同，汽车悬架可分为被动控制悬架和主动控制悬架两种。传统的机械控制属于被动控制，即汽车的状态只能被动地取决于路面、行驶状况和汽车的弹性元件、减振器和导向机构等机械部件。而主动控制采用电子控制技术，它能根据路面和行驶状况，自动调节悬架刚度和阻尼，控制汽车的振动和状态，使汽车能够平顺行驶。

知识点4.2 非独立悬架

非独立悬架因其结构简单、工作可靠，被广泛应用于货车的前、后悬架。现代轿车中，很少采用或仅后悬架采用非独立悬架。

按照所采用的弹性元件不同，非独立悬架可分为钢板弹簧式非独立悬架、螺旋弹簧式非独立悬架和空气弹簧式非独立悬架。

一、钢板弹簧式非独立悬架

1. 总体组成与工作原理

图4-3所示为解放CA1091型汽车的钢板弹簧式前悬架，钢板弹簧2纵向安置，中部用两个U形螺栓3固定在前轴的工字梁上。钢板弹簧的主片（最上面的一片）的两端弯成卷耳，内装轴衬。前端卷耳用钢板弹簧销15与钢板弹簧前支架1相连，形成固定的铰链支点；而后端卷耳则通过前板簧吊耳销14与用铰链挂在吊耳支架10上可以自由摆动的吊耳9相连接，从而保证了弹簧变形时两卷耳中心线之间的距离可变。

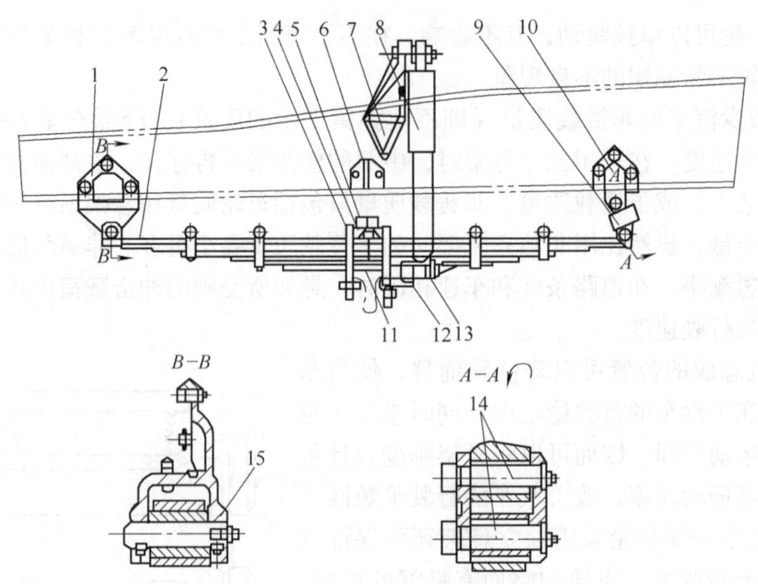

图 4-3 解放 CA1091 型汽车的钢板弹簧式前悬架

1—钢板弹簧前支架 2—前钢板弹簧 3—U 型螺栓 4—前钢板弹簧盖板 5—橡胶缓冲块 6—限位块 7—减振器上支架 8—减振器 9—吊耳 10—吊耳支架 11—中心螺栓 12—减振器下支架 13—减振器连接销 14—前钢板弹簧吊耳销 15—钢板弹簧销

钢板弹簧销钻有轴向油道，通过油嘴将润滑脂加至衬套中进行润滑。车辆在使用过程中，要注意按使用说明书要求定期添加润滑脂，以免磨损加剧。

各弹簧片用中心螺栓加以连接，并用若干个弹簧夹定位，以防钢板弹簧反向变形（即反跳）时使各片分开，以免主片单独承载，此外，还可防止各片横向错动。

钢板弹簧在载荷作用下变形时，各片之间有相对滑动而产生摩擦，可以促使车架振动的衰减。但各片间的干摩擦将使车轮所受的冲击在很大的程度上传给车架，既降低了悬架缓和冲击的能力，又使弹簧各片加速磨损。为减少弹簧片的磨损，在装配钢板弹簧时，各片间需涂上较稠的润滑剂（石墨润滑脂），并定期进行保养。为了在使用期间长期储存润滑脂和防止污染，有时将钢板弹簧装在护套内。

减振器 8 的上、下两吊环通过橡胶衬套和减振器连接销 13，分别与固定在车架和车桥上的上、下支架 7 和 12 相连接，以衰减振动，改善驾驶人的乘坐舒适性。

在前钢板弹簧盖板 4 上装有橡胶缓冲块 5，以限制弹簧的最大变形并防止弹簧直接撞击车架。解放 CA1091 型货车后悬架由于所承受的载荷在很大范围内变化，为减小车身固有频率的变化，悬架刚度应该是可变的，所以在后悬架中加装副弹簧（见图 4-4）。当汽车空载或实际装载质量不大时，副弹簧不承受载荷而由主弹簧单独工作；在重载和满载时，车架相对于车桥下移，使车架上的副弹簧滑板式支座与副弹簧接

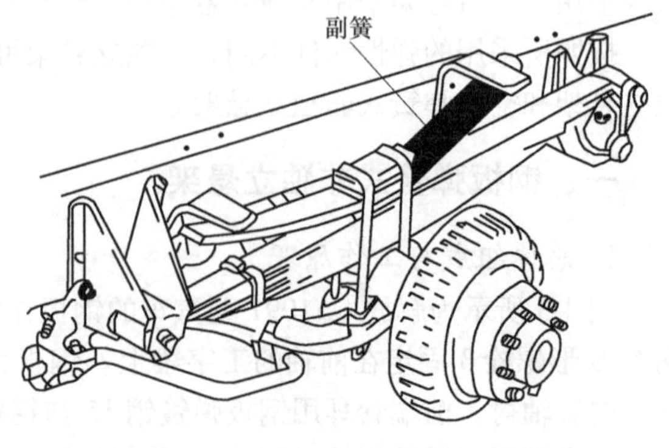

图 4-4 加装副弹簧的后悬架

触，即主、副弹簧共同参与工作，一起承受载荷而使悬架刚度增大，以保证车身振动频率不致因载荷增大而变化过大。

加装副弹簧的悬架，其刚度的增加是突变的，这对汽车行驶平顺性不利。为提高汽车的行驶平顺性，有的轻型货车上采用将副弹簧置于主弹簧下面的渐变刚度钢板弹簧（见图4-5）。主弹簧由厚度为9mm的4片（或3片）和副弹簧由厚度为15mm的2片（或3片）组成钢板弹簧组件，它们用中心螺栓固定在一起。在小载荷时，仅主弹簧起作用，而当载荷增加到一定值时，副弹簧开始与主弹簧接触，悬架刚度随之相应地提高，弹簧特性变为非线性。当副弹簧全部接触后，弹簧特性又变为线性的。这种渐变刚度钢板弹簧的特点是副弹簧逐渐起作用，因此悬架刚度的变化比较平稳，从而改善了汽车的行驶平顺性。

2. 主要部件结构原理

钢板弹簧式非独立悬架的主要部件有钢板弹簧和减振器。

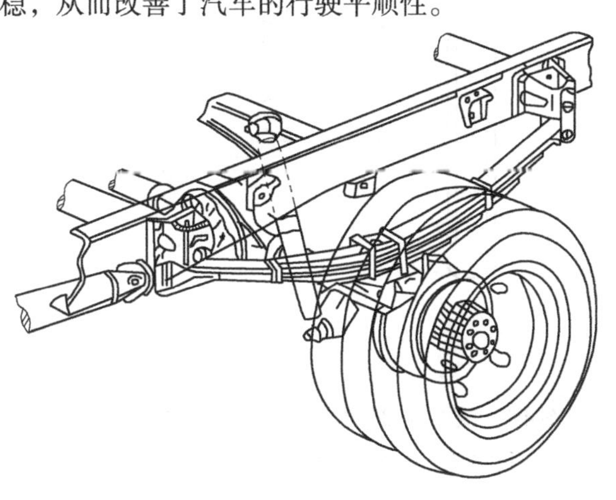

图4-5 渐变刚度钢板弹簧的后悬架

（1）钢板弹簧 钢板弹簧是由若干片等宽但不等长（厚度可以相等，也可以不相等）的合金弹簧片组合而成的一根近似等强度的弹性梁（见图4-3）。钢板弹簧纵向安置时具有导向能力，所以采用纵置钢板弹簧的悬架不必另设独立的导向机构。多片钢板弹簧变形时，各片之间有相对滑动而产生摩擦，可以衰减车身的振动，因而在对舒适性要求不高的钢板弹簧悬架中（见图4-4），不安装减振器，以简化结构。

钢板弹簧的另外一种形式是变截面钢板弹簧（见图4-6）。它由单片或2~3片变厚度截面的弹簧片构成的。这种少片变截面钢板弹簧克服了钢板弹簧质量大、性能差（由于片间摩擦的存在，影响了汽车的行驶平顺性）的缺点。

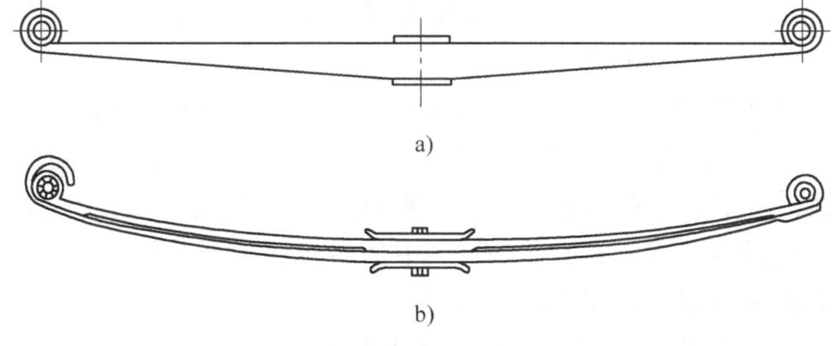

a)

b)

图4-6 变截面钢板弹簧

a）单片弹簧 b）少片弹簧

（2）减振器 减振器用以减少汽车振动，与弹性元件并联安装（见图4-7）。汽车减振器有液力式减振器、充气式减振器和阻力可调式减振器等几种。

1）液力式减振器。目前汽车广泛采用筒式液力式减振器，并能在压缩和伸张两个行程内均能起减振作用，故称为双向作用筒式减振器（见图4-8）。它一般具有四个阀，即压缩阀6、伸张阀4、流通阀8 和补偿阀7。流通阀和补偿阀是一般的单向阀，其弹簧很弱。当阀上的油压作用力与弹簧力同向时，阀处于关闭状态；而当油压作用力与弹簧力反向时，只要有很小的油压，阀便能开启。压缩阀和伸张阀是泄荷阀，其弹簧较强，预紧力较大，只有当油压升高到一定程度时，阀才能开启。

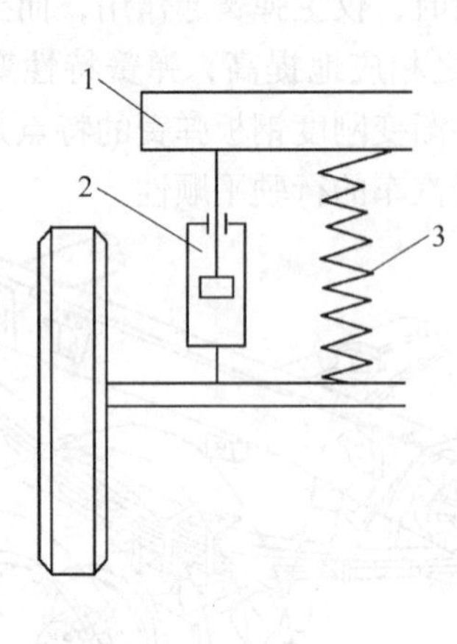

图4-7 减振器和弹性元件的安装示意图
1—车架 2—减振器 3—弹性元件

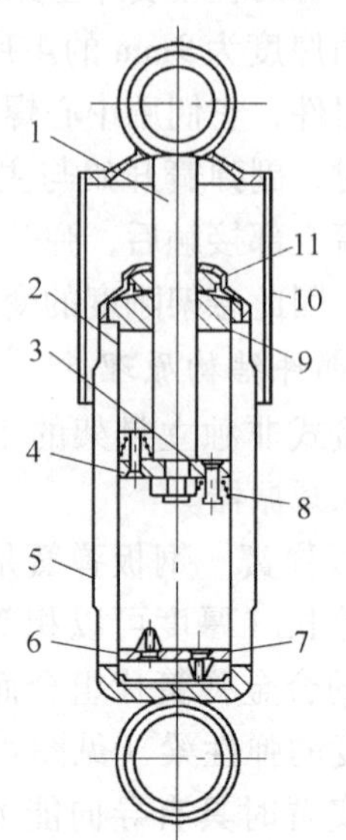

图4-8 双向作用筒式减振器
1—活塞杆 2—工作缸 3—减振器活塞 4—伸张阀 5—储油缸 6—压缩阀 7—补偿阀 8—流通阀 9—导向座 10—防尘罩 11—油封

双向作用筒式减振器的工作原理如下：

①压缩行程。当汽车车轮滚进凸起和滚出凹坑时，车轮移近车架（车身），减振器受压缩。此时，减振器活塞3 下移，活塞下面的腔室（下腔）容积减小，油压升高，油液经流通阀8 流到活塞上面的腔室（上腔）。由于上腔被活塞杆占去一部分空间，上腔内增加的容积小于下腔内减小的容积，故还有一部分油液推开压缩阀6，流回储油缸5。这些阀对油液的节流便造成对悬架压缩运动的阻尼力。

②伸张行程。当车轮滚进凹坑或滚离凸起时，车轮相对于车身移开，减振器受拉伸。此时，减振器活塞向上移动，活塞上腔油压升高，流通阀8 关闭。上腔内的油液便推开伸张阀4 流入下腔。同样，由于活塞杆的存在，自上腔流回的油液还不足以充满下腔所增加的容积，下腔内产生一定的真空度，这时储油缸5 中的油液便推开补偿阀7 流入下腔进行补充。这些阀的节流作用造成对悬架伸张运动的阻尼力。

压缩阀的节流阻力是随活塞运动速度的变化而变化的。当车架或车身振动缓慢（即活塞向下的运动速度低）时，油压不足以克服压缩阀弹簧的预紧力而推开阀门，多余部分的油液便经一些常通的缝隙（图4-8 中未画出）流回储油腔。当车身振动剧烈（即活塞向下运动的速度高）时，则活塞下腔油压骤增。油压大到克服压缩阀弹簧的预紧力，进而推开压缩阀，使油液在很短的时间内通过较大的通道流回储油缸。这样，油压和阻尼力都不致超过一定的限度，以保证压缩行程中弹性元件的缓冲作用得到充分的发挥。

同样，伸张行程中减振器的阻尼力也是随活塞运动速度的变化而变化。当车轮向下运动速度不大（即活塞向上的运动速度不大）时，油液经伸张阀的常通孔隙（图4-8中未画出）流入下腔，由于通道截面积很小，便产生较大的阻尼力，从而消耗了振动能量，使振动迅速衰减。当车身振动剧烈时，活塞上移速度增大到使油压足以克服伸张阀弹簧的预紧力时，伸张阀开启，通道截面积增大，使油压和阻尼力保持在一定限度以内。这样，可使减振器及悬架系统的某些零件不会因超载而损坏。

由于伸张阀弹簧的刚度和预紧力比压缩阀的大，在同样的油压力作用下，伸张阀及相应的常通缝隙的通道截面积总和小于压缩阀及相应的常通缝隙的通道截面积总和。这就保证了减振器在伸张行程内产生的阻尼力比压缩行程内产生的阻尼力大得多。

2）充气式减振器。充气式减振器是20世纪60年代以来发展起来的一种新型减振器，其结构（见图4-9）特点是，在缸筒的下部装有一个浮动活塞2，与缸筒一端形成的密闭气室3中，充有高压（2～3MPa）的氮气。在浮动活塞的上面是减振器油渣。工作活塞1上装有随其运动速度大小变化而改变通道截面积的压缩阀和伸张阀。

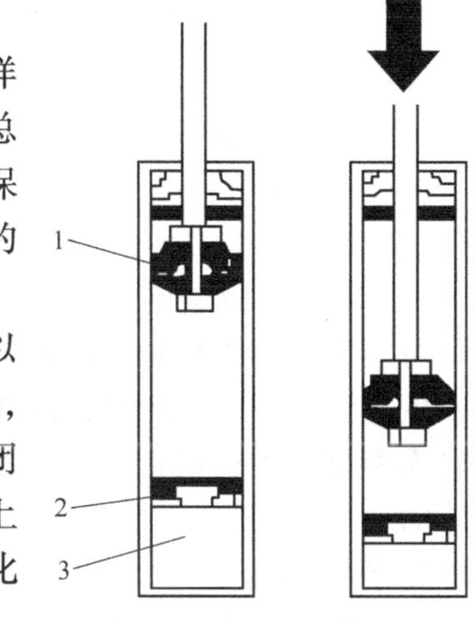

图4-9 充气式减振器的结构
1—工作活塞 2—浮动活塞
3—密闭气室

当车轮上、下跳动时，减振器的工作活塞在油液中作往复运动，使工作活塞的上腔和下腔之间产生油压差，压力油便推开压缩阀或伸张阀而来回流动。由于阀对压力油产生了较大的阻尼力，因此使振动得到衰减。

由于活塞杆的进、出而引起缸筒容积的变化，则由浮动活塞的上、下运动来补偿。因此，这种减振器不需储油缸，所以也称为单筒式减振器。前述双向作用筒式减振器又称为双筒式减振器。

3）阻力可调式减振器　试验研究证明，随着使用因素（如道路条件、载荷）的变化，减振器的阻力也应随之改变，从而保证悬架系统具有良好的振动特性。

图4-10所示为某些高级轿车上采用的阻力可调式减振器示意图。该减振器采用了刚度可变的空气弹簧，其工作原理是：当汽车的载荷增加时，空气囊的气压升高，则气室2内的气压也随之升高，膜片向下移动与弹簧3产生的压力相平衡。与此同时，膜片带动与之相连的柱塞杆4和柱塞5下移，因而使得柱塞相对于空心连杆1上的节流孔6的位置发生变化，结果减小了节流孔的通道截面积，也就是减少了节流孔的流量，从而增加了油液的流动阻力。反之，当汽车载荷减小时，柱塞上移，增大了节流孔的通道截面积，从而减小了油液的流动阻力。

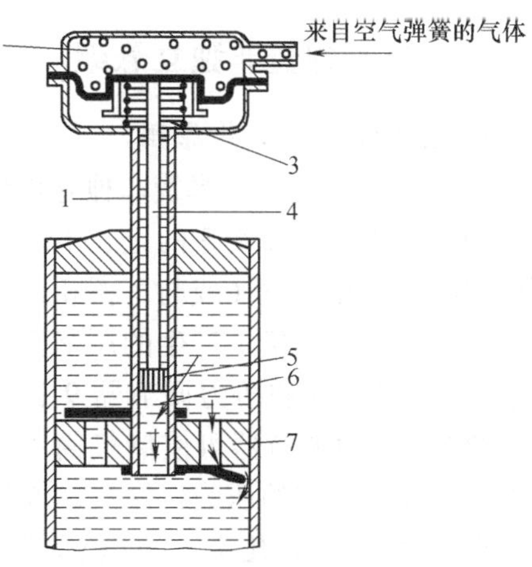

图4-10 某些高级轿车上采用的阻力可调式减振器示意图
1—空心连杆 2—气室 3—弹簧 4—柱塞杆 5—柱塞 6—节流孔 7—活塞

二、螺旋弹簧非独立悬架

1. 总体组成与工作原理

螺旋弹簧非独立悬架一般只用作轿车的后悬架（见图4-11）。两端车轮用整体式后桥相连，上、下控制臂5和4的一端与车桥固定在一起，另一端头部有孔，里边装有橡胶衬套，连接螺栓穿过橡胶衬套中的孔和车身相连，并形成铰链点。汽车行驶过程中，整个后轴可以通过控制臂和车身连接的铰链点进行纵向摆动。由于铰链点处的橡胶衬套有一定的厚度和长度，橡胶本身又有弹性，所以后轴在铰链点摆动时，根据受力方向的不同，橡胶衬套可以在各个方向产生较小的变形来防止机件发生运动干涉。

左、右两个螺旋弹簧的间距应尽可能大，以提高悬架的横向角刚度。横拉杆2是用来传递车轴和车身之间的横向作用力及其力矩的。

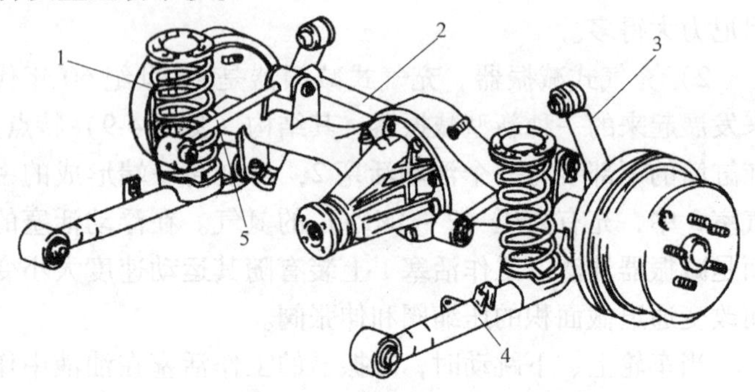

图4-11　螺旋弹簧非独立悬架
1—螺旋弹簧　2—横拉杆　3—减振器　4—下控制臂　5—上控制臂

2. 螺旋弹簧

独立悬架的弹性元件广泛采用螺旋弹簧，特别是前轮独立悬架。它可做成等螺距或变螺距，前者刚度不变，后者刚度是可变的。

与钢板弹簧相比，螺旋弹簧具有以下优点：无需润滑，不忌污泥；安置时所需的纵向空间不大；弹簧本身质量小。但螺旋弹簧只能承受垂直载荷，故必须装设导向机构以传递垂直力以外的各种力和力矩，并且螺旋弹簧本身没有减振作用，因此在螺旋弹簧悬架中必须另装减振器。

三、空气弹簧非独立悬架

1. 总体组成与工作原理

图4-12所示为空气弹簧非独立悬架示意图。囊式空气弹簧5的上、下端分别固定在车架和车桥（或与车桥相连的支架）上，从压缩机1产生的压缩空气经油水分离器10和压力调节器9进入储气筒8，压力调节器可使储气筒中的压缩空气保持一定的压力，储气罐6通过管路与两个（或几个）空气弹簧相通，储气罐和空气弹簧中的空气压力由车身高度调节阀3控制。空气弹簧和螺旋弹簧一样只能传递垂直力，其纵向力和横向力及力矩也是由纵向推力杆和横

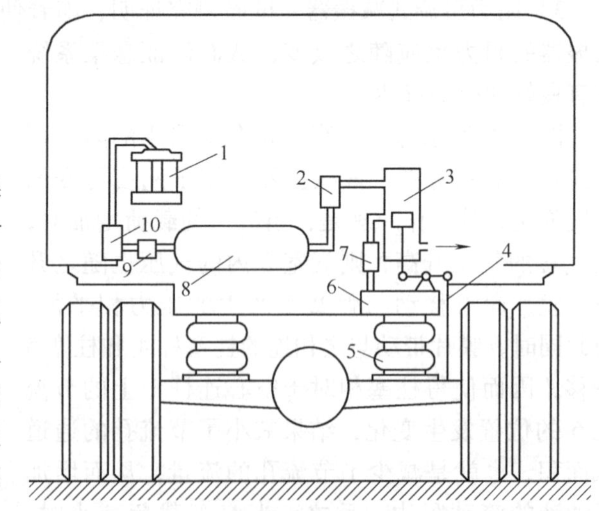

图4-12　空气弹簧非独立悬架示意图
1—压缩机　2、7—空气滤清器　3—车身高度调节阀　4—控制杆　5—囊式空气弹簧　6—气罐　8—气筒　9—压力调节器　10—油水分离器

向推力杆（图4-2中未画出）来传递的。

车身高度调节阀3固定在车架上，通过控制杆4与车桥相连，阀体内有两个阀，即通气源的充气阀和通大气的放气阀，这两个阀均由控制杆操纵。当汽车载荷增加、车桥移近车架时，控制杆上升，通过摇臂机构打开充气阀，压缩空气便进入空气弹簧，使车架和车身升高，直到恢复车身与车桥的原定距离为止；而当载荷减小、车桥远离车架时，控制杆下移，打开放气阀，则空气弹簧内的空气排入大气，车身和车架随即降低至原定数值。

2. 气体弹簧

气体弹簧是在一个密封的容器中充入压缩气体（气压为0.5～1MPa），利用气体的可压缩性实现其弹簧作用的。气体弹簧的刚度是可变的，随着作用在弹簧上的载荷增加，容器内的定量气体受压缩，气压升高，则弹簧的刚度增大；反之，当载荷减小时，弹簧内的气压下降，刚度减小。因此，气体弹簧具有比较理想的变刚度特性。

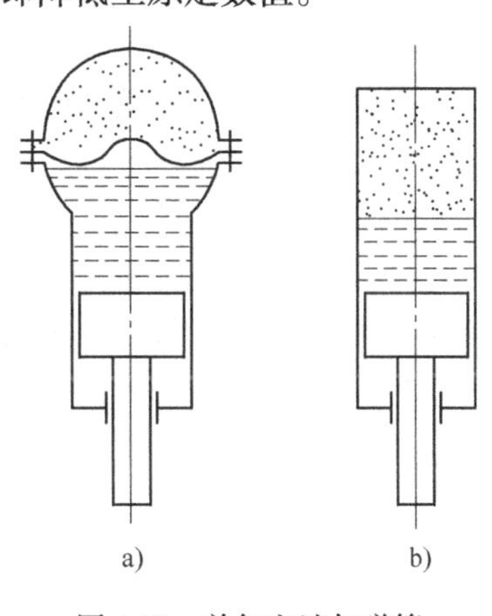

图4-13 单气室油气弹簧
a）油气分隔式 b）油气不分隔式

气体弹簧有空气弹簧和油气弹簧两种。空气弹簧用空气作为弹性介质；油气弹簧以气体（一般为惰性气体氮气）作为弹性介质，而用油液作为传力介质。油气弹簧由气体弹簧和相当于液力减振器的液压缸组成。

油气弹簧的形式有单气室、双气室以及两级压力式等。单气室油气弹簧（见图4-13）又分为油气分隔式油气弹簧和油气不分隔式油气弹簧两种。

单气室油气分隔式油气弹簧（见图4-14）在轿车和轻型汽车上应用较多，其上、下半球室构成的球形气室6和8固装在工作缸10上，球形气室的内腔用橡胶油气隔膜5隔开，上半球室充入高压氮气，下半球室通过减振器阻尼阀9与工作缸的内腔相通，并充满了工作油液（减振器油）。油气隔膜的作用是把作为弹性介质的高压氮气和工作油液分开，以避免工作油液乳化，同时便于充气和保养。工作缸固定在车身（车架）上，其活塞3与活塞导向缸12连接成一体。悬架活塞杆1的下端与悬架的摆臂（或车桥）相连接，当悬架摆臂（或车桥）与车身（或车架）作相对运动时，活塞3和活塞导向缸12便在工作缸10内上、下滑动，而工作油液通过减振器阻尼阀9来回运动，起到减振器的作用。

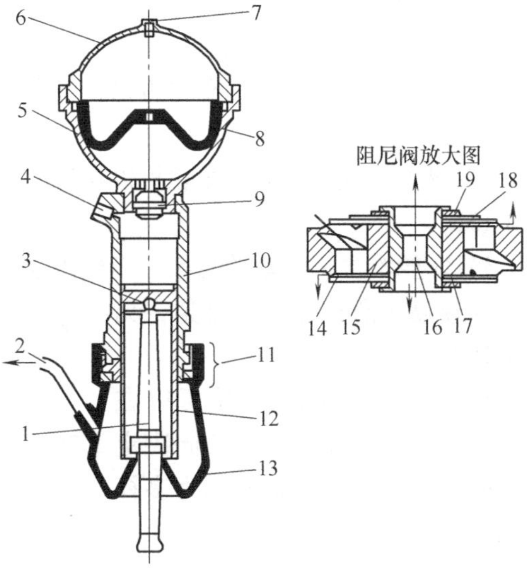

图4-14 单气室油气分隔式油气弹簧
1—悬架活塞杆 2—油溢流口 3—活塞 4—加油口 5—橡胶油气隔膜 6—上半球室 7—充气螺塞 8—下半球室 9—减振器阻尼阀 10—工作缸 11—密封装置 12—活塞导向缸 13—防护罩 14—伸张阀 15—阀体 16—油液节流孔 17—伸张阀限位挡片 18—压缩阀 19—压缩阀限位挡圈

当载荷增加、悬架摆臂（车桥）与车身（车架）之间的距离缩短时，活塞及活塞导向缸上移，使充满工作液的内腔容积减小，迫使工作液经压缩阀18进入球形气室，从而推动油气隔膜向具有一定压力的氮气室移动，使气体容积减小，氮气压力升高。当活塞向上的推力（外界载荷）与氮气压力向下的反作用力相等时，活塞便停止移动。于是，车身（车架）与悬架摆臂（车桥）间的相对位置不再发生变化。

当载荷减小，即推动活塞上移的作用力减小时，油气隔膜在高压氮气作用下向下移动，迫使工作液经伸张阀14流回工作缸内腔，推动活塞向下移动，车身（车架）与悬架摆臂（车桥）之间的距离变长，直到氮气室内的压力通过工作液的传递转化为作用在活塞上的力与外界减小的载荷相等时，活塞才停止移动。

汽车在行驶过程中载荷的变化，使活塞相应地在工作缸中处于不同的位置。由于氮气充满在密闭的球形气室内，因此作用在油气隔膜上的载荷小时，气体弹簧的刚度较小；随着载荷的增加，气体弹簧的刚度则变大。

空气弹簧和油气弹簧都同螺旋弹簧一样，只能承受轴向载荷，故空气弹簧悬架中必须设置纵向和横向推力杆等导向机构。另外，空气弹簧悬架中还必须装有减振器。

空气弹簧可以借助专门的控制阀（高度阀）自动调节气囊或气室的原始充气压力和充气量，以使车身离地高度保持一定。

知识点4.3 独立悬架

随着汽车速度的不断提高，非独立悬架已不能满足汽车在行驶平顺性和操纵稳定性等方面提出的要求。因此，独立悬架获得了很大的发展和广泛的应用，尤其是轿车的转向轮普遍采用了独立悬架。

按照车轮运动形式的不同，独立悬架可以分成四种类型：

1）横臂式独立悬架。车轮可以在汽车横向平面内摆动的悬架称为横臂式独立悬架（见图4-15a）。

2）纵臂式独立悬架。车轮可以在汽车纵向平面内摆动的悬架称为纵臂式独立悬架（见图4-15b）。

3）车轮沿主销移动的悬架。车轮沿主销移动的悬架包括烛式悬架（见图4-15c）和麦弗逊式悬架（滑柱连杆式悬架，见图4-15d）。

4）多杆式悬架。车轮可以在由摆臂、推力杆等多杆件共同决定的斜向平面内摆动的悬架称为多杆式悬架。

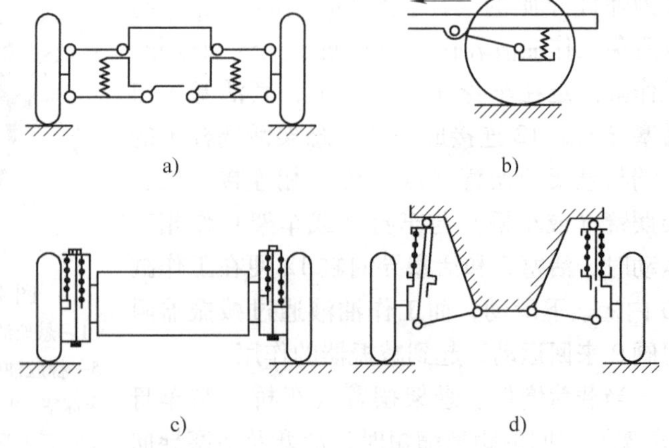

图4-15 不同形式独立悬架示意图

a）横臂式 b）纵臂式 c）烛式 d）麦弗逊式

一、横臂式独立悬架

横臂式独立悬架分为单横臂式独立悬架和双横臂式独立悬架两种。

1. 单横臂式独立悬架

图4-16所示为早期的奔驰轿车

单横臂后独立悬架，其后桥半轴套管是断开的，主减速器的右面有一个单铰链4，半轴可绕其摆动。在主减速器上面安置着可调节车身水平作用的油气弹性元件2，它和螺旋弹簧7一起承受并传递垂直力。作用在车轮上的纵向力主要由纵向推力杆6承受。中间支承3不仅可以承受侧向力，还可以承受部分纵向力。当车轮上、下跳动时，为避免运动干涉，其纵向推力杆6的前端用球铰链与车身连接。

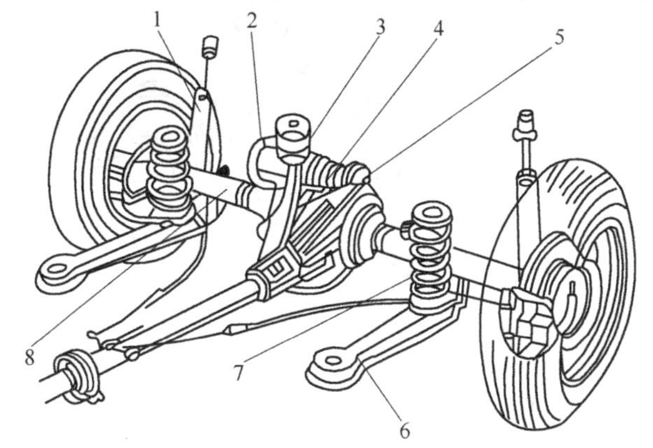

图4-16 早期的奔驰轿车单横臂式独立悬架

1—减振器 2—油气弹性元件 3—中间支承 4—单铰链 5—主减速器壳 6—纵向推力杆 7—螺旋弹簧 8—半轴套管

单横臂式独立悬架的车辆在行驶过程中，当悬架变形时，车轮平面将发生倾斜而改变两侧车轮与路面接触点间的距离，致使轮胎相对于地面侧向滑移，破坏了轮胎两侧和地面的附着，导致轮胎磨损较严重。另外，这种悬架用于转向轮时，会使主销内倾角和车轮外倾角发生较大的变化，对于转向操纵有一定的影响，故目前很少采用。但由于单横臂式独立悬架的结构简单，在车速不高的越野车上仍有采用。

2. *双横臂式独立悬架*

（1）基本组成与工作原理 两个摆臂长度可以相等，也可以不等。在等长双横臂式独立悬架（见图4-17a）中，当车轮上、下跳动时，车轮平面没有倾斜，但轮距却发生了较大的变化，这将增加车轮侧向滑移的可能性。不等长横臂式独立悬架(见图4-17b)中，如果两臂长度选择适当，则可以使车轮和主销的角度以及轮距的变化都不太大，不大的轮距变化在轮胎较软时可以由轮胎变形来适应。目前轿车的轮胎可允许轮距的改变在每个车轮上达到4～5mm而不致沿路面滑移，因此，不等长双横臂式独立悬架在轿车前轮上的应用较为广泛。前述红旗CA7560型轿车的前轮即采用了不等长双横臂式螺旋弹簧独立悬架(见图3-5)。

为增强悬架刚度，双横臂的臂常做成V字形或A字形（见图4-18），又称为双叉式悬架。

依维柯轻型货车的前悬架是不等长双横臂式扭杆弹簧独立悬架（见图4-19）。扭杆弹簧3纵向布置在车架纵梁的外侧，其前端借花键与上横臂6相连，后端通过花键固定在扭杆弹簧固定支架1的花键套中。筒式减振器的上端与焊接在车架上的减振器上支架5相连。当车轮上、下跳动时，作用在车轮上的垂直载荷经转向节10和上横臂6传给扭杆弹簧3，使扭杆产生扭转变形，因而缓和了由不平路面产生的冲击载荷。

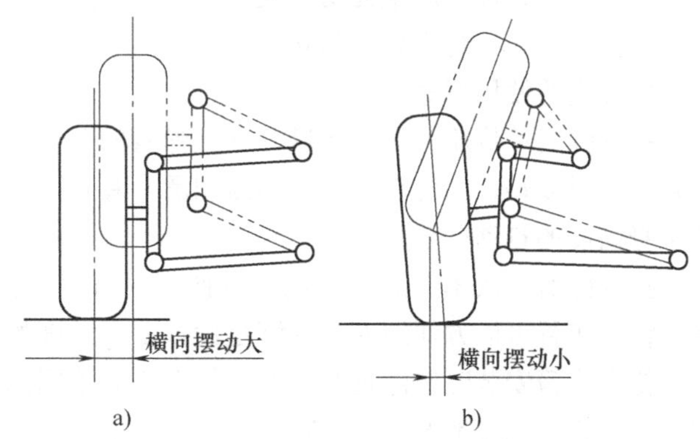

图4-17 双横臂式独立悬架示意图

a）两横臂等长的悬架 b）两横臂不等长的悬架

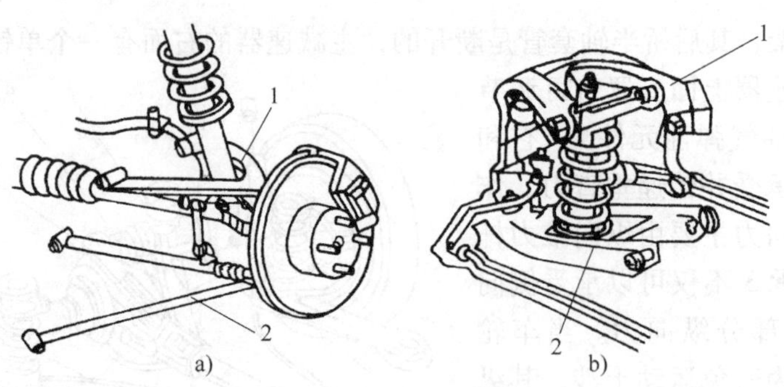

图4-18 双叉式独立悬架

a）双V形 b）双A形

1—上摆臂 2—下摆臂

该悬架车轮所受的纵向力、侧向力及其力矩由上、下横臂和上、下支承杆承受并传给车架。

（2）扭杆弹簧 扭杆弹簧本身是一根由弹簧钢制成的扭杆（见图4-20）。扭杆截面通常为圆形，也有矩形和管形，其两端形状可以做成花键、方形、六角形或带平面的圆柱形等（见图4-21），以便一端固定在车架上，另一端固定在悬架的摆臂上，摆臂则与车轮相连。当车轮跳动时，摆臂便绕着扭杆轴线摆动，使扭杆产生扭转弹性变形，保证了车轮与车架的弹性连接。

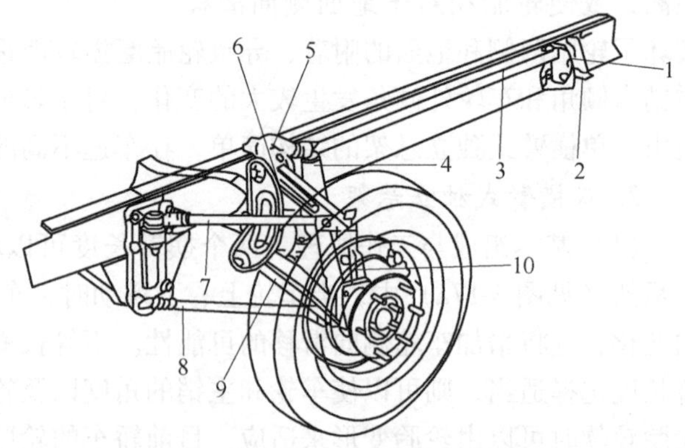

图4-19 南京依维柯轻型货车的前悬架

1—扭杆弹簧固定支架 2—调整螺栓 3—扭杆弹簧 4—减振器 5—减振器上支架 6—上横臂 7—上支承杆 8—下支承杆 9—下横臂 10—转向节

扭杆弹簧采用铬钒合金弹簧钢制成，其表面经过加工后很光滑。使用中必须对扭杆表面进行很好地保护，以延长扭杆弹簧的使用寿命。

扭杆弹簧单位质量的储能量是钢板弹簧的3倍，也比螺旋弹簧高。因此，采用扭杆弹簧的悬架重量较轻，结构较简单，不需润滑，并且通过调整扭杆弹簧固定端的安装角度，易实现车身高度的自动调节。

扭杆弹簧在汽车上的布置比较方便。它可以与汽车纵轴线平行地布置，也可以横向布置。纵向布置可以方便地安装并满足设计要求长度的扭杆，以保证悬架具有良好的性能。

扭杆弹簧安装时应注意左、右扭杆上刻有不同的标记，不能互换，否则将使扭杆弹簧的预先扭转方向与工作时的扭转方向相反，导致扭杆弹簧的实际工作应力加大而使用寿命缩短。

为消除扭杆弹簧在使用中因塑性变形对车身高度的影响，在安装时需要对扭杆施以预加载荷，预加载荷的大小可用调整螺栓来调整。

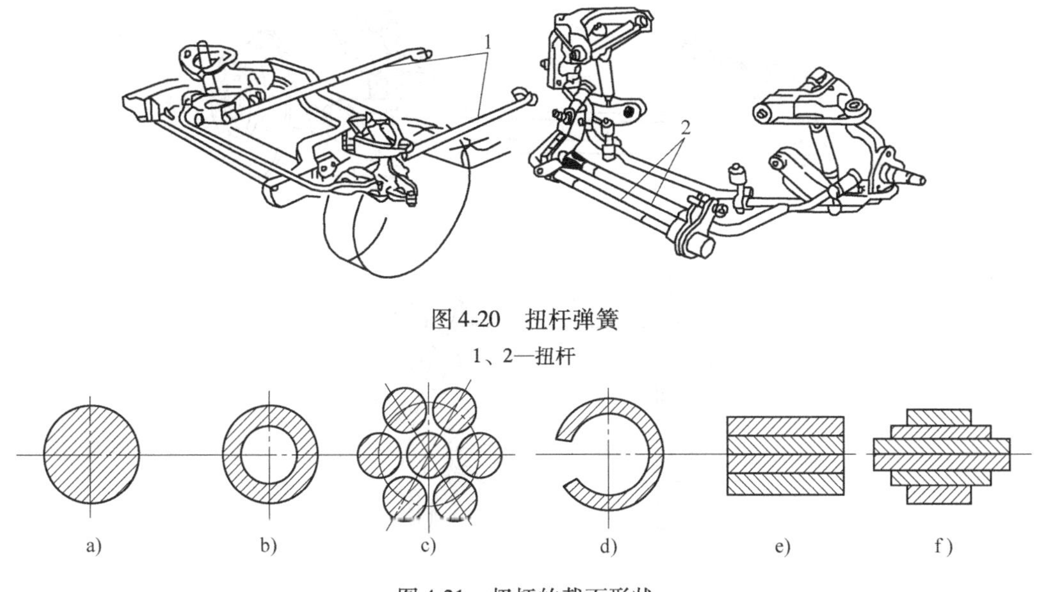

图 4-20 扭杆弹簧

1、2—扭杆

图 4-21 扭杆的截面形状

二、纵臂式独立悬架

纵臂式独立悬架有单纵臂式独立悬架和双纵臂式独立悬架两种（见图 4-22）。

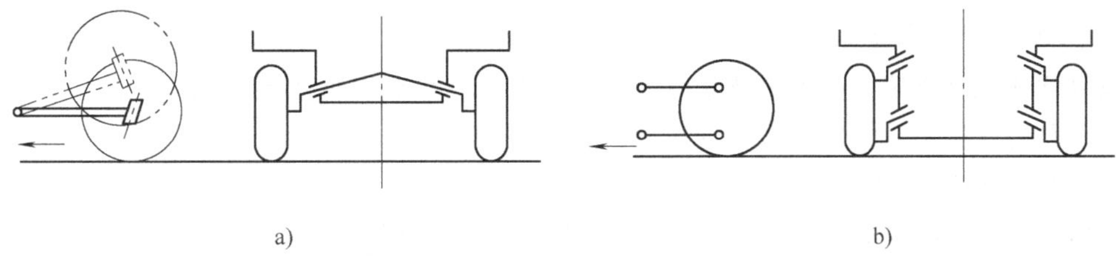

图 4-22 纵臂式独立悬架示意图

a）单纵臂式 b）双纵臂式

1. 单纵臂式独立悬架

该种悬架中车轮的上、下跳动将使主销后倾角产生很大的变化，一般不用于转向轮。

国产富康轿车的后悬架为单纵臂独立悬架（见图 4-23），其弹性元件是扭杆弹簧，两侧车轮不是各自独立地直接与车身弹性连接，而是通过一个后桥总成（包括左、右扭杆弹簧支承架 8，左、右扭杆弹簧 2 和 6，横向稳定杆套管 4 等），用前、后自偏转弹性垫块 7 和 9 与车身作弹性连接。两个单纵臂通过左、右扭杆弹簧与后桥总成弹性连接。当汽车转弯行驶时，在路面对车轮的侧向反力作用下，前、后自偏转弹性垫块产生侧向弹性变形。由于前、后自偏转弹性垫块的变形不同，使两后轮产生与两前轮转向相同的不太大的偏转角，从而减小了后轮的侧偏角，增强了汽车的不足转向特性。转弯行驶速度越高，不足转向特性越好，因此该车高速行驶的操纵稳定性更好些。这种后轮随前转向轮按同一方向稍作偏转的特性，称为后桥的随动转向功能，它是富康轿车最具独创性的特点。

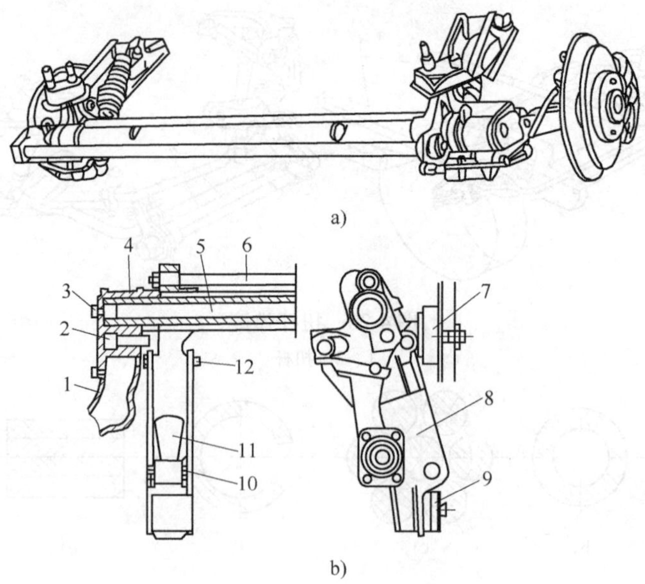

图 4-23　富康轿车后悬架

a）整体结构示意图　b）局部结构图

1—单纵臂　2—左扭杆弹簧　3—横向稳定杆端头螺栓　4—横向稳定杆套管　5—横向稳定杆　6—右扭杆弹簧　7—前自偏转弹性垫块　8—扭杆弹簧支承架　9—后自偏转弹性垫块　10、12—减振器螺栓　11—减振器

2. 双纵臂式独立悬架

双纵臂式独立悬架的两个纵臂长度一般做成相等，形成平行四连杆机构。这样，在车轮上、下跳动时，主销后倾角保持不变，故这种形式的悬架适用于转向轮。

双纵臂式扭杆弹簧前独立悬架（见图 4-24）的转向节和两个等长的纵臂 1 铰链式连接，在车架的两根管式横梁 4 内部都装有若干层矩形截面的薄弹簧钢片叠成的扭杆弹簧 6，两根扭杆弹簧的内端用螺钉 5 固定在横梁 4 的中部，而外端则插入摆臂轴 2 的矩形孔内，摆臂轴用衬套 3 支承在管式横梁内，摆臂轴和纵臂为刚性连接，另一侧车轮的悬架与之完全相同而且对称。

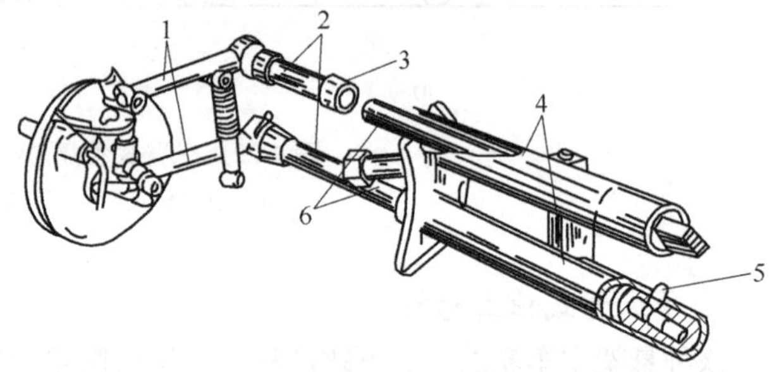

图 4-24　双纵臂式扭杆弹簧独立悬架

1—纵臂　2—摆臂轴　3—衬套　4—横梁　5—螺钉　6—扭杆弹簧

三、车轮沿主销移动的悬架

车轮沿主销移动的悬架目前大致分为两种类型，一种是车轮沿固定不动的主销轴线移动的烛式悬架，另一种是车轮沿摆动的主销轴线移动的麦弗逊式悬架。

1. 烛式悬架

烛式悬架（见图 4-25）的主销刚性地固定在悬架上，转向节与套筒 4 连接在一起。当车轮跳动时，转向节与套筒一起沿主销轴线移动。这种悬架对于转向轮来说，在悬架变形时，主销的定位角不会发生变化，仅轮距和轴距稍有改变，因此有利于汽车的转向操纵性和行驶稳定性；但是侧向力全部由套在主销1上的套筒4和主销承受，因此套筒与主销之间的摩擦阻力大，磨损严重。

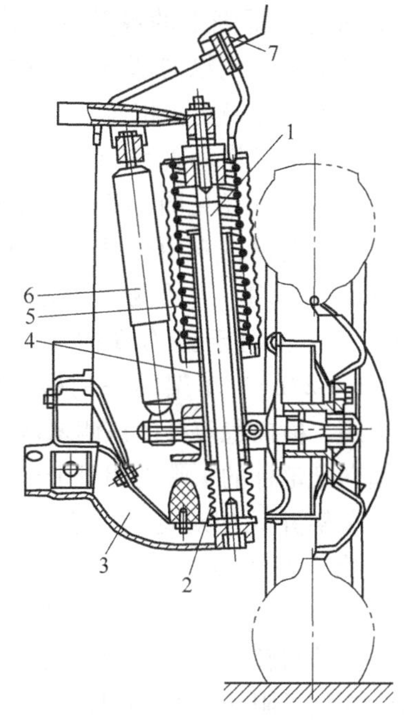

图4-25 烛式悬架

1—主销 2、5—防尘罩 3—车架 4—套筒 6—减振器 7—通风管

2. 麦弗逊式悬架

(1) 结构组成与工作原理 图4-26所示为富康轿车的麦弗逊式悬架。筒式减振器2的上端用螺栓和橡胶垫圈与车身连接，减振器下端固定在转向节3上，而转向节3通过球铰链与下摆臂6连接，车轮所受的侧向力通过转向节3大部分由下摆臂6承受，其余部分由减振器承受。因此，这种结构形式较烛式悬架在一定程度上减少了滑动磨损。

螺旋弹簧1套在筒式减振器2的外面。主销的轴线为上、下铰链中心的连线。当车轮上、下跳动时，因减振器的下支承点随下摆臂6摆动，故主销轴线的角度是变化的。这说明车轮是沿着摆动的主销轴线而运动的。因此，这种悬架在变形时，使得主销的定位角和轮距都有些变化。然而，如果适当调整杆系统的位置，可使车轮的这些定位参数变化极小。该悬架突出的优点是增大了两前轮内侧的空间，便于发动机和其他一些部件的布置，因此多用在前置前驱动轿车和微型汽车上。

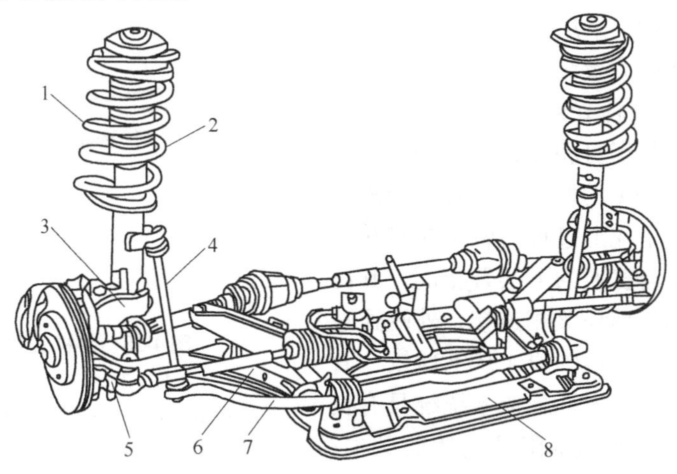

图4-26 富康轿车的麦弗逊式悬架

1—螺旋弹簧 2—筒式减振器 3—转向节 4—连接杆 5—球头销 6—下摆臂 7—横向稳定杆 8—前托架

(2) 横向稳定器 现代轿车的悬架一般都很软，在高速行驶中转向时，车身会产生很大的横向倾斜和横向角振动。为减少这种横向倾斜，往往在悬架中加设横向稳定器，而用得最多的是杆式横向稳定器。

图4-26中，弹簧钢制成的横向稳定杆7呈扁平的U形，横向地安装在汽车的前端或后端，横向稳定杆中部自由地支承在两个固定在桥壳上的橡胶套筒内，横向稳定杆两侧纵向部分的末端与下摆臂上的弹簧支座相连。

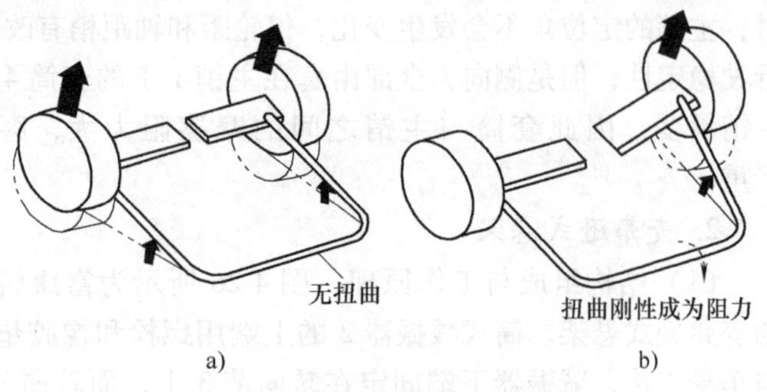

图4-27 横向稳定杆工作示意图
a）两侧悬架变形相等 b）两侧悬架变形不等

当车身只作垂直移动而两侧悬架变形相等时（见图4-27a），横向稳定杆在套筒内自由转动，横向稳定杆不起作用。当两侧悬架变形不等而车身相对于路面横向倾斜时（见图4-27b），车架的一侧移近弹簧支座，横向稳定杆的该侧末端就相对于车架向上移；而车架的另一侧远离弹簧支座，相应的横向稳定杆的末端则相对于车架向下移。然而，在车身和车架倾斜时，横向稳定杆的中部对于车架并无相对运动。这样在车身倾斜时，横向稳定杆两边的纵向部分向不同方向偏转，于是横向稳定杆便被扭转。弹性的横向稳定杆所产生的扭转的内力矩就阻碍了悬架弹簧的变形，起到了阻止车身倾斜的作用，因而减小了车身的横向倾斜和横向角振动。

四、多杆式独立悬架

一些轿车上为减轻车重和简化结构利用螺旋弹簧承受垂直载荷，采用多个不同方向的杆件来承受和传递侧向力及纵向力，并共同决定车轮的运动，组成多杆式悬架（见图4-28）。上连杆1通过支架与车身相连，其外端与第三连杆2相连。上连杆1的两端都装有橡胶隔振套。第三连杆2的下端通过推力轴承5与转向节连接。下连杆6与普通的下摆臂相同，其内端通过橡胶隔振套与前横梁相连接，外端通过球铰与转向节相连。主销轴线4从下球铰一直延伸到上面的轴承处。多杆悬架系统统具有良好的操纵稳定性，可有效地降低轮胎的磨损，延长其使用寿命。

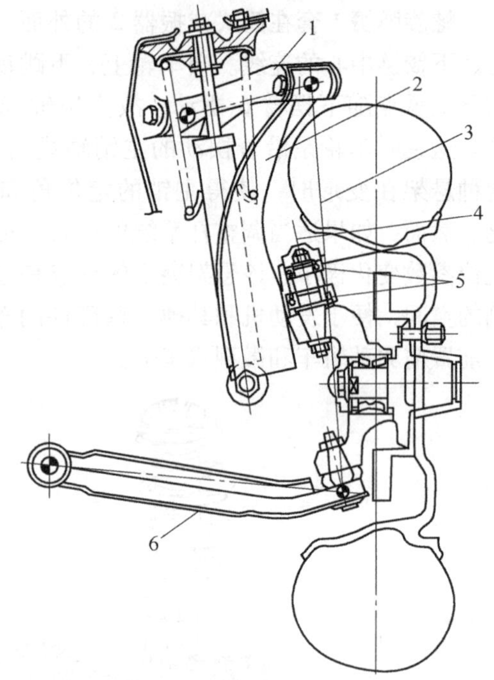

图4-28 多杆式独立悬架
1—上连杆 2—第三连杆 3—转向轴线
4—主销轴线 5—推力轴承 6—下连杆

知识点4.4 电子控制悬架系统

悬架中弹簧性元件的弹性和减振器的阻尼系统数直接影响到汽车行驶的平顺性（舒适性）和操纵稳定性。而汽车的平顺性和稳定性对悬架的要求是矛盾的。悬架弹性越大（越硬），操纵稳定性越好，但舒适性越差；若采用较软的悬架以改善舒适性，则又会引起在汽车起步、加减速、制动及转向时车身的俯仰、点头和侧倾等现象，影响汽车的操纵稳定性并造成乘员不适。汽车在不同的行驶状况（路面、负载、车速、起步、加减速、制动及转向等）对悬架的要求不同，传统的被动悬架是无法满足的。

电子控制悬架能够根据汽车的行驶状况主动地对悬架的刚度和阻尼系数进行调整，使悬架时到处于最佳的工作状况，这从根本上解决了汽车行驶平顺性与操纵稳定性之间的矛盾，提高了汽车的使用性能。

电控悬架又称主动悬架，根据悬架系统中是否包含动力源，可分为全主动悬架（有源主动悬架）和半主动悬架（无源主动悬架）。

根据悬架介质的不同，主动悬架又可分为空气式主动悬架、油气式主动悬架和液压式主动悬架三种。

1. 全主动悬架系统的组成

全主动悬架系统由电子控制装置和可调式悬架组成，电子控制装置又包括信号输入装置（传感器）、电子控制单元（ECU）和执行机构三部分。

（1）传感器　用于电子控制悬架系统的传感器见表4-1。

表4-1　用于电子控制悬架系统的传感器

传感器名称	传感器用途
车身加速度传感器	检测车身的振动，可间接反映汽车行驶的路面情况
车身位移传感器	检测车身相对于车桥的位移，可反映车身的平顺性和车身的高度
车速传感器	检测车轮的转速，反映车速和用于计算车身的侧倾程度
转向盘转角传感器	检测转向盘的转角，用于计算车身的侧倾程度
制动压力开关	检测制动管路的制动液压力，提供汽车制动信号
制动灯开关	检测制动灯电路通断，提供汽车制动信号
节气门位置传感器	检测节气门的开度，提供汽车加速信号
加速踏板位置传感器	检测加速踏板的动作，提供汽车加速信号
模式选择开关	手动“软”和“硬”两种模式

1）车身位移传感器　车身位移传感器又称为车身高度传感器，用于监测车身的高度和反映车身的振动。图4-29所示的是广泛使用的光电式车身位移传感器结构简图，其工作原理如图4-30所示。遮光盘上分布着缺口，其两面对称安装着4组发光二极管和光敏晶体管，组成了4对光耦合器，发光二极管的电源由控制器提供。当车身高度发生变化时，车身与车轮的相对运动使车身高度传感器的连接杆（曲柄）转动，通过转向器轴带动遮光盘转动。遮光盘的缺口对准耦合器时，发光二极管发出的光线通过缺口，使光敏晶体管受光，输出通（ON）的信号；遮光盘的缺口不对准耦合器时，光线被阻断，输出端（OFF）的信号。遮光盘上的这些缺口以适当的长度和位置分布，使传感器可输出16组信号，每一组信号都代表某一车身的位置。

控制器根据传感器输入的一组ON和OFF信号就得到了车身位移信息。根据车身高度变化的幅度和频率，可判断车身的振动情况；另外，根据一段时间（一般为10ms）内车身高度在某一区间的频度也可以判断车身的高度。

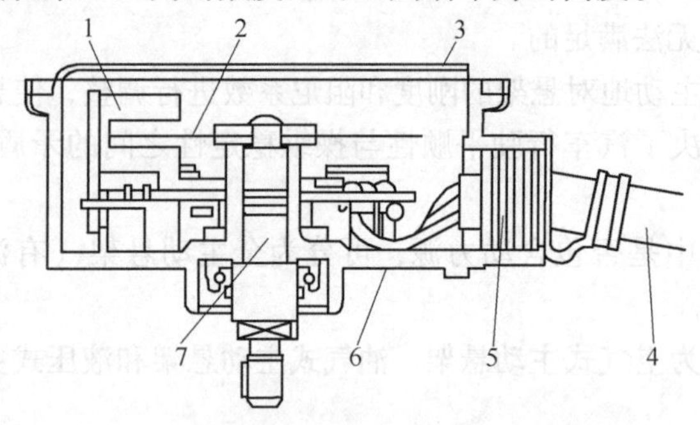

图4-29 光电式车身位移传感器的结构简图

1—光耦合器 2—遮光盘 3—位移盖 4—导线 5—金属油封环 6—传感器壳 7—转向器轴

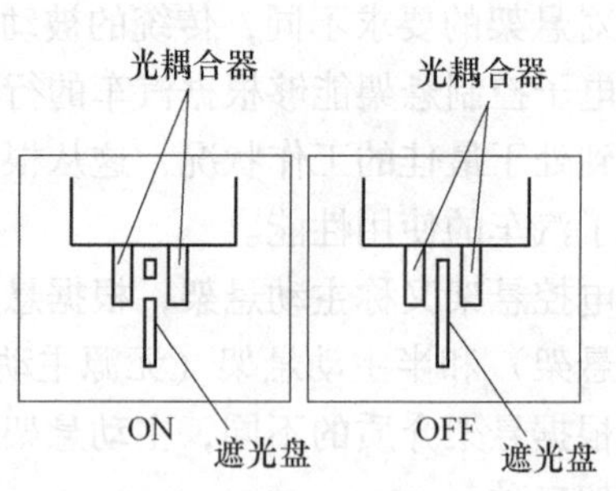

图4-30 光电式车身位移传感器的工作原理

2）光电式转向盘转角传感器 光电式转向盘转角传感器的结构与原理图如图4-31和图4-32。

光电式转向盘转角传感器的遮光转盘上均匀分布着缺口，两面分别有两个发光二极管和两个光敏晶体管，组成两对光耦合器。当遮光盘随转向轴转动时，光敏晶体管就会有受光和不受光的变化而产生脉冲信号，控制器根据光电或转向盘转角传感器输出的脉冲个数就可判断转向盘转过的角度。

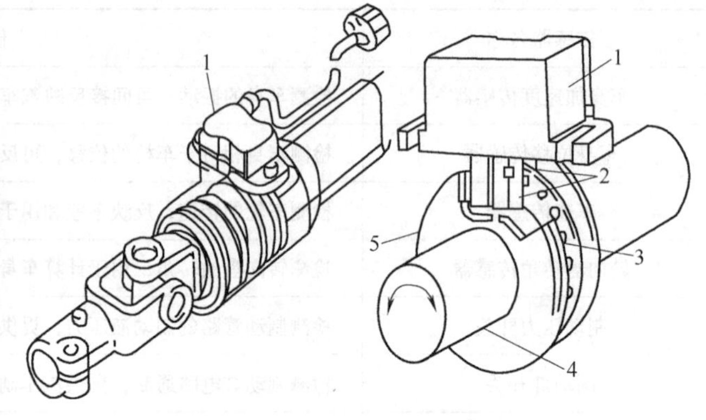

图4-31 光电式转向盘转角传感器的结构

1—转向盘转角传感器 2—光耦合器 3—遮光盘 4—转向器轴 5—传感器圆盘

设置两个光耦合器的目的是能够使控制器判别左、右转向。两个光耦合器从相位上错开90°，如图4-33所示。在直线行驶时，A组光耦合器位于遮光盘两个缺口的中间，信号A处于高电平（OFF）状态。转向时，控制器可根据A信号从高电平转为低电平（下降沿）时，B信号是高电平还是低电平来判断转向。如果A信号在下降沿时，B信号是高电平（OFF），则为右转向；如果A信号在下降沿时，B信号是低电平（ON），则为左转向。

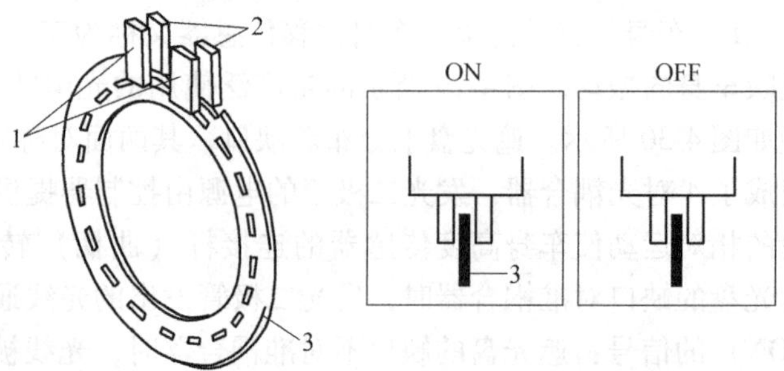

图4-32 光电式转向盘转角传感器的原理图

1—发光二极管 2—光敏晶体管 3—遮光盘

3）磁感应式转向盘转角传感器。磁感应式转向盘转角传感器的原理图如图4-34所示。

磁感应式转向盘转角传感器由

齿盘、永久磁铁、两个感应线圈及信号处理电路等组成。当齿盘随转向轴转动时，感应线圈就会产生交变的感应电势，经信号处理电路放大、整流及整形后输出。控制器根据传感器输入的信号脉冲个数就可确定转向盘的转角，设置两个感应线圈同样是为了满足控制器判断左右转向的需要。

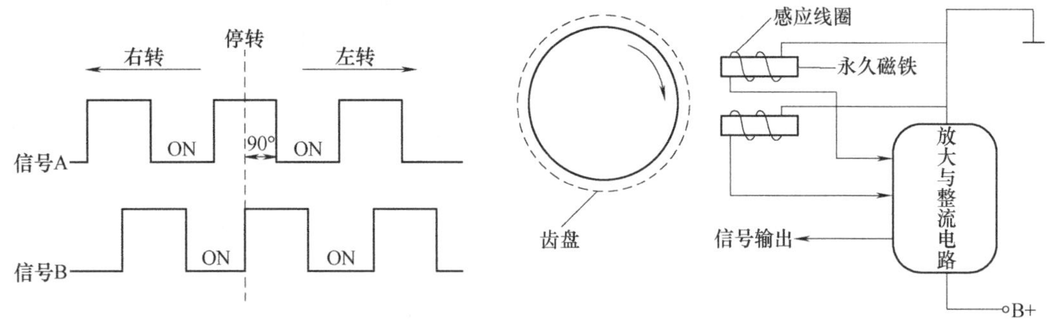

图4-33 转向的方向判断

图4-34 磁感应式转向盘转角传感器的原理图

（2）控制器及执行机构 控制器又称悬架微机，是由微处理器和传感器电源电路、执行器的驱动电路及监控电路等组成。电子控制悬架系统的控制器将传感器送入的电信号进行综合处理，输出对悬架的刚度、阻尼及车身高度进行调节的控制信号。

电子控制悬架系统的执行机构按照电子控制器的控制信号，准确地动作，及时地调节悬架的刚度和阻尼系数及车身的高度。通常所用的执行元件是电磁阀和步进电动机及气泵电动机等。

（3）可调式悬架 可调式悬架可在控制器输出指令的控制下，实现悬架刚度、阻尼及车身高度的调节。

可调式悬架有空气式悬架、油气式悬架和液压式主动悬架三种。目前，我国进口汽车中使用较多的为空气式悬架。图4-35 所示为空气式悬架。

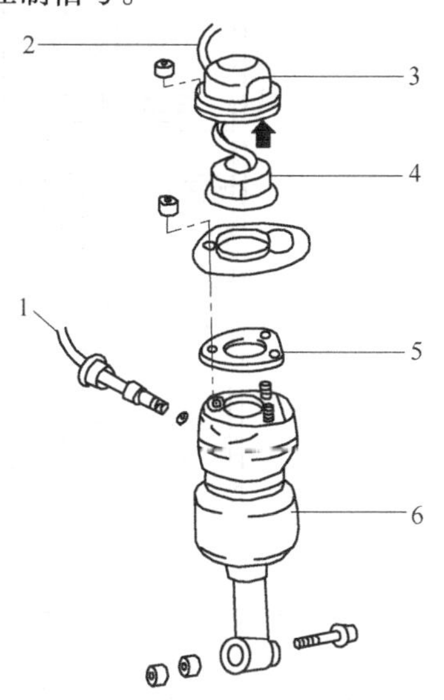

图4-35 空气式悬架

1—空气管 2—导线 3—执行器盖 4—执行器 5—悬架支座 6—气压缸

1）悬架刚度的调节 空气式悬架的钢度调节如图4-36所示，它分主、副两个气室。主、副气室之间有一个气阀，气阀可以有完全关闭、大开度和小开度等三种状态，开关气阀的控制杆由步进电动机驱动，可实现高、中、低三种状态的刚度调节。在气阀完全关闭时，悬架的缓冲由主气室单独承担，这时悬架的刚度较大（处于刚度高的状态）。当气阀在大开度时，主、副气室空气流通，增大了悬架承担缓冲的空气容积，悬架的刚度变软（处于刚度低的状态）。当气阀的开度较小时，两气室空气的流通较小，刚度处于中等状态。

2）悬架阻尼的调节 悬架阻尼的调节是通过改变阻尼孔的截面积来实现的，图4-37 所示即为悬架阻尼调节原理图。与阻尼调节杆1 连接的转阀4 上有三个阻尼孔2。驱动装置驱动阻尼调节杆转动，就可使转阀通过转动开、闭三个阻尼孔，实现阻尼高、中、低三种状态的调节。转阀在图4-37 所示的位置时，*A*、*B*、*C* 三个截面的阻尼孔均被关闭。这时，只有减振器下端的阻尼孔（D部）工作，因此，阻尼处于最大状态（阻尼在高状态）。

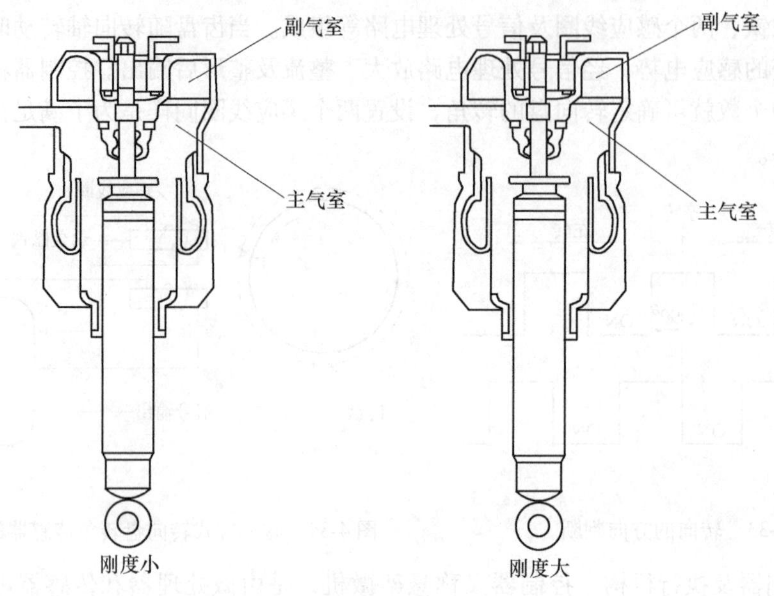

图 4-36 空气式悬架的刚度调节

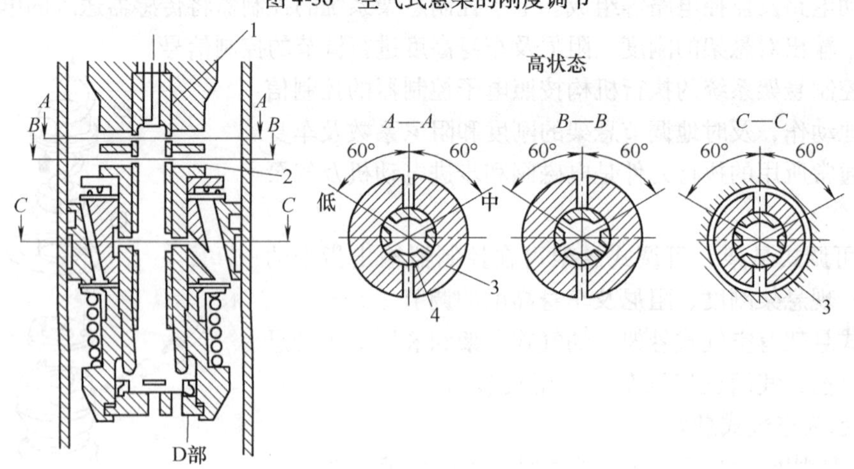

图 4-37 悬架阻尼调节原理图

1—阻尼调节杆 2—阻尼孔 3—活塞杆 4—转阀

当转阀从阻尼高状态位置顺时针转动 60°时，*B* 截面的阻尼孔打开，*A*、*C* 两截面的阻尼孔仍关闭。这时，增加了一个阻尼孔，阻尼减小，处于阻尼中的状态。

当转阀从阻尼高状态位置逆时针转动 60°时；*A*、*B*、*C* 三个截面的阻尼孔都被打开，这时，阻尼最小，处于阻尼低状态。

3）悬架刚度、阻尼调节的驱动装置。悬架刚度、阻尼调节的驱动装置多采用直流电动机（见图 4-38）或步进电动机。

电动机经过蜗轮蜗杆、行星齿轮传动后驱动调节杆，限位开关可在阻断电动机电路的同时对电动机进行电气制动，使电动机立即停止回转。

4）车身高度的调节。空气式悬架是通过对主空气室充气或放气实现对车身高度的调节的（见图 4-39）。车身高度调节装置由空气压缩机、直流电动机、高度控制电磁阀、排气电磁阀、调压阀和空气干燥器等组成（见图4-40）。

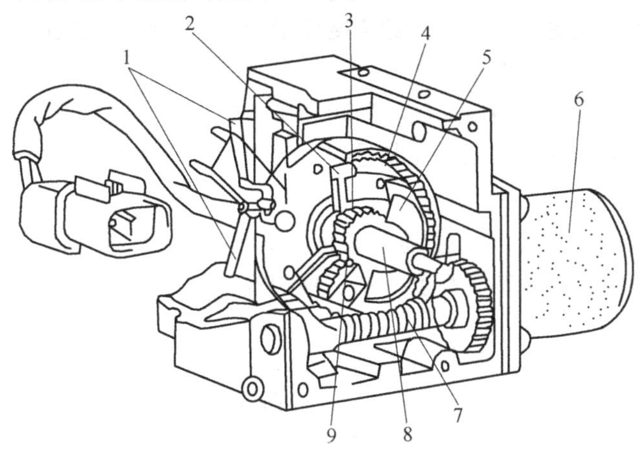

图4-38 悬架参数调节的驱动装置

1—限位开关 2—托架 3—齿圈 4—行星齿轮 5—蜗轮 6—直流电动机 7—蜗杆 8—齿轮轴 9—太阳轮

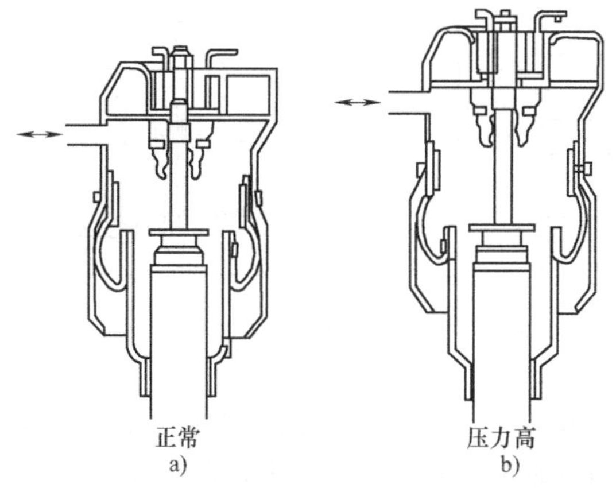

图4-39 悬架高度的调节

a）未充气时正常高度 b）充气后高度增加

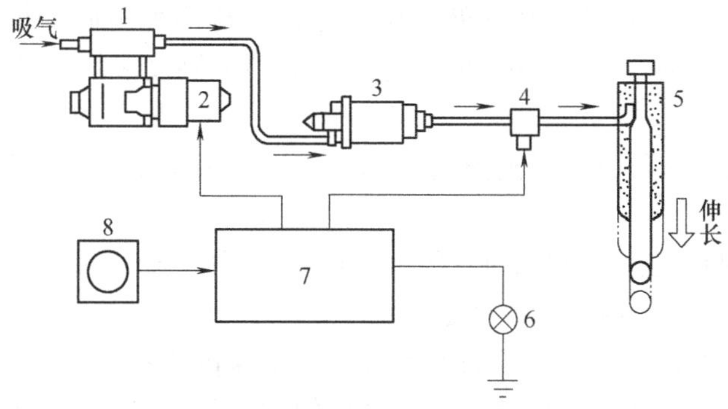

图4-40 车身高度调节装置

1—压缩机接调压器 2—电动机 3—空气干燥器及排气阀 4—高度控制电磁阀 5—空气式悬架 6—指示灯 7—控制器 8—车身高度传感器

当需要增高车身高度时，直流电动机带动压缩机工作，压缩空气通过空气干燥器后，由高度控制电磁阀进入悬架主空气室，车身高度使增加。达到规定高度时，高度控制电磁阀断电关闭，车身维持其一定的高度。

当需要降低车身高度时，高度控制电磁阀和排气阀同时通电打开，悬架主空气室空气排出，车身高度下降。调压器的作用是控制悬架主气室的气压。

2. 丰田轿车空气式主动悬架系统

图4-41所示为丰田汽车空气式主动悬架系统的组成原理示意图，该系统具有车速与路面感应控制、车身姿态控制和车身高度控制三项功能。

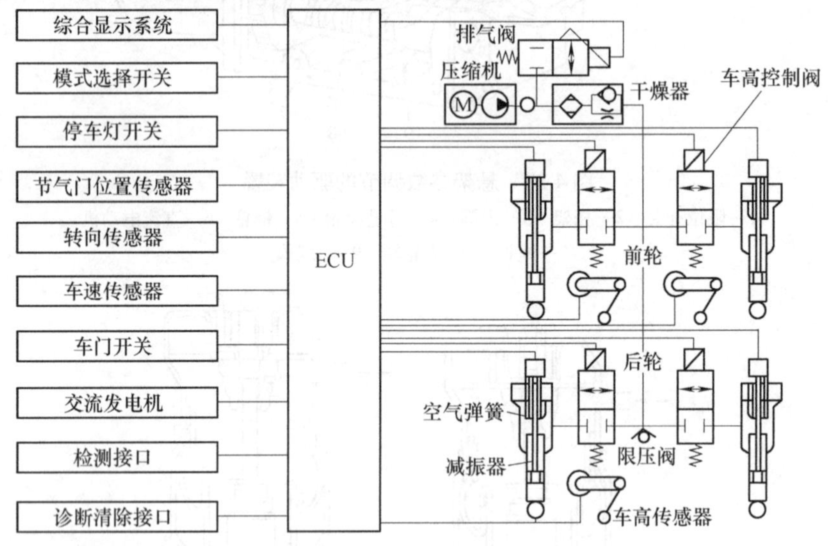

图4-41 丰田汽车空气式主动悬架系统的组成原理示意图

（1）车速与路面感应控制 车速与路面感应控制主要是根据车速与路面的变化来改变悬架的刚度和阻尼，可以有软和硬两种模式，由控制器控制或由驾驶人通过手动开关选择。该空气式主动悬架由驾驶人通过模式选择开关来选择。在这两种模式中，又按刚度和阻尼的大小分为低（软）、中（标准）、高（硬）三种状态。在软模式中，悬架常处在低状态，而在硬模式中，悬架则经常处于中状态。在这两种不同的模式下，悬架由控制器控制在三种状态，根据车速和路面的变化自动地调节刚度和阻尼系数，使车身的振动达到最佳控制。

车速路面感应控制又可分为高速感应控制、前后轮相关控制和不良路面控制三种控制功能。

1）高速感应控制。在车速很高时，控制器输出控制信号，使悬架的刚度和阻尼相应地增大，以提高汽车高速行驶时的操纵稳定性。

当汽车速度超过110km/h时，控制器就会根据车速传感器信号进行分析和计算后输出控制信号。如果驾驶人选择的是软模式，则悬架的刚度和阻尼就会自动从低状态转入中状态；如果驾驶人选择的是硬模式，则悬架在中状态保持不变。当车速降低后，悬架的刚度和阻尼又自动回到选定模式的经常保持状态。

2）前后轮相关控制。当汽车前轮在遇到路面接缝等单个的凸起时，控制器输出控制信号，相应地减小后轮悬架的刚度和阻尼，以减小车身所受的振动和冲击。

前、后轮相关控制还与车速有关，当汽车以30~80km/h的速度行驶遇到障碍时，安装在汽车前面的车身位移传感器的脉冲信号输入控制器，控制器经过分析和计算后输出控制信号。如果驾驶人选定的是软模式，则后轮悬架保持低的状态；如果是硬模式，则后轮悬架从中状态自动转入低的状态，当后轮越过障碍后悬架又自动回到选定模式的经常保持状态。

当汽车行驶的速度超过80km/h，在前轮遇到障碍时，后轮悬架如果转入低的状态，则会影响车辆的操纵稳定性。因此，无论这时在哪种模式下，悬架的刚度和阻尼都将处在中的状态。

3）不良路面感应控制。当汽车进入不良路面行驶时，为抑制车身产生大的振动，控制器输出控制信号，相应地增大悬架的刚度和阻尼。当汽车以40~100km/h的速度驶入不良路面时，车身位移传感器输出周期小于0.5s的车身高度变化信号，控制器经过分析和计算后输出控制信号，如果是在软模式下，悬架就自动从低状态转入中状态；如果是在硬模式下，则悬架保持中的状态不变。

当汽车在高于100km/h的速度驶入不良路面时，如果是在软模式下，则悬架会在低或中的状态下转入高的状态；如果是在硬的模式下，则悬架是从中转入高的状态。车速与路面感应控制逻辑关系统见表4-2。

表4-2 车速与路面感应控制逻辑关系

控制功能	汽车行驶工况	悬架的刚度与阻尼	
		软模式 低 中 高	硬模式 低 中 高
高速感应控制	车速≥100km/h	○→○	○
前后轮相关控制	30≤车速≤80km/h，车高在0.03s内急剧变化	○	○←○
不良路面感应控制	40≤车速≤100km/h，车高在0.05s内大幅度变化	○→○	○
	车速≥100km/h，车高在0.05s内多次大幅度变化	○→○ ○○→○	○→○

（2）车身姿态控制　车身姿态控制是指在汽车车速突然改变及转向等情况下，控制器对悬架的刚度和阻尼实施控制，以抑制车身的过度摆动，从而确保车辆的乘坐舒适性和操纵稳定性。车身姿态控制包括转向车身侧倾控制、制动车身点头控制和起步车身俯仰控制。

1）转向车身侧倾控制。在汽车急转弯时，应增大悬架的刚度和阻尼，以抑制车身的侧倾。当驾驶人急打转向盘时，转向传感器将转向盘的转角和转速电信号输入控制器，控制器经过计算和分析后向悬架输出控制信号。如果驾驶人选择的是软模式，悬架则自动从中或低状态转入高状态；如果是在硬模式下，则悬架从中转入高状态。

2）制动车身点头控制。在汽车紧急制动时，应增大悬架的刚度和阻尼，以抑制车身的点头。

当汽车在高于60km/h速度下紧急制动时，车速传感器的车速信号和制动开关的阶跃信号输入控制器，控制器经过计算和分析后输出控制信号，调整悬架的刚度和阻尼。如果这时处在软模式下，悬架就从低或中的状态自动转入高状态；如果是在硬模式下，则悬架从中转入高状态。

3）起步车身俯仰控制。汽车在突然起步或突然加速时，也应增加悬架的刚度和阻尼，以抑制车身的俯仰。

在车速低于20km/h的情况下，驾驶人猛踩加速踏板时，车速传感器的车速信号和节气门开度传感器的阶跃信号输入ECU，ECU经过计算和分析后输出控制信号，调整悬架的刚度和阻尼。如果这时处于软模式，则悬架自动从低或中转入高状态；如果是处于硬模式，则悬架从中状态转入高状态。车身姿态控制逻辑关系见表4-3。

表4-3 车身姿态控制逻辑关系

<table>
<tr><th rowspan="2">控制功能</th><th rowspan="2">汽车行驶工况</th><th colspan="2">悬架的刚度与阻尼</th></tr>
<tr><th>软模式
低 中 高</th><th>硬模式
低 中 高</th></tr>
<tr><td>控制侧面</td><td>急打转向盘</td><td>○→○
○○→○</td><td>○→○</td></tr>
<tr><td>控制点头</td><td>车速≥60km/h时制动</td><td>○→○
○○→○</td><td>○→○</td></tr>
<tr><td>控制俯仰</td><td>车速≤20km/h时急加速</td><td>○→○
○○→○</td><td>○→○</td></tr>
</table>

（3）车身高度控制 车身高度控制是在汽车行驶车速和路面变化时，控制器对悬架输出控制信号，调整车身的高度，以确保汽车的行驶稳定性和通过性。车身高度控制也分标准模式和高模式两种情况，在每种模式中又分低、中、高三种状态。控制方式包括高速感应控制和连续不良路面行驶控制。

1）高速感应控制。当车速超过90km/h时，为了提高汽车的行驶稳定性和减少空气阻力，控制器输出控制信号，使排气阀和高度控制阀通电工作，悬架气室向外排气，以降低车身的高度。如果悬架是在标准模式下，则车身高度将从中状态降低到低状态；如果是高模式，则车身高度从高状态转入中状态。当车速低于60km/h时，又恢复原有的高度。提高车身高度是通过控制器输出的控制信号，使空气压缩机和高度控制阀通电工作，将压缩空气送入悬架空气室实现的。

2）连续不良路面行驶控制。汽车在不良路面行驶时，应该提高车身，以减弱来自路面的突然抬起感，并提高汽车的通过性能。

当车身位移传感器连续2.5s以上输出大幅度的振动信号，且车速在40～90km/h时，如果悬架处于标准模式，则车身高度从中状态转为高状态；如果是高模式，则车身高度维持在高状态不变。

当汽车在连续不平路面行驶的速度在90km/h以上时，汽车的行驶稳定性优先考虑，因此，在标准模式下将维持中状态不变，在高模式下则从高转入中的状态。车身高度控制逻辑关系见表4-4。

表4-4 车身高度控制逻辑关系

控制功能	汽车行驶工况	悬架的刚度与阻尼	
		标准模式 低 中 高	高模式 低 中 高
高速感应控制	车速≥90km/h	○←○	○←○
连续不良路面控制	车速在40~90km/h，车身高度持续2.5s以上大幅度变化	○→○	○
	车速≥90km/h，车身高度持续2.5s以上大幅度变化	○	○←○

知识点4.5 半主动悬架

主动悬架大大改善了汽车的平顺性和操纵稳定性，但结构复杂、成本高；并且含有空气压缩机或液压泵等动力源，消耗汽车动力。半主动悬架结构简单、几乎不消耗能量，所以尽管控制项目较少、性能稍差，但也被许多汽车采用。

1. 半主动悬架系统控制原理

半主动悬架系统通常以车身振动加速度的方均根值作为控制目标参数，以悬架减振器的阻尼为控制对象。半主动悬架的控制模型（见图4-42）是在控制器中事先设定了一个目标控制参数σ，它是以实现汽车行驶平顺性最优控制为目的设计的。汽车行驶时，安装在车身上的加速度传感器产生的车身振动加速度信号经整形放大后输入控制器，控制器立刻计算出当前车身振动加速度的方均根值σ_i，并与设定的目标参数σ比较，根据比较结果输出控制信号。

1）如果是$\sigma=\sigma_i$，控制器不输出调整悬架阻尼的控制信号。

2）如果是$\sigma<\sigma_i$，控制器输出增大悬架阻尼的控制信号。

3）如果是$\sigma>\sigma_i$，控制器输出减小悬架阻尼的控制信号。

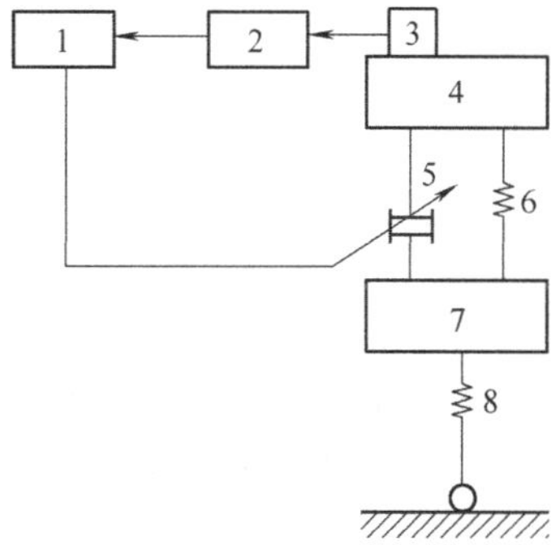

图4-42 半主动悬架控制模型图
1—控制器 2—整形放大电路 3—加速传感器 4—悬架簧载质量 5—阻尼可调减振器 6—悬架弹簧 7—非悬架簧载质量 8—轮胎的当量质量

2. 半主动悬架减振器

半主动悬架减振器分有级调整式和无级调整式两种。

有级调整式半主动悬架系统将悬架的阻尼（刚度）分为2~3级，根据载荷、工况进行选择。无级调整式半主动悬架可使悬架的阻尼从最小到最大无级连续调整。阻尼的改变一般是通过控制步进电动机驱动可调阻尼减振器中的有关部件，改变阻尼孔的大小实现的（见图4-43）。当步进电动机1带动驱动杆2转动时，就改变了驱动杆2与空心活塞4的相对角度，从而改变减振器阻尼孔截面积，使减振器的阻尼发生变化。

3. 电控油气悬架系统

电控油气悬架系统无动力源，属半主动悬架系统，系统提供两种弹簧刚度（运动、舒适）和两种悬架阻尼力（软、硬）有级调整，图 4-44 所示为雪铁龙轿车电控油气悬架系统的组成和布置图。

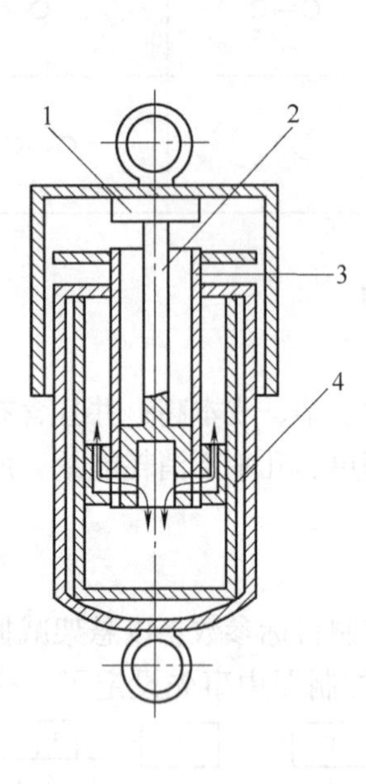

图 4-43 阻尼可调的减振器
1—步进电动机 2—驱动杆
3—活塞杆 4—空心活塞

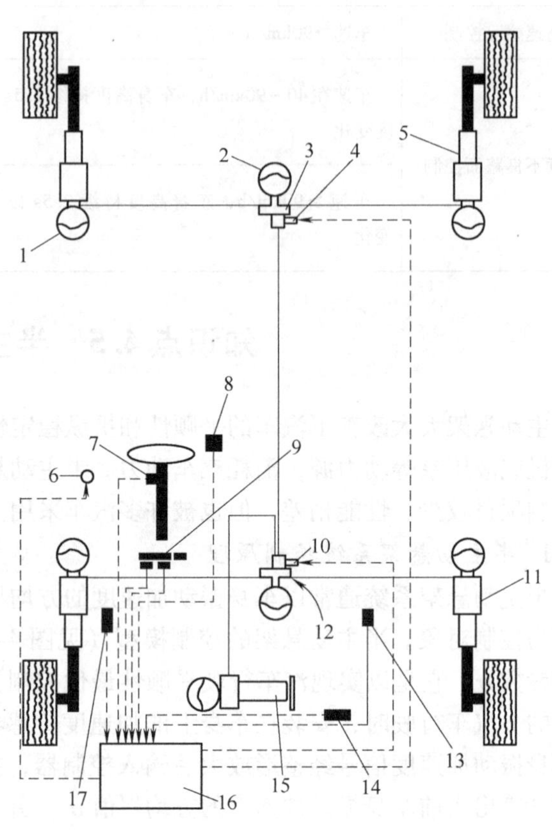

图 4-44 雪铁龙轿车电控油气悬架系统的组成和布置图
1—油气弹簧 2—中间弹簧 3—后悬架刚度调节器 4—后电磁阀 5—后悬架 6—指示灯 7—转向盘转角传感器 8—空气开关 9—制动和加速踏板传感器 10—前电磁阀 11—前悬架 12—前悬架刚度调节器 13—制动压力传感器 14—车速传感器 15—油泵 16—控制器 17—车身位移传感器

刚度和阻尼的调整是通过油气弹簧实现的。在前、后各轴上的两个氮气弹簧之间各引入第 3 个氮气弹簧——中间氮气弹簧（见图 4-45），汽车在正常行驶时，系统控制装置打开前、后轴的电磁阀，使中间氮气弹簧发生作用，这样，悬架可压缩气体的体积增加了 50%，降低了悬架刚度，同时由于各电磁阀还打开 1 个节流孔，使油液在各轴上的 3 个弹簧之间自由流动，降低了悬架的阻尼，改善了汽车行驶的舒适性。

而当要求硬悬架特性时，电控装置关闭前、后电磁阀，使中间氮气弹簧与系统隔开，各悬架之间的油液停止流动，使悬架刚度增加，阻尼增大，提高了汽车抗侧倾的能力。

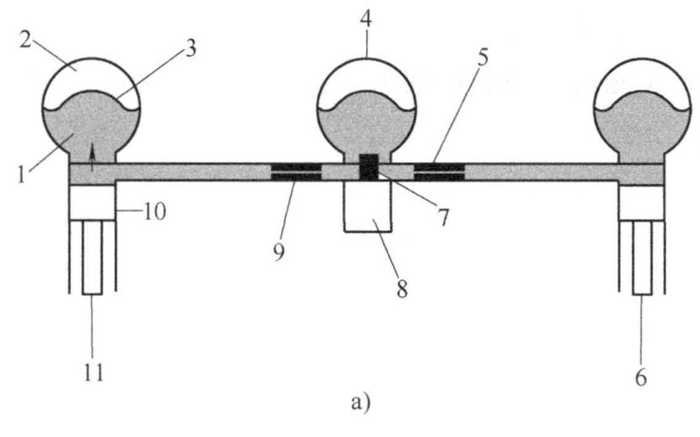

a)

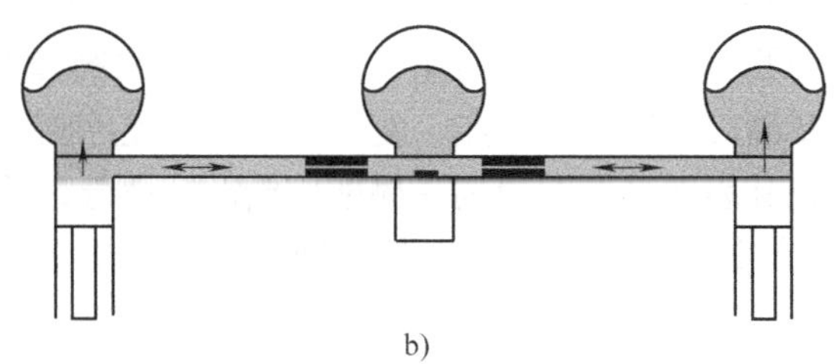

b)

图 4-45 油气弹簧半主动悬架工作原理

a）硬模式 b）软模式

1—油室 2—气室 3—膜片 4—中间弹簧 5、9—节流孔 6、11—路面冲击 7—柱子 8—电磁阀 10—液压缸

【项目实训】

实训 悬架构造观察与检查调整

一、实训目的与要求

1）熟悉悬架的组成、功用。

2）掌握悬架、减振器的形式、构造、工作及安装方法。

二、实训设备和器材

1）桑塔纳2000型汽车悬架总成和零部件。

2）解剖汽车、模型、挂图。

3）常用工具、量具，专用工具。

三、实训内容与步骤

1. 观察悬架的形式、布置、组成及结构特点，研究各元件的功用、安装和连接的要求；比较独立悬架和非独立悬架的结构特点。

2. 减振器的拆卸与装配。

（1）拆卸

1）把减振器连接环夹在台虎钳上。

2）旋下储油缸螺母（先把减振器拉到头，使防尘罩与油缸之间形成一定的间隙，以利于插入扳手）。

3）从导向座槽内撬出密封环，从油缸中拔出活塞和活塞导向座。

4）排净缸筒里的油液后，从储油缸中取出工作缸（一般不要把支承座总成从工作缸上拆下）。

5）拆卸减振器杆及活塞总成时，先把连接环夹在台虎钳上，然后旋下复原阀螺塞，将活塞卸下（注意几个瓣的位置，避免装配时弄错）。

（2）装配

1）装配减振器杆及活塞总成。在减振器杆上依次装上储油缸螺母、密封垫、储油缸盖、油封、油封垫圈、弹簧、密封环、导向座、限位座、进油阀弹簧、进液阀阀瓣、活塞、复原阀阀瓣、复原阀上垫圈、复原阀弹簧座、复原阀弹簧、复原阀下垫圈和复原阀螺塞。

注意：装油封时应把其表面具有圆角的一侧朝向储油缸螺母，并在表面上涂上润滑脂。

2）在工作缸一端压入支承座总成，检查各片到工作缸与支承接缝处的距离为120mm，然后把工作缸与支承座总成装入储油缸内。

3）减振器液由50%的22号透平油与50%的变速器油混合而成，加油切忌混入金属屑和棉纺，加液量为370mL，无量杯时，可把工作缸取出，直接加至距储油缸面125mm为止。

4）把减振器杆及活塞总成装入工作缸内，并使导向座套入工作台，装好密封环，以60N·m的力矩拧紧储油缸螺母，并应保证减振器杆能自由滑动，不允许有卡滞现象。

四、实验报告

试比较独立悬架和非独立悬架的结构特点。

【习题】

一、选择题

1. 减振器工作时阻尼是________。

A. 压缩时阻尼小，伸张时阻尼大　　B. 压缩时阻尼大，伸张时阻尼小

C. 压缩时和伸张时阻尼一样大　　D. 只要有阻尼即可

2. 东风EQ1090汽车悬架的弹性元件是________。

A. 螺旋弹簧　　B. 空气弹簧　　C. 油气弹簧　　D. 钢板弹簧

3. 钢板弹簧长片与短片曲率半径的关系是________。

A. 长片小，短片大　　B. 长片大，短片小

C. 长片与短片一样大　　D. 没有要求

4. 钢板弹簧每片之间应加________。

A. 锂基润滑脂　　B. 钙基润滑脂　　C. 石墨钙基润滑脂　　D. 润滑脂

5. 解放CA1092型汽车后主钢板弹簧的后端与车架的连接方式是________。

A. 吊耳式支架　　B. 滑板连接式　　C. 装配式　　D. 填塞橡皮式

6. 汽车用减振器广泛采用的是________。

A. 单向作用筒式　　B. 双向作用筒式　　C. 摆臂式　　D. 阻尼可调式

7. 东风 EQ1092 型汽车的前钢板弹簧采取了________方式。

A. 前端固铰、后端自由　　B. 前端自由、后端固铰

C. 前、后端均固铰　　D. 前后端均自由

8. 非独立悬架两侧车轮由一根整体式车桥相连，车轮和车桥一起通过弹性元件连接在________下面。

A. 车身　　B. 车架　　C. 传动轴　　D. 传动系统

9. 独立悬架的车桥做成断开式，每侧车轮均用________单独连接在车架下面。

A. 钢板弹簧　　B. 减振器　　C. 弹性元件　　D. 离合器

二、填空题

1. 汽车悬架一般由________、________和________三部分组成。

2. 汽车悬架分________和________。

3. 独立悬架按照车轮运动形式的不同可分为________、________和________。

三、简答题

1. 汽车悬架中的减振器和弹性元件为什么要并联安装？

2. 电子控制汽车悬架由哪些基本组成？这些零部件各有什么作用？

项目5　制动系统检修

【知识目标】

1）能正确描述汽车制动系统的结构、功用、组成以及简单液压制动系统的基本结构与原理。

2）能正确描述鼓式车轮制动器、盘式车轮制动器以及驻车制动器的典型结构与工作原理。

3）能正确描述液压传动制动装置及气压传动制动装置的组成及工作原理。

4）能正确描述辅助制动装置主要零部件的结构与工作原理。

【能力目标】

1）会进行液压制动及气压制动系统的正确拆装与检修。

2）能够进行制动系统常见故障诊断与维修。

【知识准备】

知识点5.1　概　　述

一、制动系统的功用

使行驶中的汽车减速甚至停车，使下坡行驶的汽车的速度稳定，以及使已停止的汽车保持不动，这些作用统称为汽车制动。对汽车起动到制动起作用的是作用在汽车上，其方向与汽车行驶方向相反的外力。作用在行驶汽车上的滚动阻力、上坡阻力、空气阻力都能对汽车起到制动作用，但这外力的大小都是随机的、不可控制的。因此，汽车上必须装设一系列的专门装置，以便驾驶人能根据道路和交通等情况，借以使外界（主要是路面）在汽车某些部位（主要是车轮）上施加一定的力，对汽车进行一定程度的强制制动。这种可控的对汽车进行制动的外力，称为制动力。这样的一系列专门装置称为制动系统。

二、制动系统的工作原理

一般制动系统的工作原理可用图5-1所示的一种简单的液压制动示意图来说明。一个以内圆面为工作表面的金属的制动鼓8固定在车轮轮辋上，随车轮一起转动。在固定不动的制动底板11上，有两个支承销12，支承着两个弧型制动蹄10的下端。制动蹄的外圆面上装有摩擦片9。制动底板上还装有液压制动轮缸6。主缸活塞3可由驾驶人通过制动踏板机构来操纵。制动系统不工作时，制动鼓的内圆面与制动摩擦片的外圆之间保持一定的间隙，使车轮和制动鼓可以自由旋转。要使行驶中的汽车减速，驾驶人应踩下制动踏板1，通过推杆2和主缸活塞3。使制动主缸4内的油液在一定的压力下流入制动轮缸6，并通过两个轮缸活塞7推动使两制动蹄10绕支承销12转动，上端向两边分开而以其摩擦片压紧在制动鼓8的内圆面上。这样，不旋转的制动蹄就对旋转的制动鼓作用一个摩擦力矩 M_{μ}，其方向与车轮旋转方向相反。制动鼓将该力矩 M_{μ} 传给车轮后，由于车轮与路面间有附着作用，车轮对路面作用一个向前的周缘力 F_{μ}，同时路面也对车轮作用一个向后的反作用力，即制动力 F_B。制动力 F_B 由车轮经车桥和悬架传给车架及车身，迫使整个汽车产生一定的减速度。制动力越大，则汽车减速度也越大。当松开制动踏板时，制动蹄回位弹簧13即将制动蹄10拉回原位，摩擦力矩 M_{μ} 和制动力 F_B 消失，制动作用即行终止。

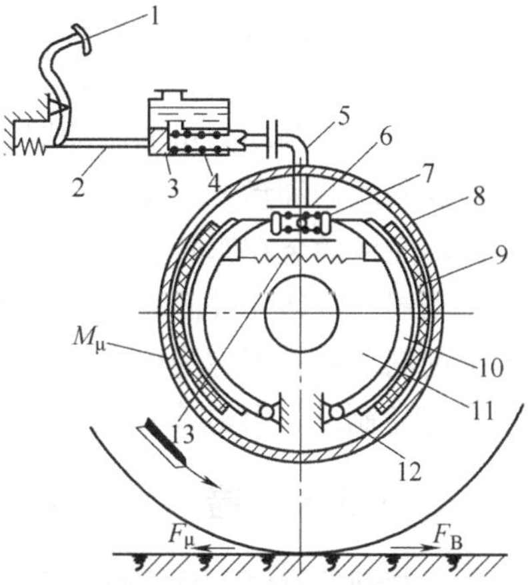

图5-1 制动系统工作原理示意图
1—制动踏板 2—推杆 3—主缸活塞 4—制动主缸 5—油管 6—制动轮缸 7—轮缸活塞 8—制动鼓 9—摩擦片 10—制动蹄 11—制动底板 12—支承销 13—制动蹄回位弹簧

三、制动系统的组成

任何制动系统都具有以下四个基本组成部分：

（1）供能装置　供能装置包括供给、调节制动所需能量以及改善传能介质的各种部件。其中，产生制动能量的部分称为制动能源。人的肌体也可作为制动能源，如图5-1所示。

（2）控制装置　控制装置包括产生制动动作和控制制动效果的各个部件。图5-1中的制动踏板机构即是最简单的一种控制装置。

（3）传动装置　传动装置包括将制动能量传输到制动系统的各个部件，如图5-1中的制动主缸4和制动轮缸6。

（4）制动器　制动器是产生阻碍车辆运动或运动趋势的力（制动力）的部件，其中也包括辅助制动系统中的缓速装置。

较为完善的制动系统还具有制动力调节装置以及报警装置、压力保护装置等附加装置。

四、制动系统的类型

1. 按照制动系统的功用分类

（1）行车制动系统　行车制动系统是使行驶中的汽车降低速度甚至停车的一套专用装置。它在行车过程经常使用。

（2）驻车制动系统　驻车制动系统是使已停驶的汽车驻留原地不动的一套装置。

（3）第二制动系统　第二制动系统是在行车制动系统失效的情况下，保证汽车仍能实现减速或停车的一套装置。在许多国家的制动法规中规定，第二制动系统也是汽车必须具备的装置。

（4）辅助制动系统　辅助制动系统是在汽车下长坡时用以稳定车速的一套装置。例如，经常行驶在山区的汽车，若单靠行车制动系统来达到下长坡时稳定车速的目的，则可能导致行车制动的制动器过热而降低制动性能，甚至完全失效。因此，山区用汽车还应具备此装置。

2. 按照制动系统的制动能源分类

（1）人力制动系统　人力制动系统是以驾驶人的肌体作为唯一制动能源的制动系统。

(2) 动力制动系统　动力制动系统是完全靠由发动机的动力转化而成的气压和液压形式的势能进行制动的制动系统。

(3) 伺服制动系统　伺服制动系统是兼用人力和发动机动力进行制动的制动系统。

知识点 5.2　制动器

制动器是制动系统中用以产生阻碍车辆运动或运动趋势的力的部件。一般制动器都是通过其中的固定元件对旋转元件施加制动力矩，使后者的旋转角速度降低，同时依靠车轮与路面的附着作用，产生路面对车轮的制动力以使汽车减速。凡利用固定元件与旋转元件工作表面的摩擦而产生制动力矩的制动器，都称为摩擦制动器。目前各类汽车所用的摩擦制动器可分为鼓式制动器和盘式制动器两大类。

旋转元件固装在车轮或半轴上，即制动力矩分别直接作用在两侧车轮上的制动器，称为车轮制动器。旋转元件固装在传动系统的传动轴上，其制动力矩须经过驱动桥再分配到两侧车轮上的制动器，则称为中央制动器。车轮制动器一般用于行车制动，也有的兼用于第二制动（或应急制动）和驻车制动；中央制动器一般只用于驻车制动和缓速制动。

一、鼓式制动器

鼓式制动器有内张型和外束型两种：前者以内圆柱面为工作表面，在汽车上应用广泛；后者的工作表面则是外圆柱面，目前只有在极少数汽车上用作驻车制动器。内张型鼓式制动器采用带摩擦片的制动蹄作为固定元件。位于制动鼓内部的制动蹄在承受主动力时，可绕另一端的支点向外旋转，压靠到制动鼓内圆面上，产生摩擦力矩（制动力矩）。凡对制动蹄端加力使制动蹄转动的装置，统称为制动蹄促动装置。

图 5-1 所示的制动器以液压制动轮缸作为制动蹄促动装置，故称为轮缸式制动器。此外，还有用凸轮促动装置的凸轮式制动器和用楔促动装置的楔式制动器等。

1. 轮缸式制动器

(1) 领从蹄式制动器　图 5-2 所示的北京 BJ2020N 型汽车的后轮制动器，即为领从蹄式制动器。作为旋转元件的制动鼓 18 固装在车轮轮毂的凸缘上。作为固定部分零件装配基体的制动底板 3，与车桥固定连接。用钢板材料焊接成 T 形截面的前、后两制动蹄 1 和 9 及其腹板下端的孔，分别同两支承销 11 上的偏心轴颈作动配合。制动蹄的外圆面上，用埋头铆钉铆接着一般用石棉纤维及其他物质混合压制而成的摩擦片 2。

属于液压传动装置的制动轮缸 19 直接作为制动蹄促动装置，也装在制动底板 3 上，因而在结构上它又成为制动器不可分割的组成部分。制动蹄腹板的上端松嵌入压合在轮缸活塞 5 上活塞顶块 6 的直槽中。两制动蹄由制动蹄回位弹簧 4 和 10 拉拢，并以焊在腹板上的锁销 8 紧靠着装在制动底板上的调整凸轮 7。制动蹄限位杆 15 借螺纹旋装在制动底板上。制动蹄限位弹簧 14 使制动蹄腹板紧靠着制动蹄限位杆 15 中部的台肩，借以防止制动蹄的轴向窜动。

制动时，两制动蹄在制动轮缸中液压的作用下，各自绕其支承销偏心轴颈的轴线向外旋转，紧压到制动鼓上。解除制动时，撤出液压，两制动蹄便在制动蹄回位弹簧 4 和 10 的作用下回位。设汽车前进时制动鼓旋转方向如图 5-2 中箭头所示（这称为制动鼓正向旋转）。沿箭头方向看去，前制动蹄 1 的支承点在其前端，制动轮缸所加的促动力作用于其后端，因而该制动蹄张开时的旋转方向与制动鼓的旋转方向相同。具有这种属性的制动蹄称为领蹄。与此相反，后制动蹄9的支承点在后端，促动力加于其前端，其张开时的旋转方向与制动鼓的旋转方向相反。具有这种属性的制动蹄称为从蹄。当汽车倒驶，即制动鼓反向旋转时，前制动蹄1变成从蹄，而后制动蹄9则变成领蹄。这种在制动鼓正向旋转和反向旋转时都有一个领蹄和一个从蹄的制动器，即称为领从蹄式制动器。

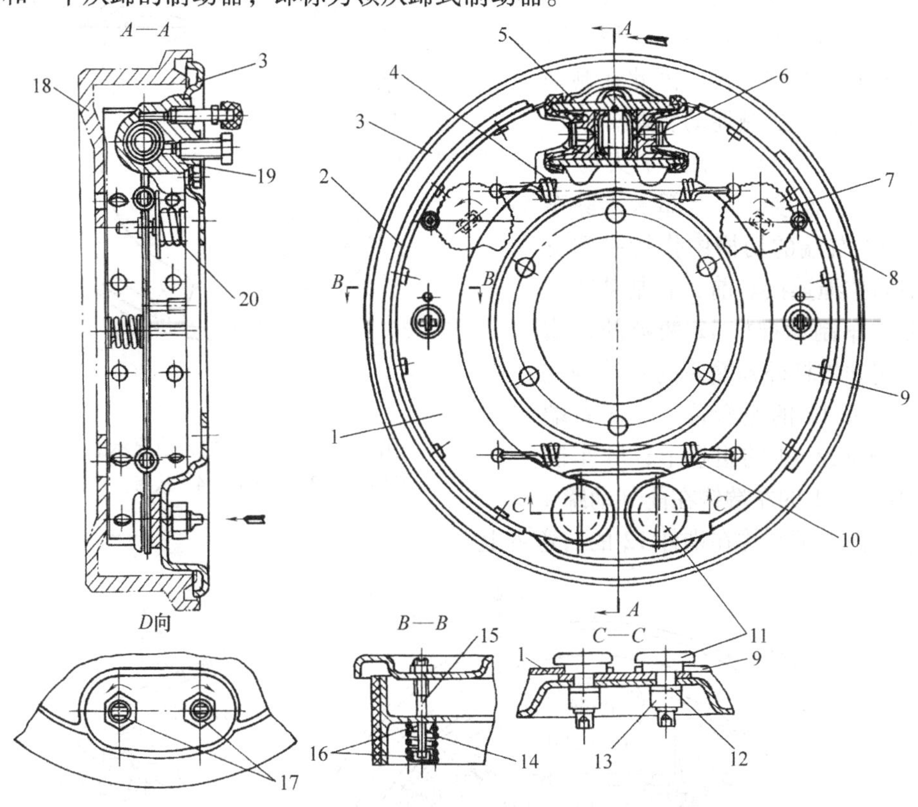

图5-2 北京BJ2020N型汽车的后轮制动器

1—前制动蹄 2—摩擦片 3—制动底板 4、10—制动蹄回位弹簧 5—轮缸活塞 6—活塞顶块 7—调整凸轮 8—调整凸轮锁销 9—后制动蹄 11—支承销 12—弹簧垫圈 13—螺母 14—制动蹄限位弹簧 15—制动蹄限位杆 16—弹簧盘 17—支承销内断面标记 18—制动鼓 19—制动轮缸 20—调整凸轮压紧弹簧

制动器的受力情况示意图如图5-3所示。制动时，领蹄1和从蹄4在相等的促动力F_S的作用下，分别绕各自的支承点2和3旋转并紧压在制动鼓5上。旋转的制动鼓即对两制动蹄分别作用着微元法向反力的等效合力（以下简称为法向合力）F_{N1}和F_{N2}，以及相应的微元切向反力（即微元摩擦力）的等效合力（以下简称切向合力）F_{T1}和F_{T2}。为解释方便起见，姑且假设这些力的作用点和方向如图5-3所示。两制动蹄上的这些力分别为各自的支承点2和3的支承点反力F_{S1}和F_{S2}所平衡。由图可见，领蹄上的切向合力F_{T1}所造成的绕支承点2的力矩与促动力F_S所造成的绕同一支承点的力矩是同向的。所以，力F_{T1}的作用结果是使领蹄1在制动鼓上压得更紧，即力F_{N1}变得更大，从而力F_{T1}也更大。这表明领蹄具有“增势”的作用。与此相反，切向合力F_{T2}则使从蹄4有放松制动鼓，即有使F_{N2}和F_{T2}本身减小的趋势，说明从蹄具有“减势”作用。

上海桑塔纳轿车的后轮制动器也是领从蹄式制动器，如图5-4所示。该制动器的结构特点在于制动蹄采用了浮式支承。制动蹄的上、下支承面均加工成弧面，下端支靠在固定于制动底板上的支承板1上。轮缸活塞通过两端带耳槽的支承块7对制动蹄的上端施加促动力。这种支承结构可使整个制动蹄沿支承平面有一定的浮动量，其优点是制动蹄可以自动定心，保证有可能与制动鼓全面接触。这种结构的另一特点是，该行车制动器可兼充驻车制动器，因此在制动器中还装设了驻车机械促动装置。

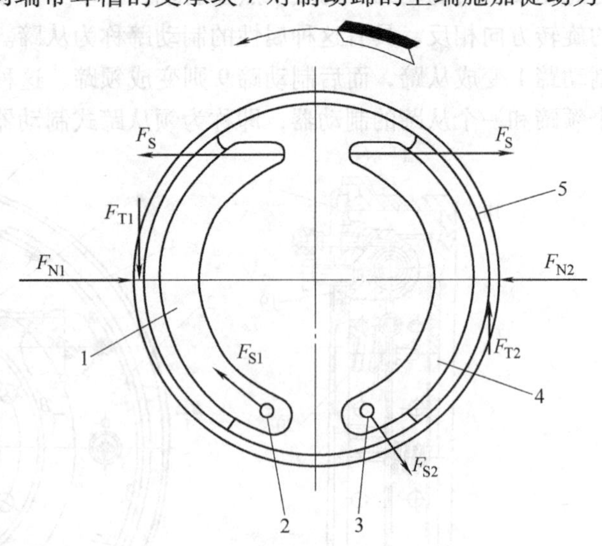

图5-3 制动器的受力情况示意图

1—领蹄 2、3—支承点 4—从蹄 5—制动鼓

驻车制动杠杆13上端用平头销10与后制动蹄14连接，其上部卡入驻车制动推杆12右端的切槽中作为中间支点，下端与拉绳连接。前、后制动蹄的腹板卡在驻车制动推杆12两端的切槽中。驻车制动推杆外弹簧8的左端钩在驻车制动推杆12的左弯舌上，而右端则钩在后制动蹄14的腹板上；驻车制动推杆内弹簧11的左端钩在前制动蹄4的腹板上，而右端则钩在推杆12的右弯舌上。

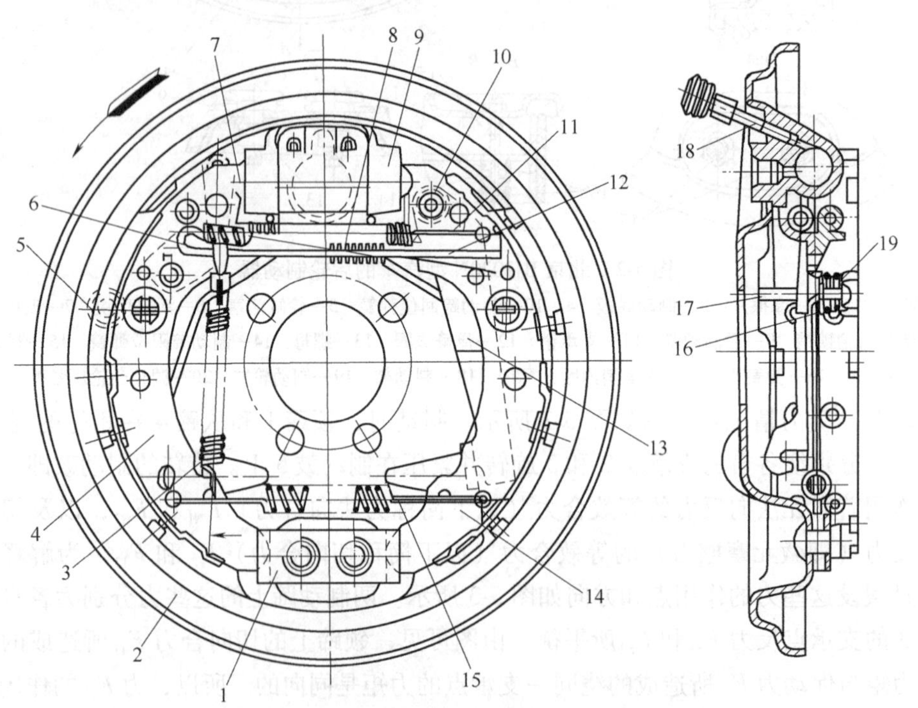

图5-4 上海桑塔纳轿车的后轮制动器

1—支承板 2—制动底板 3—制动间隙调整弹簧 4—前制动蹄 5—观察孔 6—楔形调节块 7—带耳槽的支承块 8—驻车制动推杆外弹簧 9—制动轮缸 10—平头销 11—驻车制动推杆内弹簧 12—驻车制动推杆 13—驻车制动杠杆 14—后制动蹄 15—制动蹄回位弹簧 16—限位弹簧 17—限位销钉 18—放气螺栓 19—限位弹簧座

进行驻车制动时，必须将驾驶室中的驻车制动杆拉到制动位置，经一系列杠杆和拉绳的传动，将驻车制动杠杆13的下端向前拉，使之绕上端支承点（平头销10）转动。驻车制动杠杆13在转动过程中，其中间支承点推动驻车制动推杆12左移，驻车制动杠杆13的中间支承点将成为其继续转动的新支承点。于是，驻车制动杠杆13的上端右移，使后制动蹄14压靠到制动鼓上，施以驻车制动。

解除制动时，应将驻车制动杆推回到不制动的位置，驻车制动杠杆13在回位弹簧（图中未标出）的作用下回位，同时制动蹄回位弹簧15将两制动蹄拉拢。驻车制动推杆内、外弹簧11和8除可将两制动蹄拉回原始位置外，还用以防止制动推杆在不工作时窜动，碰撞制动蹄而发出噪声。

这种用车轮制动器进行驻车制动的驻车制动系统，也可用于应急制动。

（2）双领蹄式和双向双领蹄式制动器　在制动鼓正向旋转时，两制动蹄均为领蹄的制动器称为双领蹄式制动器，如图5-5所示的双领蹄式制动器及其零件图。在前进制动时，两制动蹄均为领蹄，制动器的效能因而得到提高。但必须看到，在倒车制动时，两制动蹄将都变成从蹄。可以设想，在倒车制动时，如果能使上述制动器两制动蹄的支承点和促动力作用点互换位置，那么就可以得到与前进制动时相同的制动效能。

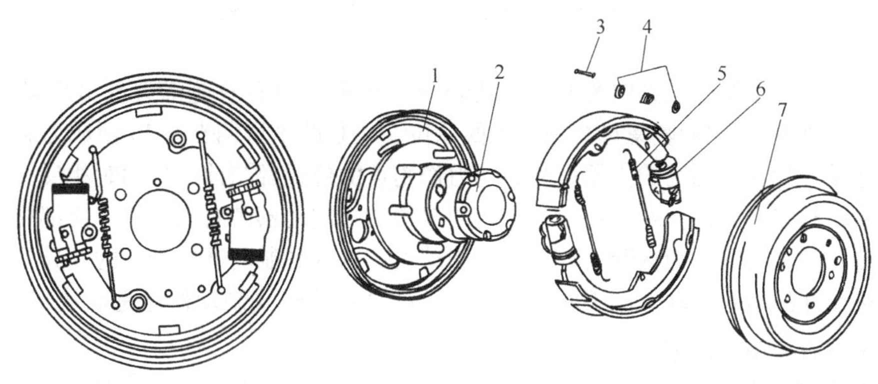

图5-5　双领蹄式制动器及其零件图

1—制动底板　2—轮毂　3—销　4—制动蹄限位弹簧和卡环

5—回位弹簧　6—制动轮缸　7—制动鼓

红旗CA7560型轿车的前、后轮制动器就是根据上述设想制成的一种双向双领蹄式制动器。其中前轮制动器的结构如图5-6所示。制动底板3上的所有固定元件，如制动蹄、制动轮缸、回位弹簧等，都是成对的，而且是既按轴对称，又按中心对称进行布置的。两制动蹄的两端都采用浮式支承，且支承点的轴向位置也是浮动的。

在前进制动时，所有的轮缸活塞8都在液压作用下向外移动，将两制动蹄6和11压靠在制动鼓1上。在制动鼓的摩擦力距作用下，两制动蹄都绕车轮中心O，朝图5-6中箭头所示的车轮旋转方向转动，将两轮缸活塞外端的支座7推回，直到顶靠着制动轮缸端面为止。此时，两制动轮缸的支座7方可称为制动蹄的支承点，制动器的工作情况便同图5-5所示的制动器一样。

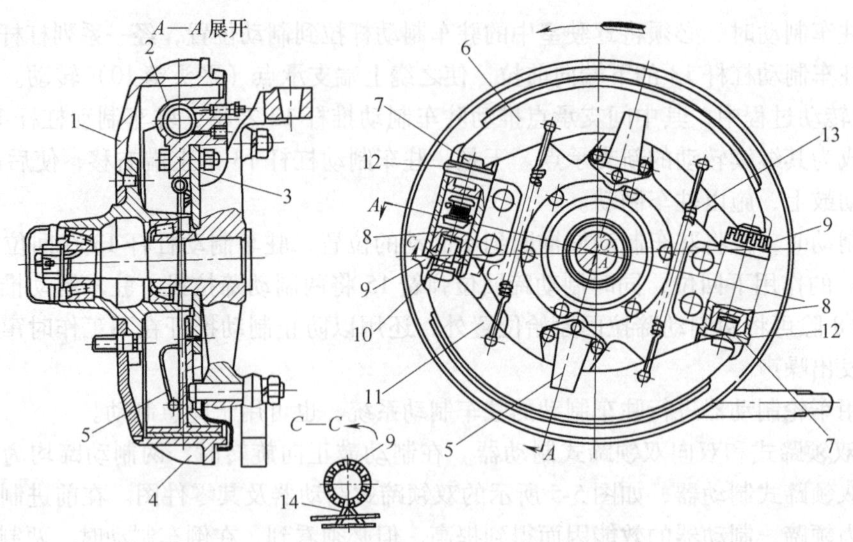

图 5-6 红旗 CA7560 型高级轿车前轮制动器的结构

1—制动鼓 2—制动轮缸 3—制动底板 4—制动鼓散热翅片 5—制动蹄限位片 6—制动蹄 7—支座 8—轮缸活塞 9—调整螺母 10—可调支座 11—下制动蹄 12—防护套 13—回味弹簧 14—锁片

倒车行驶时，摩擦力矩方向改变，使两制动蹄绕车轮中心 O 逆着箭头方向转过一个角度，将可调支座 10 连同调整螺母 9 一起推回原位，于是两个可调支座 10 便成为制动蹄的新支承点。这样，为各制动蹄的支承点和促动力作用点的位置都与前进制动时相反，其制动效能同前进制动时完全一样。左、右两侧车轮的双领蹄式制动器若对调安装，便都成为在制动鼓正向旋转时两制动蹄均为从蹄的双从蹄式制动器。这两种制动器原则上的差异只在于固定元件和旋转元件的相对运动方向不同，实际上无论是双领蹄式制动器还是双从蹄式制动器，都必须防止左右装错的措施。

(3) 单向和双向自增力式制动器

1) 单向自增力式制动器。单向自增力式制动器的结构及受力情况示意图如图 5-7 所示。第一制动蹄 1 和第二制动蹄 3 的下端分别浮支在浮动的顶杆 2 的两端。制动器只在上方有一个支承销 5。不制动时，两制动蹄上端均借各自的回位弹簧拉靠在支承销上。制动时正向旋转方向如图 5-7 中箭头所示。

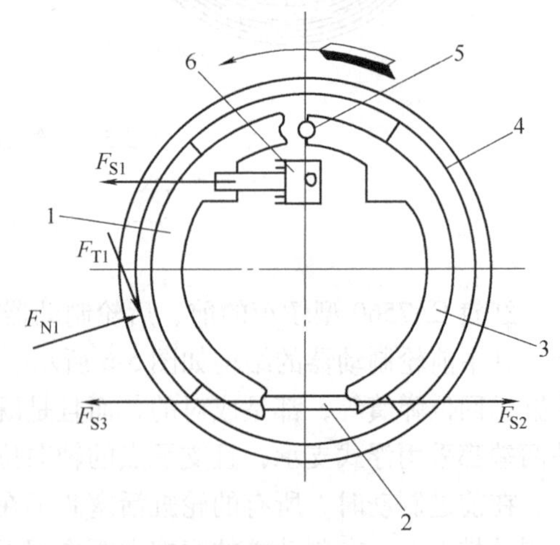

图 5-7 单向自增力式制动器的结构及受力情况示意图

1—第一制动蹄 2—顶杆 3—第二制动蹄 4—制动鼓 5—支承销 6—轮缸

汽车前进制动时，单活塞式轮缸 6 只将促动力 F_{S1} 加于第一制动蹄，使其上端离开支承销，整个制动蹄绕顶杆左端的支承点旋转，并压靠在制动鼓 4 上。显然，第一制动蹄是领蹄，并在促动力 F_{S1}、法向合力 F_{N1}、切向（摩擦）合力 F_{T1} 和沿顶杆轴线方向的支反力 F_{S3} 的作用下处于平衡状态。顶杆2由于是浮动的，自然成为第二制动蹄的促动装置，而将与力F_{S3}大小相等、方向相反的促动力F_{S2}施于第二制动蹄的下端，故第二制动蹄也是领蹄。正因为顶杆是完全浮动的，不受制动底板的约束，作用在第一制动蹄上的促动力和摩擦力的作用不像一般领蹄那样完全被制动鼓的法向反力和固定在制动底板上的支承件反力的作用所抵消，而是通过顶杆传到第二制动蹄上，形成第二制动蹄促动力F_{S2}。所以，$F_{S2}>F_{S1}$。此外，力F_{S2}对第二制动蹄支承点的力臂也大于F_{S1}对第一制动蹄支承点的力臂。因此，第二制动蹄的制动力矩必然大于第一制动蹄的制动力矩。由此可见，在制动鼓尺寸和摩擦因数相同的条件下，这种制动器的前进制动效能不仅高于领从蹄式制动器，而且也高于两制动蹄中心对称的双领蹄式制动器；然而在倒车制动时，整个制动器的制动效能甚至比双从蹄式制动器的制动效能还低。

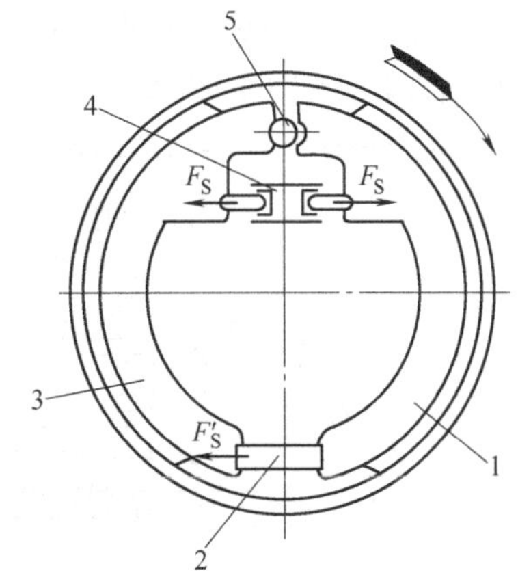

图5-8 双向自增力式制动器的结构及受力情况示意图
1—前制动蹄 2—顶杆 3—后制动蹄 4—制动轮缸 5—支承销

2）双向自增力式制动器。双向自增力式制动器的结构及受力情况示意图如图5-8所示。该制动器的特点是制动鼓正向和反向旋转时均能借制动蹄与制动鼓摩擦起到自增力作用。它的结构不同于单向自增力式制动器之处，主要是采用双活塞式制动轮缸4，可向双蹄同时施加相同的促动力F_S，制动鼓正向（如图5-8中箭头所示）旋转时，前制动蹄1为第一制动蹄，后制动蹄3为第二制动蹄；制动鼓反向旋转时，则情况相反。由图5-7可见，在制动时，第一制动蹄只受一个促动力F_S，而第二制动蹄则有两个促动力F_S、F'_S，且$F'_S>F_S$。考虑到汽车前进制动的机会远多于倒车制动，且前进制动时制动器工作载荷远大于倒车制动，故后制动蹄3的摩擦片面积做得较大。

2. 缸式制动器间隙的调整

制动蹄在不工作的原始位置时，其摩擦片与制动鼓之间应保持合适的间隙，其设定值由汽车制造厂规定，一般在0.25～0.5mm之间。任何制动器摩擦副中的这一间隙（以下简称制动器间隙）如果过小，就不以保证彻底解除制动，造成摩擦副的拖磨；过大则又将使制动踏板行程太长，以致驾驶人操作不便，同时也会推迟制动器开始起作用的时刻。但是在制动器工作过程中，摩擦片的不断磨损必将导致制动器间隙逐渐增大。此情况严重时，即使将制动踏板踩到极限位置，也产生不了足够的制动力矩。因此，要求任何形式的制动器在结构上必须保证有检查并调整其间隙的可能。

制动器间隙的调整有手动调整和自动调整两种方法。

（1）手动调整装置　一般在制动鼓腹板上有一个检查孔，以便用塞尺检查摩擦片与制动鼓之间的间隙（制动器间隙）是否符合规定值，否则要用下列方法进行调整。

1）转动调整凸轮和带偏心轴颈的支承销。例如，在北京BJ2020N型汽车制动器中，若发现制动器间隙已增大到使制动器效能明显降低时，可按图5-2中箭头所示方向转动调整凸轮7，进行局部调整。这样沿摩擦片轴向各处的间隙即减小。当制动鼓磨损到一定程度时，需要重新加工修正其内圆面。在进行修理作业后重新装配制动器时，为保证制动蹄与制动鼓的正确接触状态和间隙值，应当全面调整制动器间隙。全面调整除靠转动调整凸轮外，还要转动制动鼓下面的支承销。从图5-2中$C—C$剖面可以看出，其支承制动蹄的支承销11的轴颈是偏心的。支承销的尾端伸出制动底板外，并铣切出矩形截面，以便用扳手夹持使之转动。将支承销按 *D* 向视图箭头方向转动，各处（特别是制动蹄下端处）的间隙即减小。

2）转动调整螺母。有些制动器制动轮缸两端的端盖制成调整螺母，如图 5-9 所示。用一字螺钉旋具拨动调整螺母的齿槽，使螺母转动，带动螺杆的可调支座向内或向外左轴向移动，可使旋转制动蹄上端靠近或远离制动鼓，则制动间隙便减小或增大。间隙调整好后，用锁片插入调整螺母的齿槽中（参看图 5-6 中的 *C—C* 剖面），使螺母的角位置固定。红旗 CA7560 型轿车制动器间隙的调整是用图 5-6 中的螺母 9 进行调整的。

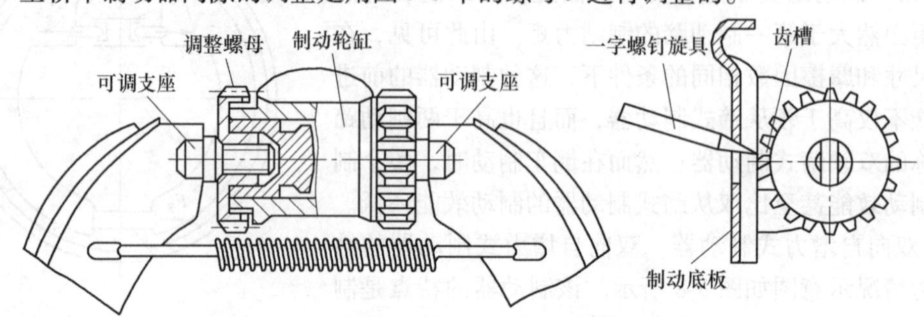

图 5-9 用调整螺母调整制动器间隙的示意图

3）调整可调顶杆长度。在自增力制动器中，两制动蹄下端支承在可调顶杆上，用改变顶杆长度来调整制动器间隙如图 5-10 所示。可调顶杆由顶杆体 3、调整螺钉 1 和顶杆套 2 组成。顶杆套一端具有带齿的凸缘，套内制有螺纹，调整螺钉借螺纹旋入顶杆套内；顶杆套与顶杆体作动配合。当拨动顶杆套带齿的凸缘时，可使调整螺母沿轴向移动改变可调顶杆的总长度，从而调整了制动器间隙。

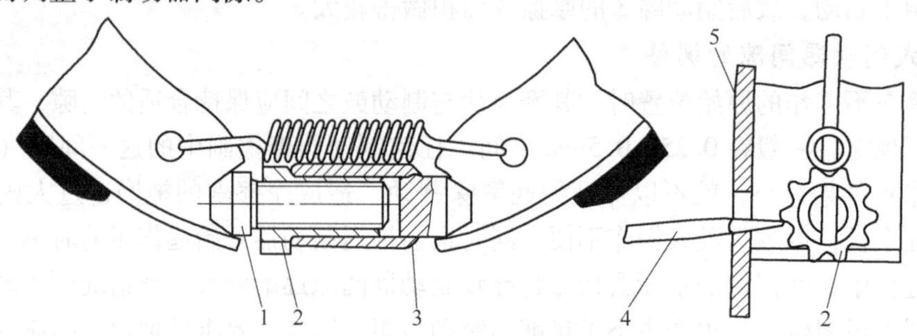

图 5-10 用改变顶杆长度来调整制动器间隙的示意图

1—调整螺钉 2—顶杆套 3—顶杆体 4—一字螺钉旋具 5—制动底板

（2）自动调整装置 制动器间隙调整是汽车保养和修理作业中必不可少的重要作业项目。为了减少保养工作量，制动器间隙的自动调整装置逐渐成为主流，下面以现在广为使用的楔块式自动调整装置为例进行说明。

上海桑塔纳、奥迪 100 型轿车以及红旗 CA7220 型轿车后轮制动器间隙，均采用楔块式间隙自调装置。如图 5-4 所示，间隙自调装置的楔形调节块 6 夹在前制动蹄 4 和驻车制动推杆 12 之间形成的切槽中。在正常的制动间隙（0.2～0.3mm）下制动时，外弹簧 8 被拉伸，两制动蹄靠在制动鼓上，施以制动。此时，由于内弹簧 11 的刚度大于外弹簧 8 的刚度，故不被拉伸，内弹簧11连同驻车制动推杆12与前制动蹄4一起左移靠到制动鼓上。当制动蹄磨损、制动器间隙过大并制动时，外弹簧8首先被拉伸到一定程度，内弹簧11也被拉伸，使驻车制动推杆与前制动蹄间形成的间隙宽度增大，则切槽与楔形调节块之间的间隙也就增大了，于是楔形调节块在弹簧3的拉力作用下向下移动，从而填补了上述间隙增量，使制动蹄与制动鼓又恢复到正常的制动器间隙量。这种制动器间隙自调装置也属于一次调准式。

3. 凸轮式制动器

目前，所有国产汽车和部分国外汽车的气压制动系统中，都在用凸轮促动的车轮制动器，而且大都设计成领从蹄式。凸轮促动的双向自增力式制动器只宜用作中央制动器。

东风EQ1090E型汽车的凸轮式前轮制动器如图5-11所示。制动蹄2是可锻铸铁的，不制动时由回位弹簧3拉靠在制动凸轮轴4的凸轮上。制动凸轮轴4通过制动凸轮轴支座10固定在制动底板7上，其上花键轴插入制动调整臂5的花键孔中。

制动时，制动调整臂5在制动气室6的推动下，带动制动凸轮轴4转动，推使两制动蹄压靠在制动鼓8上。由于凸轮轮毂的中心对称性，以及两制动蹄结构和安装的对称性，凸轮转动所引起的两制动蹄上相应点的位移必然相等。

4. 楔式制动器

楔式制动器中两蹄的布置可以是领从式，也可以是双向双领蹄式。作为制动蹄促动件的制动楔本身的促动装置可以是机械式、液压式或气压式。

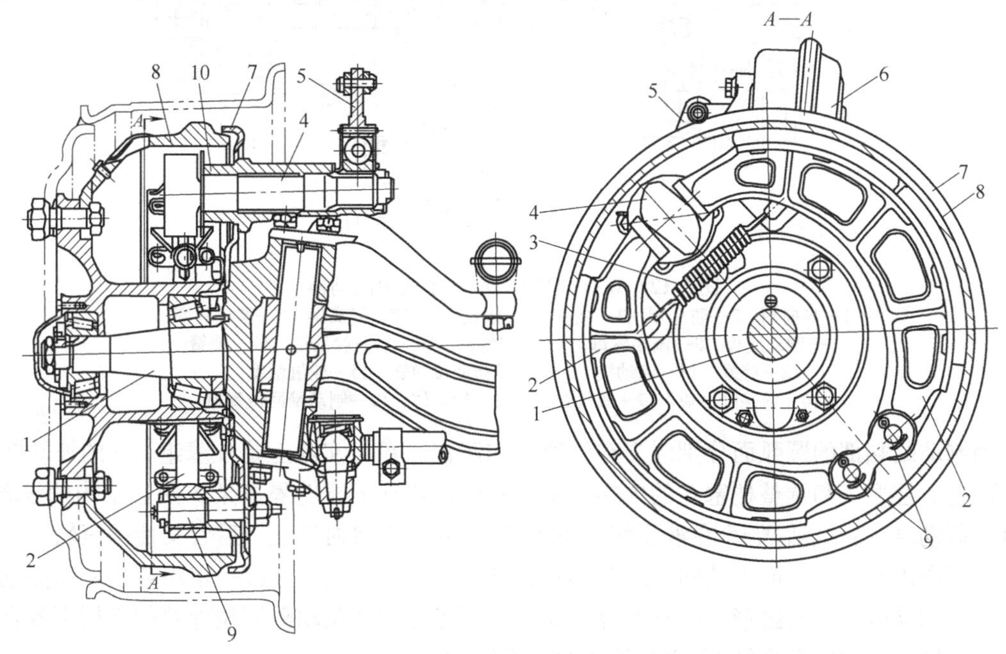

图5-11 东风EQ1090E型汽车的凸轮式前轮制动器示意图

1—转向节轴颈 2—制动蹄 3—回位弹簧 4—制动凸轮轴 5—制动调整臂

6—制动气室 7—制动底板 8—制动鼓 9—支承销 10—制动凸轮轴支座

图5-12所示为用于美国WABCO（威斯汀豪斯气压制动器公司）120C型重型自卸车的前轮双向双领蹄楔式制动器（图中*A*—*A*和*B*—*B*剖视图是经过放大的）。从*B*—*B*剖视图可以看出楔式促动装置和间隙自调装置的结构。

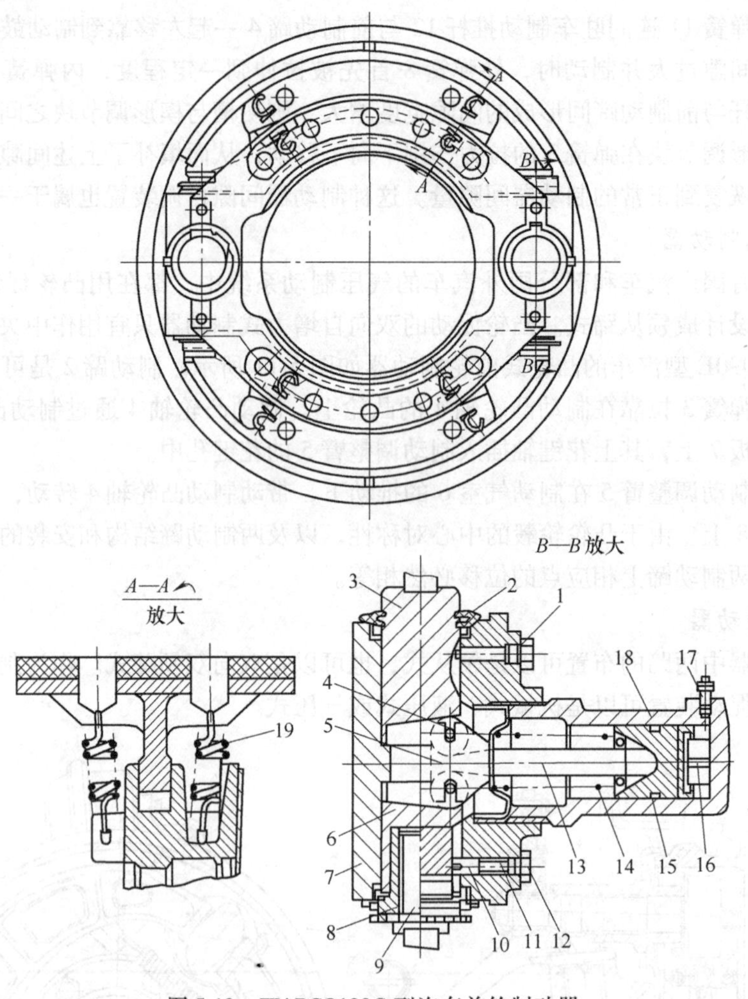

图 5-12 WABCO120C 型汽车前轮制动器

1—导向销 2—防尘罩 3—柱塞 4—滚轮 5—滚轮隔离架 6—调整柱塞 7—制动底板 8—调整螺母 9—调整螺钉 10—导向棘爪销 11—弹簧 12—螺塞 13—制动楔 14—制动楔回位弹簧 15—轮缸活塞 16—活塞限位块 17—放气螺钉 18—轮缸体 19—制动蹄回位弹簧

两制动蹄端部的圆弧面分别浮支在柱塞 3 和调整柱塞（实际上是柱塞组）6 的外端圆直槽底面上。柱塞 3 和调整柱塞 6 的内端面都是斜面，与支于滚轮隔离架 5 两边槽内的滚轮 4 接触。制动时，轮缸活塞 15 在液压作用下推使制动楔 13 向内移动。后者又使两滚轮一面沿柱塞斜面向内滚动，一面推使两柱塞 3 和 6 在制动底板 7 的孔中外移一定距离，从而使制动蹄压靠在制动鼓上。轮缸液压一旦撤除，这一系列零件则在制动蹄回位弹簧的作用下各自回位，导向销 1 和导向棘爪销 10 用以防止两柱塞转动。

二、盘式制动器

盘式制动器摩擦副中的旋转元件是以端面工作的金属圆盘，此圆盘称为制动盘。其固定元件则有着多种结构形式，大体上可分为两类。一类是工作面积不大的摩擦块与其金属背板组成的制动块，每个制动器中有 2 ~ 4 个。这些制动块及其促动装置都装在横跨制动盘两侧的两侧夹钳形支架上，总称为制动钳。这种由制动盘和制动钳组成的制动器，称为钳盘式制动器。另一类是固定元件的金属背板和摩擦片也呈圆盘形。使用这种固定元件，因其制动盘的全部工作面可同时与摩擦片接触，故该制动器称为全盘式制动器。

钳盘式制动器过去只用作中央制动器，但目前则越来越多地被各级轿车和货车用作车轮制动器。全盘式制动器只有少数汽车（主要是重型汽车）用作车轮制动器，个别情况下可作为缓速器。

1. 钳盘式制动器

钳盘式制动器又可分为定钳盘式制动器和浮钳盘式制动器两类。

（1）定钳盘式制动器　定钳盘式制动器的制动钳固定并安装在车桥上，既不能旋转，也不能沿制动盘轴线方向移动，因而必须在制动盘两侧都装设制动块促动装置（如相当于制动轮缸的液压缸），以便分别将两侧的制动块压向制动盘。

图 5-13 所示为定钳盘式制动器在丰田皇冠轿车前桥上的安装情况。制动盘 3 用五个螺钉 2 固定在前轮毂 1 上；制动钳 8 则用两个螺钉 9 固定在前桥转向节 5 上（见 *A—A* 剖面图）。在转向节凸缘上还借四个螺栓 10 固定这用钢板冲压制成的制动器护罩 4。护罩又焊有加强盘 7 及制动油管支架 6。调整垫片 11 用以调整制动钳的支承部分与制动盘的距离 *L*，使其不小于一定值。

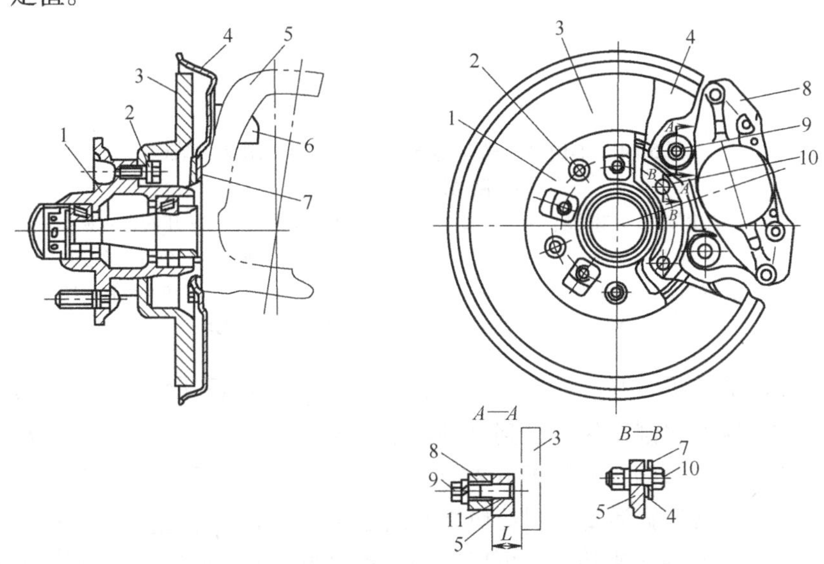

图 5-13　定钳盘式制动器在丰田皇冠轿车上的安装情况

1—前轮毂　2、9—螺钉　3—制动盘　4—制动器护罩　5—转向节
6—油管支架　7—护罩加强盘　8—制动钳　10—螺栓　11—调整垫片

丰田皇冠轿车盘式制动器的制动钳结构如图 5-14 所示。制动钳体由内侧钳体 1 和外侧钳体 2 借螺钉 19 连接而成。制动盘 21 伸入制动钳的两个制动块 3 之间。制动块由以石棉作为基础材料加热模压制成的制动摩擦块 23 和制动块背板 22 铆合并粘接而成，通过制动块导向槽 15 悬装在钳体上，并可沿导向槽移动。内、外两侧钳体 1 和 2 实际上各为一个液压缸缸体，其中各有一个活塞 4。液压缸缸壁上有梯形截面的环槽，其中嵌入矩形截面的活塞密封圈 8。将制动钳安装到汽车上时，需将进油口防污螺塞 18 取下，再将油管接头悬入进油口，并使之压紧在进油口垫塞 17 上。内、外侧钳体的前部有油道将两侧液压缸接通，内侧

液压缸的油道中装有放气阀13。

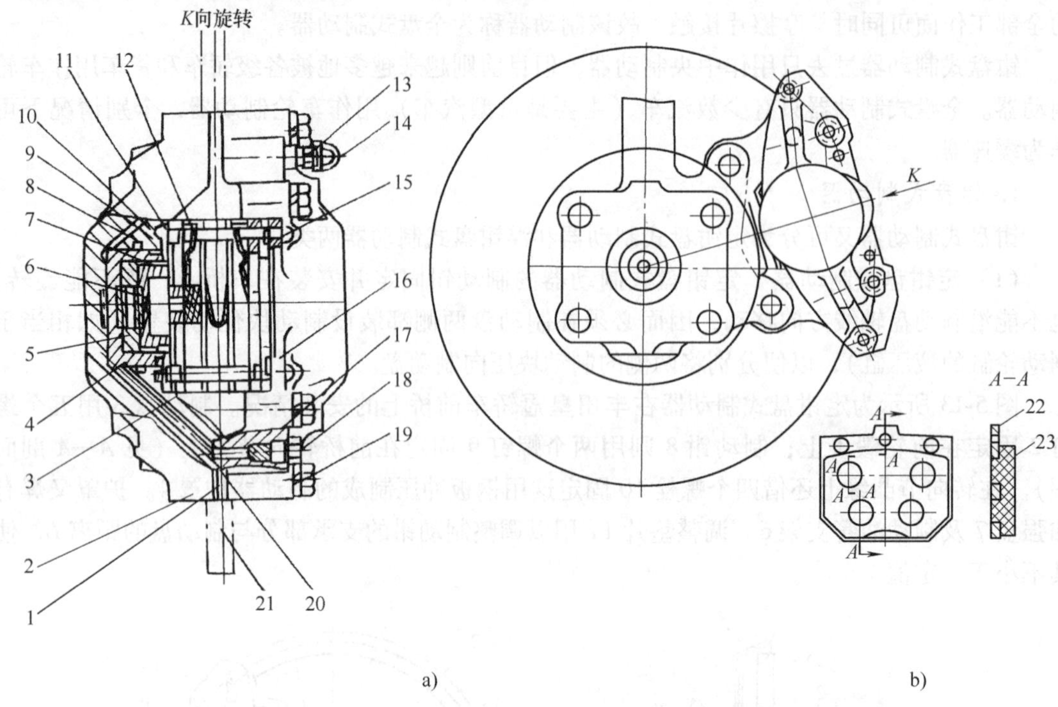

图 5-14 丰田皇冠轿车盘式前轮制动器的制动钳结构

a）制动钳 b）制动块

1—内侧钳体 2—外侧钳体 3—制动块 4—活塞 5—活塞垫圈 6—压圈 7—压圈密封圈 8—活塞密封圈 9—橡胶防护罩 10—防护罩锁圈 11—消声片 12—弹簧 13—放气阀 14—放气阀保护罩 15—制动块导向槽 16—R形销 17—进油口垫塞 18—防污螺塞（装油管时取下） 19—螺钉 20—橡胶垫圈 21—制动盘 22—制动块背板 23—制动摩擦块

制动时，制动液被压入内、外两侧液压缸中。两活塞4在液压作用下移向制动盘，并通过活塞垫圈5和压圈6将制动块压靠到制动盘上。解除制动时，活塞连同活塞垫圈5和压圈6在活塞密封圈8的弹力作用下退回。液压缸活塞与制动块之间通过消声片11、压圈6和活塞垫圈5来传力，可以减轻制动时发出的噪声。

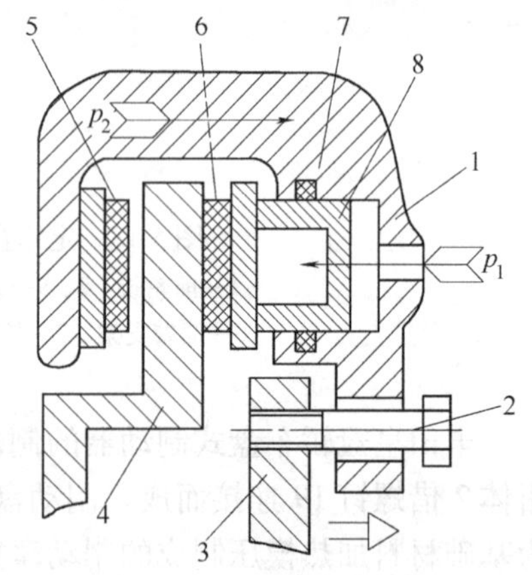

图 5-15 浮钳盘式制动器的工作原理示意图

1—制动钳体 2—导向销 3—制动钳支架 4—制动盘 5—固定制动块 6—活动制动块 7—活塞密封圈 8—活塞

（2）浮钳盘式制动器 浮钳盘式制动器的制动钳一般设计得可以相对于制动盘作轴向滑动。其中，只在制动盘的内侧设置液压缸，而外侧的制动块则附装在钳体上。浮钳盘式制动器的工作原理如图 5-15 所示，制动钳支架3固定在转向节上，制动钳体1与制动钳支架3可沿导向销2作轴向滑动。制动时，活塞8在液压力 p_1 的作用下，将活动制动块6（带摩擦块磨损报警装置）推向制动盘4。与此同时，作用在制动钳体1上的反作用力 p_2 推动制动钳体沿导向销2向右移动，使固定在制动钳体上的固定制动块5压靠到制动盘上。于是，制动盘两侧的摩擦块在 p_1 和 p_2 的作用下夹紧制动盘，使之在制动盘上产生与运动方向相反的制动力矩，促使汽车制动。

国产红旗CA7220型、奥迪100型的上海桑塔纳轿车以及北京切诺基BJ2021型轻型越野汽车的前轮制动器，就是按上述工作原理设计的浮钳盘式制动器。与定钳盘式制动器相比，浮钳式制动器的单侧液压缸结构不需要跨越制动盘的油道，故不仅轴向和径向尺寸较小，有可能布置得更接近车轮轮毂，而且制动液受热汽化的机会较少。此外，浮钳盘式制动器在兼充行车和驻车制动器的情况下，不用加设驻车制动钳，只需在行车制动钳液压缸附近加装一些用以推动液压缸活塞的驻车制动机械传动零件即可。

2. 全盘式制动器

全盘式制动器的摩擦副的固定元件和旋转元件都是圆盘形的，分别称为固定盘和旋转盘，其结构原理与摩擦离合器相似。法国产梅西尔多片全盘式制动器的结构如图5-16所示。

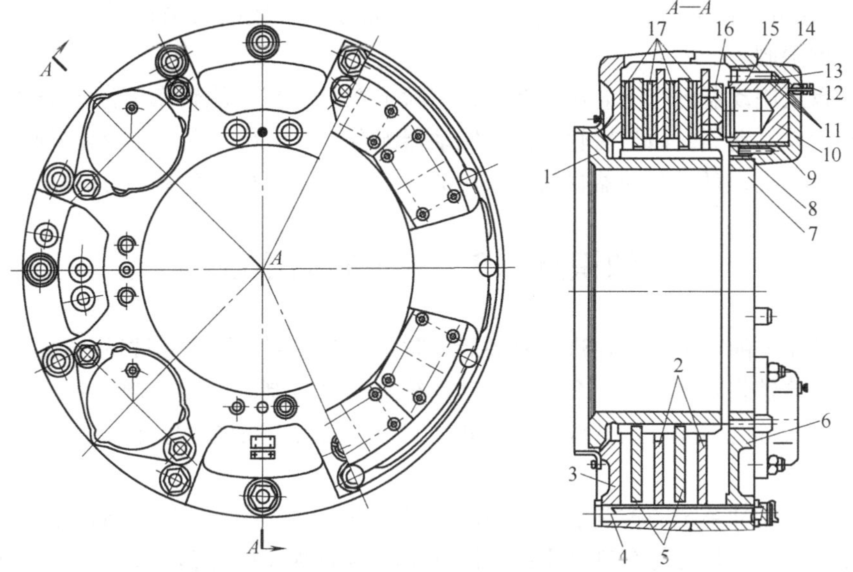

图5-16　法国产梅西尔多片全盘式制动器

1—旋转花键毂　2—固定盘　3—外侧壳体　4—带键螺栓　5—旋转盘
6—内侧壳体　7—调整螺圈　8—活塞套筒回位弹簧　9—活塞套筒
10—活塞　11—活塞密封圈　12—放气阀　13—套筒密封圈
14—液压缸体　15—固定弹簧盘　16—垫块　17—摩擦片

制动器可有盆状的外侧壳体3和内侧壳体6组成，用12个带键螺栓4连接，而后通过外侧壳体固定在车桥上。每个螺栓铣切出一个平键。装配时，两个固定盘2以外周缘上的12个键槽与12个螺栓上的平键作动配合，从而固定其角位置，但可以沿轴向自由滑动。两面都铆接有8块扇形摩擦片的两个旋转盘5与旋转花键毂1借滑动花键连接，花键毂则固定在车轮轮毂上。内侧壳体上装有4个液压缸。不制动时，活塞套筒9由活塞套筒回位弹簧8推到外极限位置。活塞套筒9的台肩与固定弹簧盘15之间保持的间隙，等于制动器间隙为设定值时完全制动所需的活塞行程。制动时，液压缸活塞连同活塞套筒在液压作用下，压向活塞套筒回位弹簧8，将所有的固定盘和旋转盘都推向外侧壳体。各盘互相压紧而实现完全制动时，液压缸中间隙Δ消失。解除制动时，活塞套筒回位弹簧8使活塞和活塞套筒回位。

3. 盘式制动器与鼓式制动器的比较

(1) 盘式制动器的优点 与鼓式制动器相比，盘式制动器有以下优点：

1) 无摩擦助势作用，因而制动器效能受摩擦因数的影响较小，效能较稳定。

2) 浸水后效能降低较少，而且只需经一两次制动即可恢复正常。

3) 在输出制动力矩相同的情况下，尺寸和质量一般较小。

4) 制动盘沿厚度方向的热膨胀两极小，不会像制动鼓的热膨胀那样使制动器间隙明显增加而导致制动踏板行程过大。

5) 较容易实现间隙自动调整，其他保养修理作业也较简便。

(2) 盘式制动器的缺点 盘式制动器的不足之处如下：

1) 制动盘的制动效能较低，故用于液压制动系统时所需制动促动管路压力较高，一般要用伺服装置。

2) 兼用于驻车制动时，需要加装的驻车制动传动装置较鼓式制动器复杂，因而在后轮上的应用受到限制。

目前，盘式制动器已广泛应用于轿车，但除了在一些高性能轿车上用于全部车轮以外，大都只用作前轮制动器，而与后轮的鼓式制动器配合，以期获得汽车在较高车速下制动时方向稳定。在货车上，盘式制动器目前也采用的不少，但离普及还有相当的距离。

知识点 5.3 驻车制动系统

驻车制动系统的功用是：在汽车停驶后，防止汽车滑溜；便于在坡道上起步；在行车制动器失效后，能够临时使用或配合行车制动系统进行紧急制动。驻车制动系统根据其结构、原理及作用方式等的不同可以分成多种不同类型，下面仅以机械式驻车制动系统为例进行说明。

机械式驻车制动系统的控制装置和传动装置，主要由杠杆、拉杆、轴、摇臂等机械零件组成。其制动器可以是与行车制动系统共用的车轮制动器（如红旗 CA7220 型，奥迪 100 型和桑塔纳等轿车，以及黄河 JN1181C13 型货车等），也可以是专设的中央制动器（如红旗 CA7560、北京 BJ2020N、解放 CA1091、东风 EQ1090E 等型汽车用的驻车制动器）。

图 5-17 所示为红旗 CA7220 型轿车制动系统布置图，其中驻车制动系统是机械式的，并且与行车制动系统共用后轮制动器。施行驻车制动时，驾驶人将驻车制动杆 9 向上扳起，并通过调整拉杆 11、平衡杠杆 21 将驻车制动拉索 17 拉紧，从而促动两后轮制动器，施行驻车制动。此时，由于棘爪的单向作用，棘爪 6 便与棘爪齿盘 8 啮合，驻车制动杆不能反转，故整个驻车制动杆吸可靠的被锁定在制动位置。欲解除制动，需先将驻车制动杆 9 扳起少许，再压下杆端头的驻车制动压杆按钮 1，通过棘爪压杆 4 使棘爪 6 离开棘爪齿盘 8，然后将驻车制动杆 9 推到解除制动位置。此时驻车制动拉索 17 放松，驻车制动解除，随后应即时放松驻车制动压杆按钮 1，使棘爪 6 将整个驻车制动杆系锁定在解除制动位置。

驻车制动系统必须可靠地保证汽车在原地停驻并在任何情况下不致自动滑行。这一点只有用机械锁止的方法才能实现。这便是驻车制动系统多用机械式传动装置的主要原因。

图 5-18 所示为采用中央制动器的北京 BJ2020N 型汽车的机械式驻车制动系统。该制动器为用凸轮促动的双向自增力式制动器。制动鼓 10 的腹板 11 借螺钉固定在分动器对后桥输

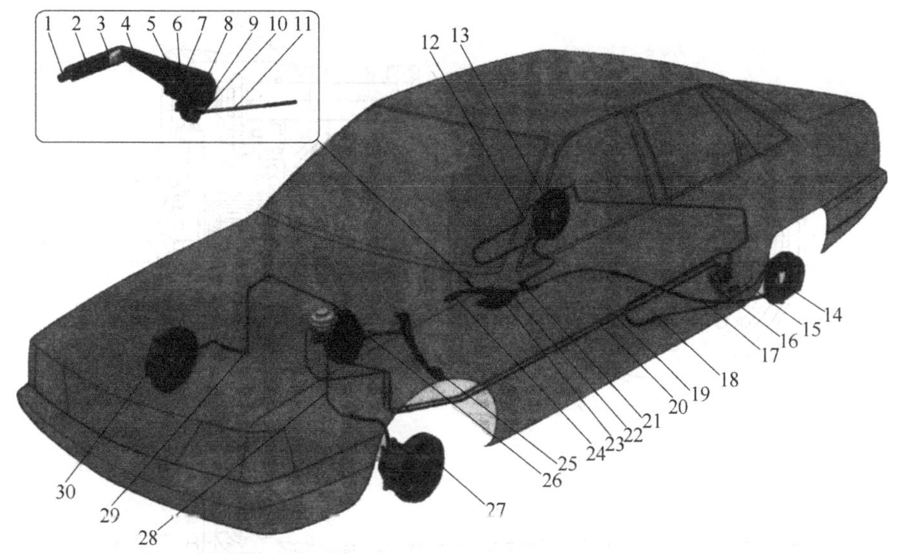

图 5-17　红旗 CA7220 型轿车制动系统布置图

1—驻车制动压杆按钮　2—弹簧　3—限位块　4—棘爪压杆　5—O 形圈　6—棘爪　7—棘爪销　8—棘爪齿盘　9—驻车制动杆　10—滚轮　11—调整拉杆　12—调节阀接右后制动器油管　13—右后制动器　14—左后制动器　15—感载弹簧　16—制动压力调节阀　17—驻车制动拉索　18—调节阀接左后制动器油管　19—主缸主动腔经调节阀接左后制动器油管　20—主缸从动腔经调节阀接右后制动油管　21—平衡杠杆　22—防尘套　23—支架　24—驻车制动操纵手柄　25—制动踏板　26—真空助力器　27—左前盘式制动器　28—主缸从动腔接左前盘式制动器油管　29—主缸主动腔接右前盘式制动器油管　30—右前盘式制动器

出轴 8 的凸圆盘上。两制动蹄的下端由制动蹄压紧弹簧 2 压靠在可调顶杆 1 两端，上端则由制动蹄回位弹簧 3 拉靠到支承销 6 上。制动杠杆 7 位于右制动蹄的前方（向汽车前进方向看），上端与右制动蹄铰接，如图 5-18 中虚线所示。制动时，制动杠杆 7 的下端借制动杠杆传动杆 13 与水平安装的摇臂 14 的内端连接。摇臂外端连接调整叉 22，中部支承在固定分动器壳体上的垂直销轴上。制动时，通过驻车制动杆手柄 20 向后拉出驻车制动杆 15 和拉索 17。调整叉 22 即前移而使摇臂 14 绕其销轴转动，从而使制动杠杆转到制动位置。

驻车制动杆 15 上切有棘齿条。当驻车制动杆被拉出到制动位置后，装在驻车制动杆导套 18 上的棘爪 19 即在卷簧作用下与棘齿啮合，使驻车制动杆固定在制动位置。欲解除制动，以便汽车起动，应先将驻车制动杆手柄 20 连同驻车制动杆顺时针转过一个角度，使棘齿条与棘爪脱离啮合，棘齿反压在驻车制动杆的光滑圆柱面上，然后将驻车制动杆推入原始位置。于是摇臂 14、制动杠杆 7、制动推杆 5 和制动蹄 4 都在回位弹簧的作用下回位，放开驻车制动杆手柄后，驻车制动杆即在弹簧作用下转回原始位置，棘爪重新将驻车制动杆锁住，调整叉 22 用以调整制动操纵杆的行程，使得驻车制动杆被拉出到其棘齿条有 7 ~ 14 齿露出后，即产生制动作用。

采用中央制动器的驻车制动系统不宜用于应急制动，因为其作用在传动轴上的制动力矩，在汽车行驶中紧急制动时，极易造成传动轴和驱动桥严重超载，还可能因差速器壳被抱死而发生左、右两驱动轮的旋转方向相反，致使汽车制动时跑偏甚至掉头。

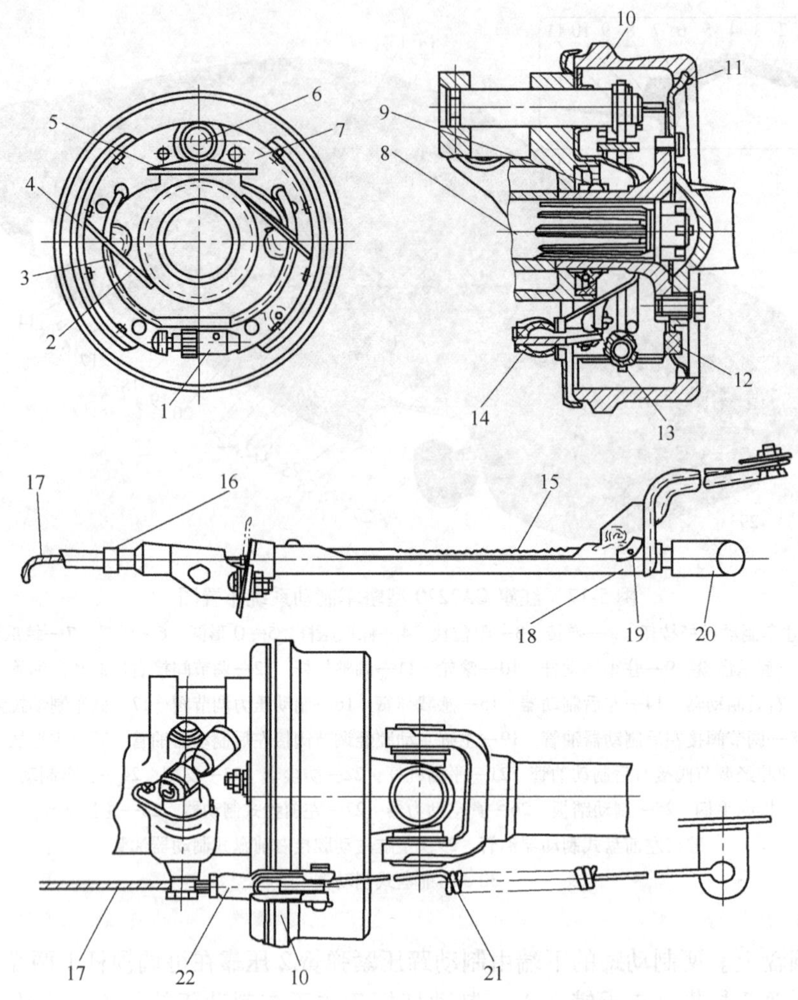

图 5-18 北京 BJ2020N 型汽车驻车制动器

1—可调顶杆 2—制动蹄压紧弹簧 3—制动蹄回位弹簧 4—制动蹄 5—制动推杆 6—支承销 7—制动杠杆 8—分动器对后桥输出轴 9—油封 10—制动鼓 11—制动鼓腹板 12—阻塞 13—制动杠杆传动杆 14—摇臂 15—驻车制动杆 16—拉索导套 17—拉索 18—驻车制动杆导套 19—棘爪 20—驻车制动杆手柄 21—摇臂回位弹簧 22—调整叉

知识点 5.4 制动传动装置

制动传动装置的功用是将驾驶人施加在制动踏板上的力放大后传递到制动器，并控制制动器的工作以获得所需要的制动作用。

制动传动装置按照传力介质的不同，可分为液压式制动传动装置和气压式制动传动装置；按照回路的不同，可以分为单回路制动传动装置和双回路制动传动装置。传动装置采用单一的气压回路或液压回路的制动系统为单回路制动系统。这种制动系统中，只要有一处损坏而漏气（油），整个系统即行失效。所有行车制动器的气压管路或液压管路分属于两个彼此隔绝的回路的制动系统称为双回路制动系统；即使其中一个回路失效，还能利用另一个回路获得制动力。我国法规中明确要求应采用双回路制动系统。

一、液压传动制动装置

液压传动装置的基本组成和回路如图5-19所示。制动踏板机构和制动主缸都装在车架上。因车轮是通过弹性悬架与车架联系的，而且有的还是转向轮，制动主缸与制动轮缸的相应位置经常变化，故制动主缸与制动轮缸间的连接油管除了金属管（钢管）外，还有特制的橡胶制动软管。各液压元件之间及各段油管之间，还有各种管接头。制动前，整个液压系统中应当充满专门配置的制动液。

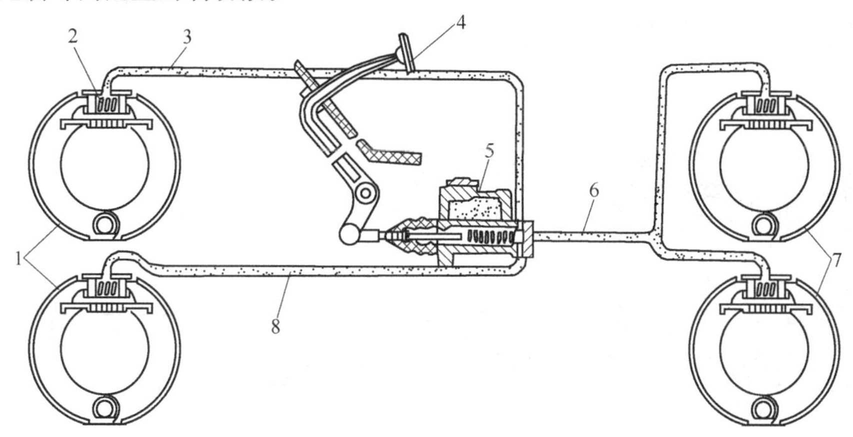

图5-19 人力液压制动系统示意图

1—前轮制动器 2—制动轮缸 3、6、8—油管

4—制动踏板机构 5—制动主缸 7—后轮制动器

制动时，作为制动能源的驾驶人所施加的控制力，通过作为控制装置的制动踏板机构4传到液压传动装置的主要部件——制动主缸5。制动主缸将自制动踏板机构4输入的机械能转换成液压能。液压能通过油管3、8、6输入前、后轮制动器1和7中的制动轮缸2。制动轮缸将输入的液压能再转换成机械能，促使制动器进入工作的状态，形成制动效果。松开制动踏板，制动蹄和轮缸活塞在回位弹簧的作用下回位，将制动液压回制动主缸，制动关系被解除。

制动管路油压和制动器产生的制动力矩是与制动踏板力呈线性关系的。若轮胎与路面间的附着力足够，则汽车所受到的制动力也与踏板力呈线性关系。制动系统的这项性能成为制动踏板感（或称路感），驾驶人可因此而直接感觉到汽车制动强度，以便及时加以必要的控制和调节。

自制动踏板到轮缸活塞的制动系统传动比，等于踏板机构比乘以轮缸直径同主直径之比。传动比越大，则为获得同样大的制动力矩所需的踏板力越小，但踏板行程却因此而越大，使得制动操作不便，故要求液压制动系统传动比合适，保证制动踏板力较小，同时踏板行程又不太大。对于人力液压制动系统，考虑到制动器容许磨损量的踏板全行程不应超过150（轿车）~180mm（货车）。制动器间隙调整正常时，踩下踏板到完全制动的踏板工作行程不应超过全行程的50%~60%，最大踏板力一般不应超过350（轿车）~550N（货车）。

1. 制动主缸

制动主缸分为单腔和双腔两种，分别针对与单回路及双回路制动体统。根据交通法规的要求，现代汽车的行车制动系统都采用了双回路制动系统，因而制动系统中一般采用串联双腔主缸用于组成的双回路液压制动系统。

如图 5-20 所示就是人力液压制动系统中采用的串列双腔制动主缸。该主缸相当于两个两个单腔制动主缸串联在一起而构成。储液罐中的油液经每一腔的空心螺栓 5（其内腔形成储液室）和各自的旁通孔 10、补偿孔 11 流入主缸前、后腔。在主缸前、后工作腔内产生的液压，分别经各自的出油阀 3 和各自的管路传到前、后工作腔的产生的液压，分别经各自的出油阀 3 和各自的管路传到前、后轮制动器的轮缸。

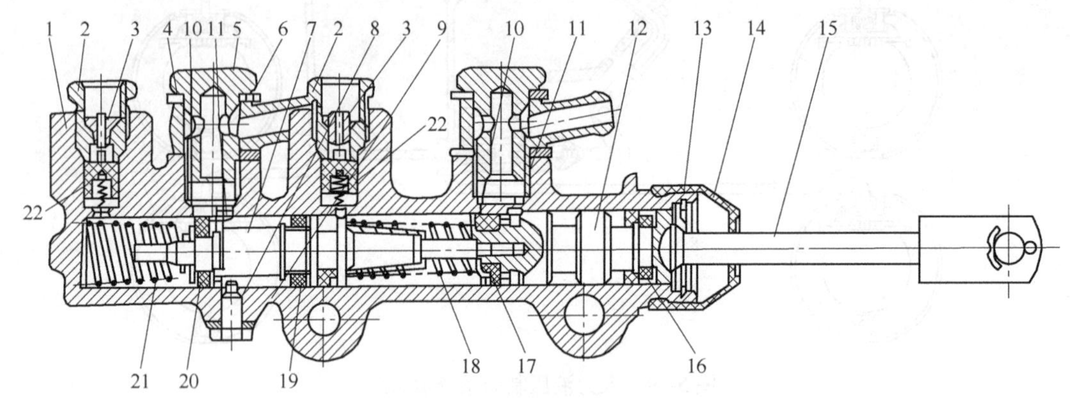

图 5-20 串联双缸制动主缸

1—主缸缸体 2—出油阀座 3—出油阀 4—进油管街头 5—空心螺栓 6—密封垫 7—前缸活塞 8—定位螺钉 9—密封垫 10—旁通孔 11—补偿孔 12—后缸活塞 13—挡圈 14—护罩 15—推杆 16—后缸密封圈 17—后活塞皮碗 18—后缸弹簧 19—前缸密封圈 20—前活塞皮碗 21—前缸弹簧 22—回油阀

当踩下制动踏板时，制动踏板机构通过推杆 15 推动后缸（第一）活塞前移，到皮碗掩盖住旁通孔后，此腔液压升高。在后腔液压和后缸弹簧力的作用下，推动前缸活塞 7 向前移动，前腔压力也随之提高。当继续踩下制动踏板时，前、后腔的液压继续提高，使前、后轮制动器制动。

撤除制动踏板力后，制动踏板机构以及主缸前、后腔活塞和轮缸活塞，在各自的回位弹簧作用下，管路中的制动液借其压力推开回油阀 22 流回制动主缸，制动于是解除。

当迅速放开制动踏板时，由于油液粘性和管路阻力的影响，油液不能及时流回制动主缸并填充因活塞右移而让出的空间，因而在旁通孔 10 开启之前，压油腔以填补真空。与此同时，储液室中的油液经补偿孔 11 流入各自的进油腔。活塞完全回位后，旁通孔 10 已开放，由制动管路流回制动主缸而显得多余的油液便可经前、后缸的旁通孔流回储液室。液压系统中因密封不良而产生的制动液泄漏，和因温度变化而引起的制动液膨胀或收缩，都可以通过补偿孔 11 和旁通孔 10 得到补偿。

若与前腔连接的制动管路损坏漏油时，则在踩下制动踏板时，只有后腔中能建立液压，而前腔中无压力。此时在液压差的作用下，前缸活塞7迅速前移到前缸活塞前端顶到主缸缸体1上。此后，后缸工作腔中的液压方能升高到制动所需的值。

若与后腔连接的制动管路损坏漏油时，则在踩下制动踏板时，起先只是后缸（第一）活塞12前移，而不能推动前缸（第二）活塞7，因此后缸工作腔中不能建立液压。但在后缸活塞12直接顶住前缸活塞7时，前缸活塞7前移，使前缸工作腔建立必要的液压而实现制动。

由上述可见，双回路液压制动系统中任一回路失效时，制动主缸仍能工作，只是所需踏板行程增大，将导致汽车的制动距离增长，制动效能降低。

2. 制动轮缸

制动轮缸有双活塞式和单活塞式两类。图5-21所示为解放CA1040系列轻型货车后轮制动器采用的双活塞式制动轮缸。缸体1用螺栓固定在制动底板上，缸内有两个活塞2，二者之间的间隙形成轮缸内腔。每个活塞上装有一个皮碗3，以使内腔密封。制动时，制动液自油管接头和进油孔10进入内腔，活塞在液压作用下外移，通过顶块5和支承盖7推动制动蹄动作，使车轮制动。防护罩6除防护外，还可防止水分进入，以免活塞和制动轮缸因生锈而卡住。

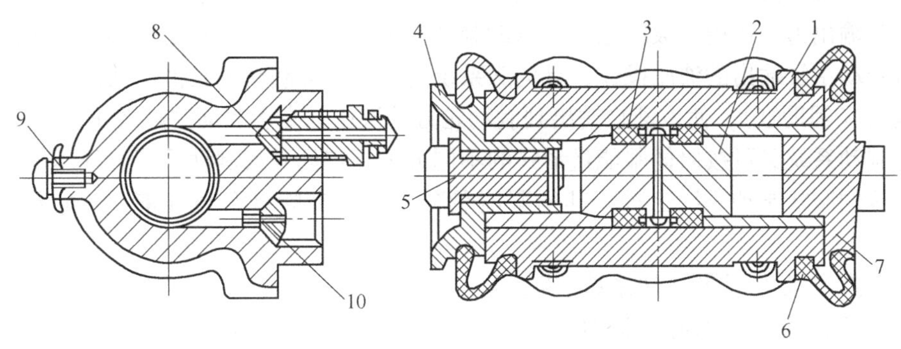

图5-21　双活塞式制动轮缸

1—缸体　2—活塞　3—皮碗　4—调整轮　5—顶块（调整螺钉）　6—防护罩

7—支承盖　8—放气螺钉　9—调整轮锁片　10—进油孔

3. 制动液

制动液也是液压制动系统的重要组成部分，其质量好坏对制动系统的工作可靠性有很大影响。为此，对制动液提出如下要求：

1）高温下不易汽化，否则将在管路中产生“气阻”现象，使制动失效。

2）低温下具有良好的流动性。

3）不会使与之经常接触的金属（铸铁、钢、铝或铜）件腐蚀，橡胶件发生膨胀、变硬和损坏。

4）能对液压系统的运动件起到良好的润滑作用。

5）吸水性差而溶水性良好，即能使渗入其中的水汽形成微粒而与之均匀混合，否则将在制动液中形成水泡而大大降低汽化温度。

国内过去普遍使用的制动液是植物制动液，用50%左右的蓖麻油和50%左右的溶剂

（丁醇、酒精或甘油等）配成。用酒精作溶剂的制动液粘度小，但汽化温度只有70℃左右；用丁醇作溶剂时，汽化温度又达到100℃。但杆物制动液的汽化温度都不高，且在70℃的低温下都易凝结，蓖麻油又是贵重的化工原料。

近年来国内外研制的合成制动液和矿物制动液取代了植物制动液。我国生产的合成制动液的汽化温度已超过190℃，在-35℃的低温下流动性良好，适用于高速汽车制动器，特别是盘式制动器。此外，合成制动液对金属件（铝件除外）和橡胶件都无害，溶水性也很好，但目前成本还较高。矿物制动液在高温和低温下性能都很好，对金属也无腐蚀作用，但其溶水性较差，且易使普通橡胶膨胀。因此，采用矿物制动液时，活塞皮碗及制动软管等都必须用耐油橡胶制成。

二、伺服制动系统

伺服制动系统是在人力液压制动系统的基础上加设一套动力伺服系统而形成的，即兼用人体和发动机作为制动能源的制动系统。在正常情况下，制动能量大部分由动力伺服系统供给，而在动力伺服系统失效时，还可全靠驾驶人供给。

按照伺服系统的输出力作用部位和对其控制装置的操纵方式不同，伺服制动系统可分为助力式（直接操纵式）和增压式（间接操纵式）两类。前者的控制装置用制动踏板机构直接操纵，其输出力也作用于液压主缸，以助制动踏板力之不足；后者的控制装置用制动踏板机构通过制动主缸输出的液压操纵，且伺服系统的输出力与制动主缸液压共同作用于一个中间传动液缸（辅助缸），使该液缸输出到制动轮缸的液压远高于制动主缸液压。

伺服制动系统又可按照伺服能量形式的不同分为真空伺服式制动系统、气压伺服式制动系统和液压伺服式制动系统三种，其伺服能量分别为真空能（负气压能）、气压能和液压能。

理今，真空助力伺服制动系统已经成为应用的主流，因此对伺服制动系统的讲解也以真空助力伺服制动系统作为讲解对象。

图5-22所示为一汽红旗CA7220型轿车的真空助力伺服（直接操纵真空伺服）制动系统示意图。串联双腔制动主缸4的前腔通往左前轮盘式制动器的左前轮缸11，并经感载比例阀9，通向右后轮鼓式制动器的右后轮缸13。制动主缸4的后腔通往右前轮盘式制动器的右前轮缸12，并经感载比例阀9通向左后轮鼓式制动器的左后轮缸10。真空伺服气室3和控制阀2组合成一个整体部件，称为真空助力器。制动主缸4即直接装在真空伺服气室前端，真空单向阀8直接装在真空伺服气室上。真空伺服气室工作时产生的推力，也同制动踏板力一样直接作用

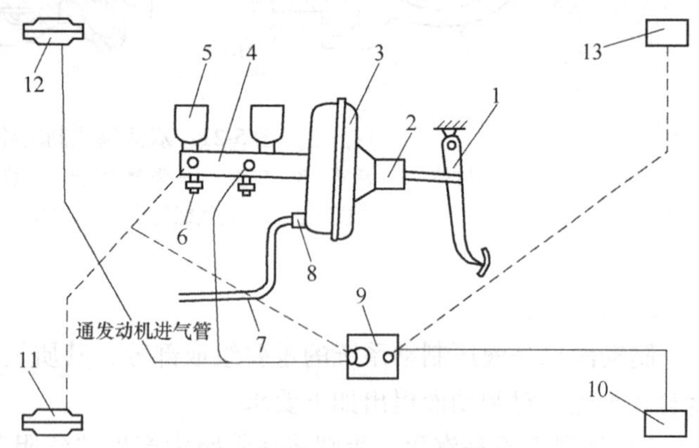

图5-22 一汽红旗CA7220型轿车的真空助力伺服制动系统示意图

1—制动踏板机构 2—控制阀 3—真空伺服气室 4—制动主缸 5—储液罐 6—制动信号灯液压开关 7—真空供能管路 8—真空单向阀 9—感载比例阀 10—左后轮缸 11—左前轮缸 12—右前轮缸 13—右后轮缸

在制动主缸 4 的活塞推杆上。

红旗 CA7220 型和奥迪 100 型轿车的真空助力器如图 5-23a 所示，其中控制阀部分放大如图 5-23b、c 所示。真空伺服气室用导向螺栓 5 和螺栓 17 固定在车身前围板上，并借调整叉 13 与制动踏板机构连接。伺服气室前腔经真空单向阀通向发动机进气管。外界空气经过滤环 11 和毛毡过滤环 14 滤清后，进入制动气室后腔。

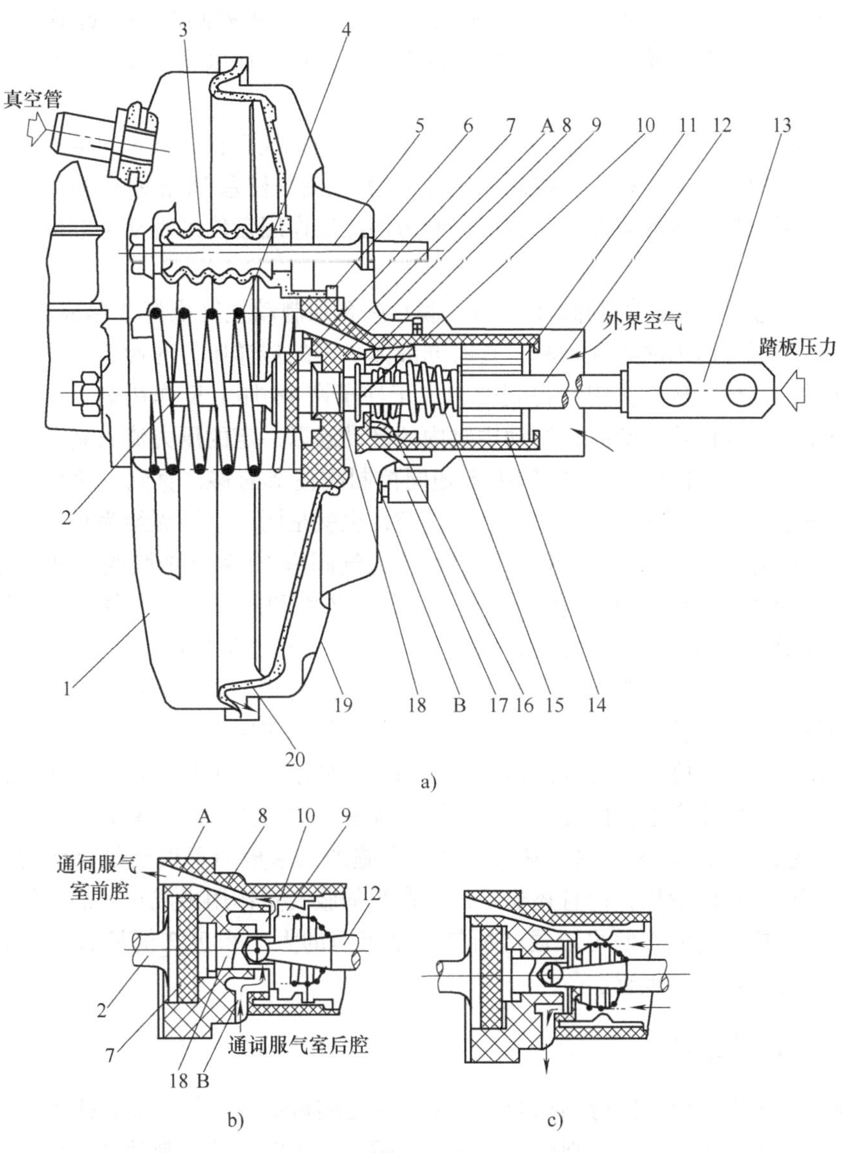

图 5-23 真空助力器示意图

1—伺服气室前壳体 2—制动主缸推杆 3—导向螺栓密封套 4—膜片回位弹簧 5—导向螺栓 6—控制阀 7—橡胶反作用盘 8—伺服气室膜片座 9—橡胶阀门 10—大气阀座 11—过滤环 12—控制阀推杆 13—调整叉 14—毛毡过滤环 15—控制阀推杆弹簧 16—阀门弹簧 17—螺栓 18—控制阀柱塞 19—伺服气室后壳体 20—伺服气室膜片

伺服气室膜片座 8 由塑料制成，其内有用以连通伺服气室前腔和控制阀腔的通道 A，以及用以连通伺服气室后腔和控制阀的通道 B。带有密封套的橡胶阀门 9 与在膜片座上加工出来的阀座组成真空阀，又与控制阀柱塞 18 的大气阀座 10 组成大气阀，控制阀柱塞 18 同控制阀推杆 12 借后者的球头铰接在一起。

真空助力器不工作时（见图 5-23b），控制阀推杆弹簧 15 将控制阀推杆 12 连同控制阀柱塞 18 推到后极限位置（即真空阀开启），橡胶阀门 9 则被阀门弹簧 16 压紧在大气阀座 10 上（即大气阀关闭位置）。伺服气室前、后两腔经通道 A、控制阀腔和通道 B 互相连通，并与大气隔绝。在发动机开始工作，且真空单向阀被吸开后，伺服气室左、右两腔内都有产生一定的真空度。

将制动踏板踩下时，起初伺服气室尚未起作用，伺服气室膜片座 8 固定不动，相应地来自制动踏板机构的控制力可以推动控制阀推杆 12 和控制阀柱塞 18 相对于膜片座前移，当柱塞与橡胶反作用盘 7 之间的间隙消除后，控制力便经反作用盘传给制动主缸推杆 2（见图 5-23c）。

橡胶反作用盘 7 装在由控制阀柱塞 18、膜片座 8 和制动主缸推杆 2 形成的密闭空间内。因为橡胶是体积不可压缩的柔性材料，具有同液体一样的传递压力的性质，故经橡胶反作用盘 7 的传动后，推杆 2 从反作用盘得到的力大于柱子塞 18 加上反作用盘上的力，但推杆 2 的位移则小于柱塞的位移。此时，制动主缸内的制动液以一定的压力流入制动轮缸。与此同时，橡胶阀门 9 也在阀门弹簧 16 的作用下随同控制阀柱塞前移，直到与伺服气室膜片座 8 上的真空阀座接触，从而使伺服气室后腔同前腔，也就是同真空源隔绝为止。然后，控制阀推杆 12 继续推动控制阀柱塞 18 前移到其后端的大气阀座 10 离开橡胶阀门 9 一定距离。于是，外界空气即经过滤环 11 和毛毡过滤环 14、控制阀腔和通道 B 充入伺服气室后腔 B（见图 5-23a），使其内真空度降低。在此过程中，膜片与阀座也不断前移，直到阀门重新与大气阀座接触而达到平衡状态为止。因此，在任何一个平衡状态下，伺服气室后腔中的稳定真空度均与踏板行程成递补关系。这就体现了控制阀的随动作用。

伺服气室两腔真空度差值造成的作用力，除一部分来平衡膜片回位弹簧 4 的力以外，其余部分都作用在反作用盘上。因此，制动主缸推杆所受的力为伺服气室膜片座 8 和控制阀柱塞 18 两者所受的作用力之和。这意味着驾驶人所施加的踏板力不仅要足以促动控制阀，并使制动主缸产生一定的液压，而且还要足以平衡与伺服气室作用力成正比的，经反作用盘反馈过来的力。这样，驾驶人便可以通过所施加踏板力的大小来感知伺机服气室的作用力大小，即驾驶人有一定的踏板感。

三、动力制动系统

动力制动系统中，用以进行制动的能源是空气压缩机造成的气压能，或由液压泵造成的液压能，而空气压缩机或液压泵则由汽车发动机驱动。所以，动力制动系统是以汽车发动机作为唯一的制动初始能源的供给装置。但就制动系统范围而言，可认为制动能源是空气压缩机或液压泵。在动力制动系统中，驾驶人的肌体仅作为控制能源，而不是制动能源。

动力制动系统有气压制动系统、气顶液制动系统和全液压动力制动系统三种。

气压制动系统是发展最早的一种动力制动系统，其功能装置和传动装置全部是气压式的；其控制装置大多数是由制动踏板机构和制动阀等气压控制元件组成，也有的在踏板机构和制动阀之间还串联有液压式操纵传动装置。

气顶液制动系统的功能装置和控制装置与气压制动系统的相同，但传动装置则包括气压式传动装置和液压式传动装置两部分。

全液压动力制动系统中，除制动踏板机构以外，其供能装置、控制装置和传动装置全是液压式的。

本章节仅介绍气压制动系统。

1. 气压制动回路

我国生产的中型以上货车或客车一般都采用了气压制动系统，其回路和液压制动系统一样采用了双回路制动系统或多回路制动系统。

图5-24所示为解放CA1091型汽车的双回路气压制动系统示意图。由发动机驱动的双缸活塞式空气压缩机（简称空压机）1将压缩空气经单向阀9首先输入湿储气筒4（湿储气筒上装有安全阀5和供外界使用压缩空气的放气阀3）。压缩空气在湿储气筒内冷却并进行油水分离之后，再分别经两个单向阀9进入储气筒8的前、后腔。储气筒前腔与串联双腔式制动阀14上腔相连，可以向前制动气室2充气。此外，储气筒两腔的气压都经三通管6分别通向双指针式气压表15中的两个传感器腔，使两个指针分别指示储气筒两腔的气压。而且储气筒后腔还通过气管与单向阀9相连，当该腔气压增大到规定值时，单向阀便使空压机空转而停止向储气筒供气。

当踩下制动踏板时，通过拉杆机构操纵制动阀，使制动阀上、下两腔的进气口分别与本腔的出气口相通，使储气筒8前、后腔的压缩空气得以分别通过制动阀的上、下腔进入后制动气室11和前制动气室2，从而促动制动器进入工作状态。当放松制动踏板时，制动阀使制动气室通大气，以解除制动。

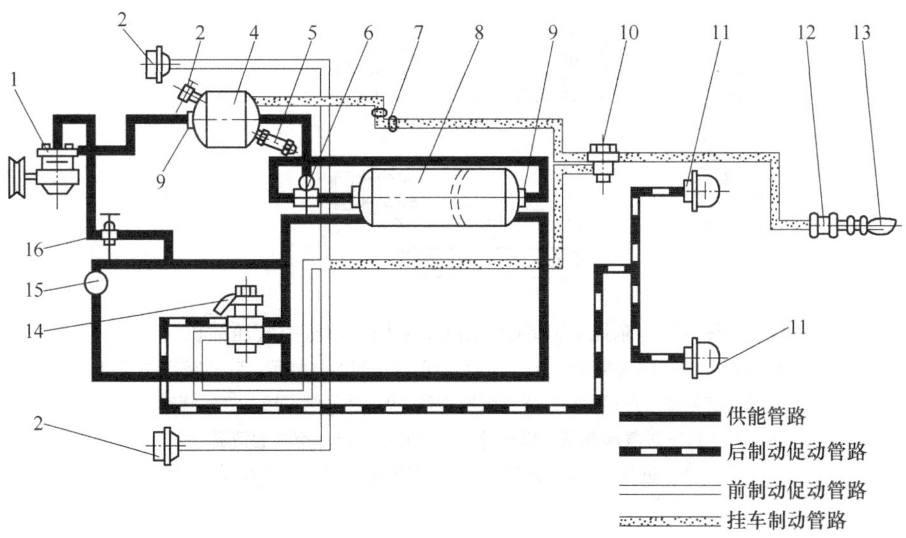

图5-24 解放CA1091型汽车的双回路气压制动系统示意图

1—空气压缩机 2—前制动气室 3—放气阀 4—湿储气筒 5—安全阀 6—三通管 7—管接头 8—储气筒 9—单向阀 10—挂车制动阀 11—后制动气室 12—分离开关 13—连接头 14—串联双腔式制动阀 15—双指针式气压表 16—气压调节器

2. 气压式制动传动装置主要总成

(1) 空气压缩机　空气压缩机多为空气冷却往复活塞式，固定在发动机气缸体的一侧，由发动机通过传动带带动或齿轮来驱动。它具备与发动机相似的曲柄连杆机构，一般有单缸和双缸两种。

图5-25所示为东风EQ1090E型汽车采用的单缸空气压缩机。铸铁制成的气缸体下端用螺栓与曲轴相连接，气缸体外表面铸有散热片。铝制气缸盖4用螺栓紧固于气缸体上端面，其间装有密封缸垫。气缸盖上装有进、排气阀，进气阀9经气道与空气滤清器13相通。排气阀3经排气管接头与储气筒相通。进气阀上方设有卸荷阀7，将储气筒气压调整并保持在规定值。

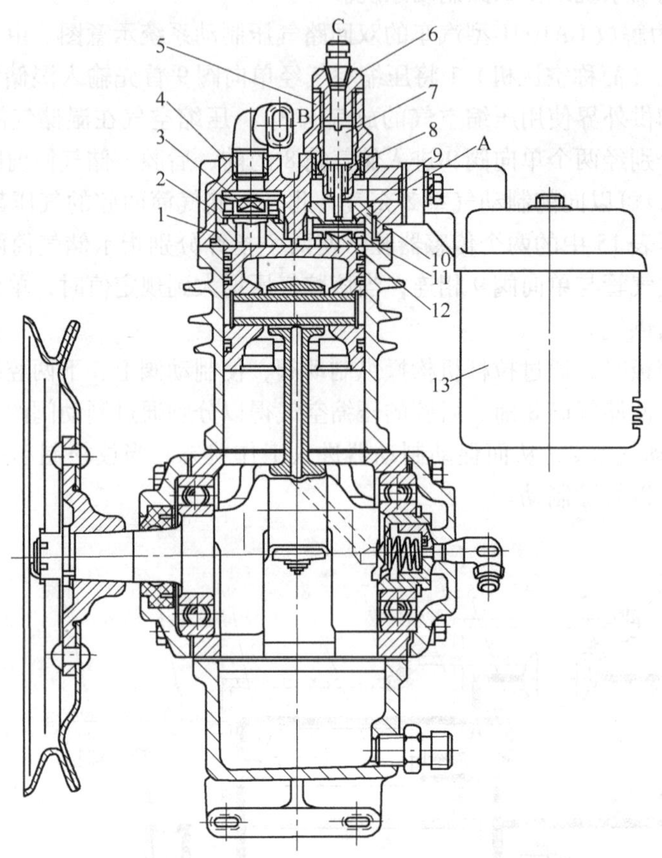

图5-25　东风EQ1090E型汽车采用的单缸空气压缩机

1—排气阀座　2—排气阀导向座　3—排气阀　4—铝制气缸盖　5—卸荷装置壳体
6—定位塞　7—卸荷阀　8—阻塞弹簧　9—进气阀　10—进气阀座
11—进气阀弹簧　12—进气阀导向座　13—空气滤清器
A—进气口　B—排气口　C—调压阀控制压力输入口

当空气压缩机工作时，活塞由上往下移动，吸开进气阀，外界的空气即经空气滤清器13、进气道、进气阀9吸入气缸。活塞由下往上移动时，缸内空气即被压缩，压力升高，当压力升高到足以克服排气阀弹簧的张力和排气室内压缩空气的压力之和时，压缩空气即压开排气阀，经排气室和管路送至湿储气筒。当储气筒内的气压达到规定值（0.7～0.74MPa）

后，调压机构使卸荷阀开启，使空气压缩机的气压与大气相同，不再泵气，以减少发动机的功率损失。

（2）调压阀　东风EQ1090E型汽车的调压阀如图5-26所示。管接头10接空气压缩机卸荷装置；管接头1接储气罐。阀体3与阀盖4之间夹装有膜片组件9。膜片组件中心借螺纹连接着与阀体中央孔作动配合的芯管8，其上部有径向孔，与其轴向孔相通。预紧力由调整螺钉5调定的调压弹簧7将膜片连同芯管压推到下极限位置。芯管下端面（储气阀座）紧密压住阀12，并使之离开阀体上的排气阀座。也就是说，调压阀的排气阀开启，进气阀关闭。此时，空气压缩机卸荷气室与储气筒隔绝，而经调压阀的排气口A与大气相通。

在空气压缩机向储气筒充气的过程中，若储气筒气压尚低，则调压阀不起作用。当储气筒气压升高到0.7～0.74MPa时，膜片下方气压作用力即足以克服调压弹簧预紧力而推动膜片向上供油，使芯管和阀随之上移到排气阀关闭而储气阀开启的位置（见图5-27）。于是，储气筒中的压缩空气便沿图5-27中箭头所标明的路线冲入空气压缩机的卸荷气室，迫使卸荷柱塞下移，将空气压缩机进气阀压下，使之保持在开启位置不动。这样，空气压缩机虽然在运转，但并不产生压缩空气，即空气压缩机卸荷空转。

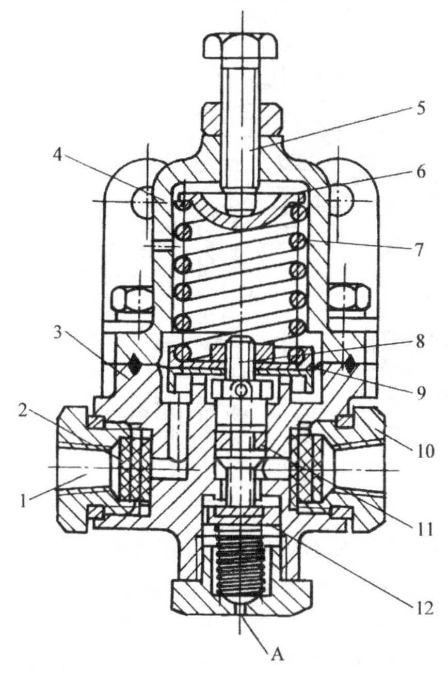

图5-26　东风EQ1090E型汽车的调压阀
1—接储气罐的管接头　2—滤芯　3—阀体
4—阀盖　5—调整螺钉　6—弹簧座
7—调压弹簧　8—芯管　9—膜片组件
10—接空气压缩机卸荷装置管接头
11—密封圈　12—阀

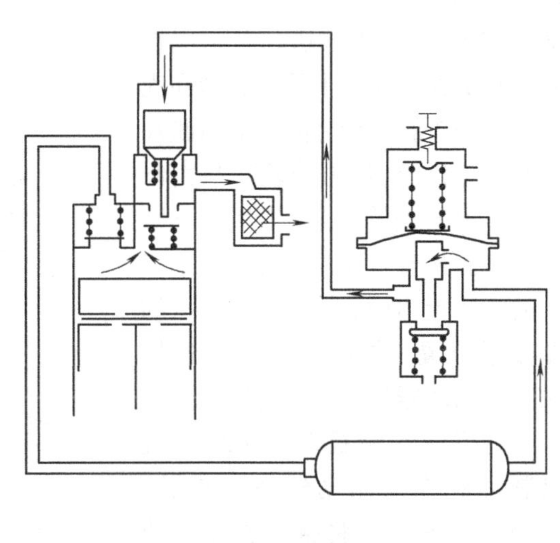

图5-27　空气压缩机卸荷装置与调压阀工作原理示意图

当储气罐气压下降到0.56～0.6MPa时，调压阀的膜片、芯管、阀重新又上移到图5-26所示的进气阀关闭而排气阀开启的位置。空压机卸荷气室中的压缩空气乃经调压阀排气口A排入大气。卸荷柱塞在弹簧的作用下向上回位，于是空气压缩机恢复向储气筒充气。

(3) 制动控制阀 制动控制阀是气压行车制动系统的主要控制装置，用以起随动作用并保证有足够强的踏板感，即在输入压力一定的情况下，使其输出压力与输入控制信号——踏板行程和踏板力成一定的递增函数关系。制动阀输出压力可以作为促动管路压力直接输入到传动装置的制动气室，但必要时也可作为控制信号输入另一控制装置。

(4) 制动气室 单就气压系统而言，制动气室是执行装置，其作用是将输入的气压能转换成机械能而输出。但从整个制动系统看来，制动气室还是属于传动装置，其输出的机械能还要传到制动凸轮之类的促动装置，使制动器产生制动力矩。

解放 CA1091 型汽车和东风 EQ1090E 型汽车都采用膜片式制动气室。东风 EQ1090E 型汽车制动阀如图 5-29 所示，其膜片式制动气室如图 5-29 所示。夹布层橡胶膜片 1 的周缘用卡箍 7 夹紧在壳体 3 和盖 2 的凸缘之间。盖与膜片之间为工作腔，借橡胶软管与由制动阀接出的钢管连通，膜片右方则通大气。弹簧 4 通过焊接在推杆 5 上的支承盘 10 将膜片推到图示的左极限位置。推杆的外端借连接叉 6 与制动器的制动调整臂相连。

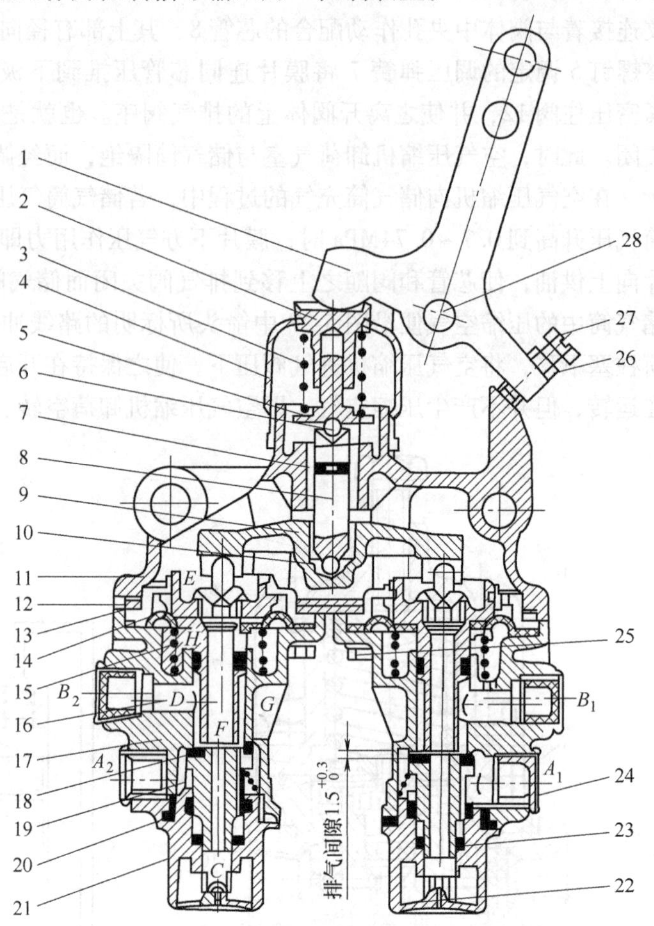

图 5-28 东风 EQ1090E 型汽车制动阀

1—拉臂 2—平衡弹簧上座 3—平衡弹簧 4—防尘罩 5—平衡弹簧下座 6、10—钢球 7、12、23、24—密封圈 8—推杆 9—平衡臂 11—上体 13—钢垫 14—膜片 15—膜片回位弹簧 16—芯管 17—下体 18—阀门 19—阀门回位弹簧 20—密封垫 21—阀门导向座 22—防尘堵片 25—防尘堵塞（运输及储存时用） 26—锁紧螺母 27—调整螺钉 28—拉臂轴 A_1—进气口（通前贮气筒） A_2—进气口（通后贮气筒） B_1—出气口（通前制动气室及挂车空气管） B_2—出气口（通后制动气室） C—下部排气口 D—节流孔 E—上部排气口 F—排气阀座 G—进气阀座 H—平衡腔

踩下制动踏板时，压缩空气自制动阀充入制动气室工作腔，使膜片向右拱，将推杆推出，使制动调整臂和制动凸轮转动而实现制动。放开制动踏板，工作腔则经由制动阀的排气口通大气。膜片与推杆都在弹簧4 的作用下回位而解除制动。

四、制动力分配调节装置

在本项目开始时已经阐述过，车轮的制动力 F_B 一旦达到了附着力 F_φ 的数值，车轮即完全停止转动（车轮被抱死），只是沿路面作纯滑移。当车轮抱死滑移时，车轮与路面的侧向（垂直于车轮平面方向上的）附着能力完全消失。这意味着路面对车轮的侧向反力为零。

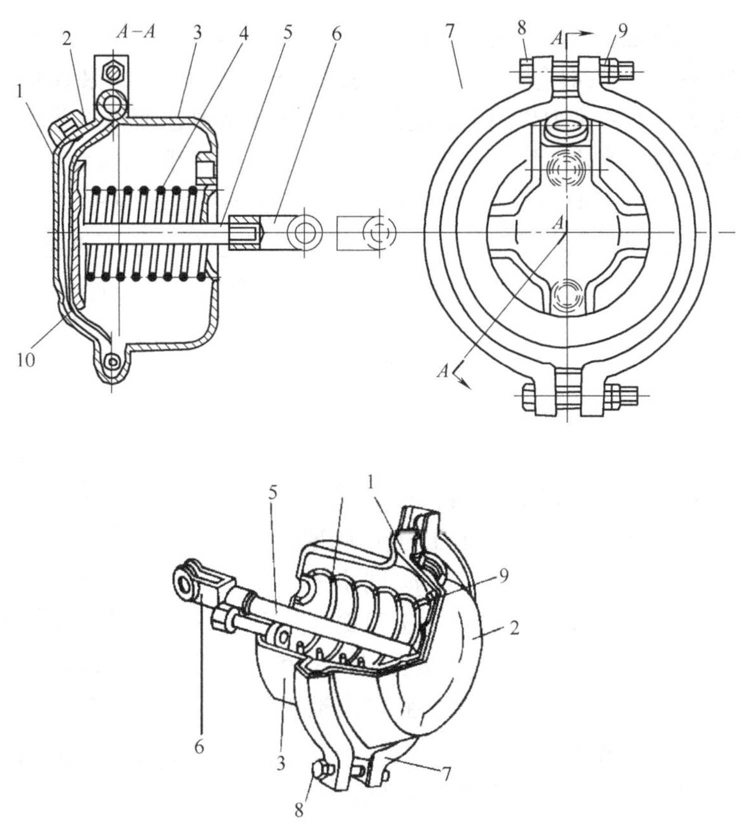

图5-29 膜片式制动气室

1—橡胶膜片 2—盖 3—壳体 4—弹簧 5—推杆 6—连接叉

7—卡箍 8—螺栓 9—螺母 10—支承盘

如果只是前轮（转向器）制动到抱死滑移，则汽车不可能在制动过程中转向；如果只是后轮制动到抱死滑移，则汽车在制动过程中，即使受到不大的侧向干扰力也会导致甩尾、侧滑等危险。无论是前轮单独滑移还是后轮单独滑移，都极易酿成车祸，要使汽车能得到尽可能大的总制动力，又能保持制动时的行驶方向稳定性（既不丧失转向操纵性，又不甩尾），就必须将制动系统设计得能将前、后车轮制动到同步滑移。

目前制动力调节装置的类型很多，有限压阀、比例阀、感载阀和惯性阀等。

1. 限压阀与比例阀

(1) 限压阀 限压阀串联在液压或气压制动回路的后促动管路中，其作用是，当前、后促动管路压力 p_1 和 p_2 由零同步增长到一定值后，即自动将 p_2 限定在该值不变。液压限压阀的构造见图5-30。

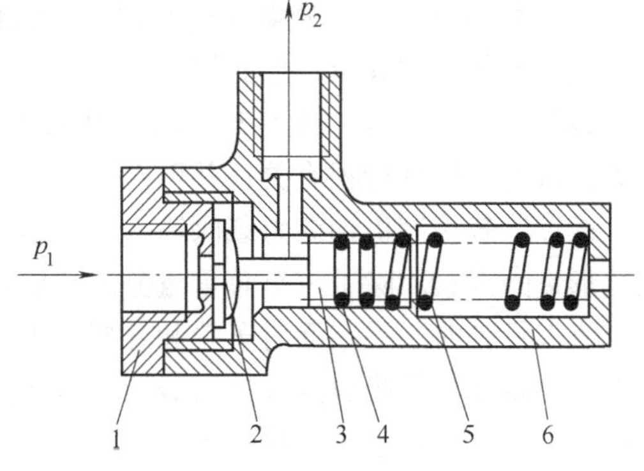

图5-30 限压阀

1—阀盖 2—阀门 3—活塞 4—活塞密封圈

5—弹簧 6—阀体

限压阀的工作原理是自进油口输入的控制压力使前促动管路压力（也即主缸压力）p_1，从出油口输出的是后促动管路压力 p_2。阀门 2 与活塞 3 连接成一体，装入阀体 6 后，弹簧 5 即受到一定的预紧力。在弹簧力作用下，阀门离开阀体上的阀座而抵靠着阀盖 1。阀门凸缘上开有若干个通油切口。当输入压力 p_1 较低时，阀门一直保持开启，因而 $p_2=p_1$，即限压阀尚未起限压作用。在 p_1 与 p_2 同步增长到一定值 p_s 时，活塞上所受的液压作用力将弹簧压缩到使阀门关闭，后制动轮缸与制动主缸隔离。此后，p_2 即保持定值 p_s 而不再随 p_1 增长而增长。

（2）比例阀　比例阀也是串联在液压或气压制动回路的后促动管路中的，其作用是当前、后促动管路压力 p_1 与 p_2 同步增长到一定值 p_2 后，即自动对 p_2 的增长加以节制，也即使 p_2 的增长量小于 p_1 的增长量。

比例阀一般采用两端承压面积不等的差径活塞结构。图 5-31 所示为比例阀的结构示意图。不工作时，差径活塞 2 在弹簧 3 的作用下处于上极限位置。此时阀门 1 保持开启，因而在输入控制压力 p_1 与输出压力 p_2 从零同步增长的初级阶段，总是有 $p_1=p_2$。在 p_1、p_2 同步增长的过程中，活塞上、下两端液压作用之差大于弹簧 3 的预紧力时，活塞便开始向下移。当 p_1 和 p_2 增长到一定值 p_s 时，活塞内腔中的阀座与阀门接触，进油腔与出油腔即被隔绝。此即比例阀的平衡状态。

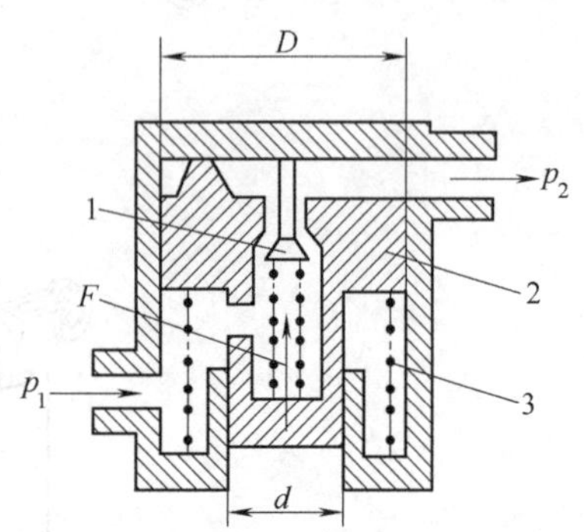

图 5-31　比例阀的结构示意图
1—阀门　2—差径活塞　3—弹簧

若继续踩下制动踏板，p_1 进一步提高，则活塞将回升，阀门再度开启，油液继续流入出油腔，使 p_2 也随之升高。但由于 $A_2>A_1$，p_2 尚未增长到新的 p_1 值，活塞又下降到平衡位置。

2. 感载阀

有的汽车（特别是中、重型货车）在实际质量不同的情况时，其总重量和重心位置变化较大，因而满载和空载状态下的理想促动管路压力分配特性曲线差距较大。在此情况下，采用一般特性曲线不变的制动力调节装置已不能保证汽车制动性能符合法规要求，故有必要采用其特性能随汽车实际装载质量变化而变化的感载阀。液压系统用的感载阀有感载限压阀和感载比例阀两类。

（1）感载比例阀　感载比例阀的工作特性优于感载限压阀，所以应用较广。图 5-32 所示为液压感载比例阀及特性曲线。

（2）感载限压阀　图 5-33 所示为液压感载限压阀。由图可见，弹簧力 F 与弹簧压缩量有关，从而与推杆行程有关，并可由感载控制机构控制。

通过感载控制机构向感载阀输入的控制信号，一般是有关悬架的变形量。然而，影响悬架变形量的因素，除了汽车总重量分配到该悬架上的载荷（包括制动时的载荷转移）以外，还有汽车行驶时不平路面对车轮和悬架的瞬时冲击载荷。感载控制机构中设置能量较大的弹簧的目的就在于能吸收这种冲击载荷，以排除其对感载阀工作的干扰。液压感载阀中油液本身的阻尼，也有助于消除这一干扰。

3. 惯性阀

惯性阀（也称为 G 阀）是一种用于液压系统的制动力自动调节装置，其特性曲线形状与感载阀的相似，但其调节作用起始点的控制压力 p_s 取决于汽车制动时作用在汽车重心上

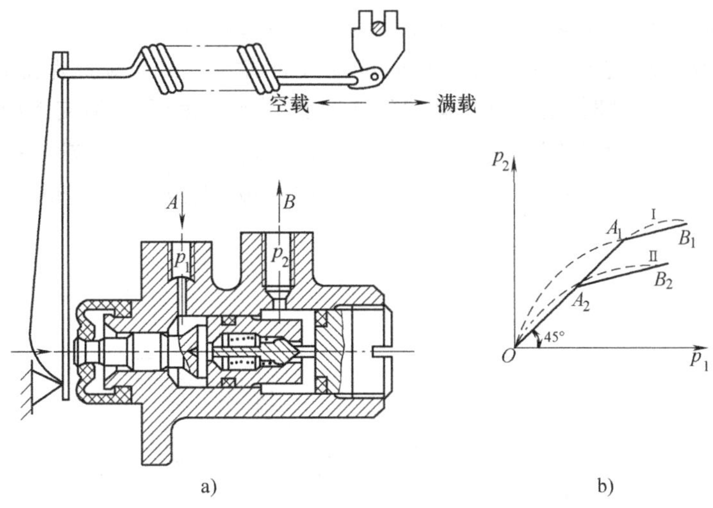

图 5-32　液压感载比例阀及特性曲线

的惯性力，即 p_s 不仅与汽车总质量（或实际装载质量）有关，而且与汽车制动减速度有关。

惯性阀也分为惯性限压阀和惯性比较阀两类。

（1）惯性限压阀　惯性限压阀如图 5-34 所示。阀内有一个惯性球 2。惯性球的支承面相对于水平面的倾角 θ 必须大于零，惯性阀方可起作用。汽车在水平路面上行驶时，θ 应为 10°～30°。

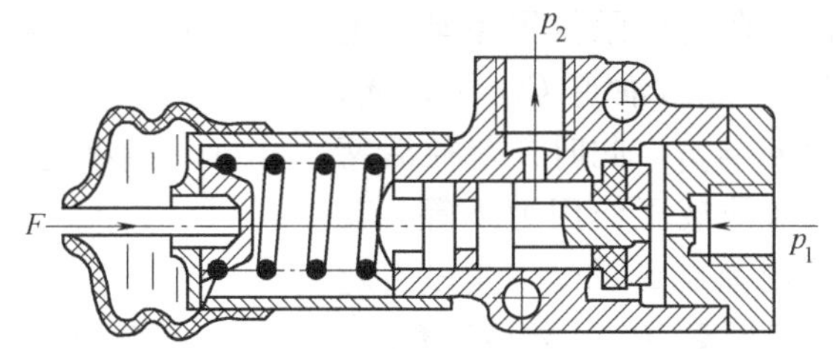

图 5-33　液压感载限压阀

只要 $\theta>0$，平时惯性球即在其本身重力作用下处于下极限位置，并将阀门 4 推到与阀盖 5 接触，使得阀门 4 与阀座 3 之间保持一定的间隙。此时，进油口 A 与出油口 B 连通。

在水平路面上施行制动时，来自制动主缸方面的压力油由进油口 A 输出惯性阀，再由出油口 B 进入后促动管路，输出压力 p_2 即等于输入控制压力 p_1。当路面对车轮的制动力使车轮产生减速时，作为汽车零件的惯性球也具有相同的减速度。在控制压力 p_1 较低，减速度较小，惯性球向前的惯性力沿支承面的分力不足以平衡球的重力沿支承面的分力时，阀门便仍然保持开启，p_2 也依然等于 p_1。当 p_1 增大到一定值 p_s，使得制动力和减速度增大到足以实现上述二力平衡时，阀门弹簧便通过阀门将球推向前上方，使阀门足以压靠阀座，切断液流

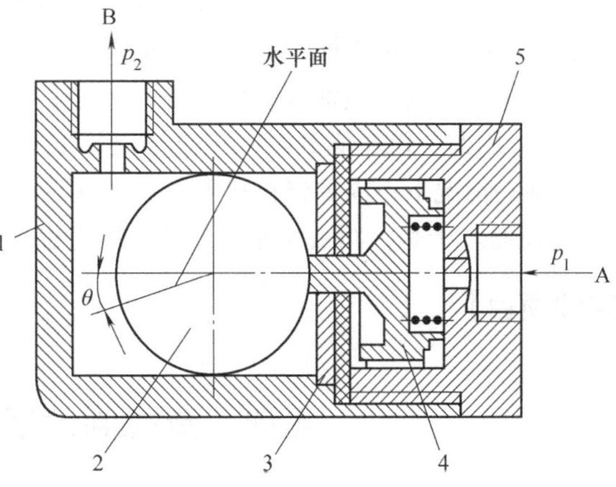

图 5-34　惯性限压阀

1—阀体　2—惯性球　3—阀座　4—阀门　5—阀盖

A—进油口　B—出油口

通路。此后 p_1 继续增大，前轮制动力从而总制动力继续增大时，球的惯性力使其滚到前上极限位置不动。阀门对阀座的压紧力也因 p_1 的增大而增大，故 p_2 就此保持 p_s 值不变。

汽车在上坡路上制动时，由于支承面仰角 θ 增大，惯性球的重力沿支承面的分力也增大，使得惯性阀开始起作用所需的控制压力值 p_s 也更高。这正与汽车上坡时后轮附着力加大相适应。相反，在下坡路上制动时，后轮附着力减小，惯性阀所限定的 p_2 也正好相应的降低。

(2) 惯性比较阀　惯性比较阀如图 5-35 所示。阀座 8 位于惯性球 7 的前方，惯性球即兼充阀门。阀体上不由两个同心但直径不等的油腔 E 和 G。出油口 B 连同而具有较大直径 d 的 E 腔中的第一活塞 2，同通过油道 H 与进油口 A 且与有较小直径 d' 的 G 腔中的第二活塞 4 组成差径活塞组。

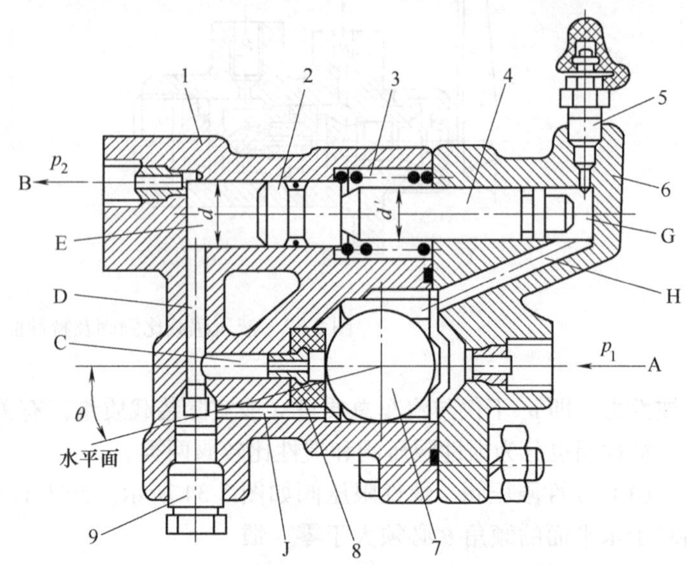

图 5-35　惯性比例阀

1—前阀体　2—第一活塞　3—弹簧　4—第二活塞　5—放气阀　6—阀体　7—惯性球　8—阀座　9—旁通锥阀　A—进油口　B—出油口　C、D、H、J—油道　E、G—油腔

在输入压力 p_1 和输出压力 p_2 同步增长的初级阶段，惯性球保持在后极限位置不动，进油口 A 与出油道 C、D 相通，因而 $p_2 = p_1$。此时，差径活塞组两端的液压作用力不等，其差值由弹簧 3 承受。当该力超过弹簧预紧力时，差径活塞组更进一步压缩弹簧 3 而右移。到 p_1、p_2 同步增长到同一定值 p_s，惯性球沿倾角为 θ 的支承面向上滚到压靠阀座 8 时，油腔 E 和 G 便互相隔绝，差径活塞组停止右移。此后，继续增长到输入压力 p_1 对第二活塞 4 的作用力 $\pi d'^2 p/4$ 与弹簧力 F 之和作用于第一活塞 2 上，使 E 腔压力 p_2 也随之增长。

汽车实际载重量不同，其总质量也不同。在总制动力相同的情况下，满载汽车的减速度比空车的小。而同一惯性阀的倾角 θ 是一定的，则开始时起作用的减速度值也一定（指水平位置）。因此，汽车满载时，相应与调节作用起始点控制压力值 p_s 比空载时的高。

在某些情况下不需要惯性比例阀起作用时，可将旁通锥阀 9 旋出，使旁通油道 H 与出油道 D 连通。于是，阀被短路，差径活塞组也失效。

【实训项目】

实训　盘式制动器的拆装与检查

一、实验目的

1）熟悉盘式制动器的构造和拆装过程。

2）掌握盘式制动器的检查项目及方法。

二、实训设备

前桥车轮制动器1个，千斤顶一个，塞尺1把，常用工具1套。

三、实训内容

1. 拆卸

1）制动钳组件装配关系，如图5-36所示。

2）拧松但不拆下前轮螺母，拆下传动轴开口销。

3）用千斤顶将车辆顶起离地，用安全支架支承稳定车辆。

4）拆下前轮。

5）踩动制动踏板，并保持在制动位置，拆下传动轴槽螺母；松开制动盘螺栓，但不拆下，如图5-37所示。

6）拆开制动软管与制动钳体的连接，并用螺塞装入软管接头，防止制动液流出。

7）拆下制动钳螺栓（两件），取下制动钳。

注意：拆卸时应小心，不要损伤制动软管，也不要踩动制动踏板。

8）拆下摩擦块。

9）用专用工具从转向节上拆下制动盘和轮毂。

10）制动轮缸的分解，如图5-38所示。擦净制动钳，从制动轮缸上拆下制动软管，在制动轮缸接头上装上导气管，向制动轮缸内吹入压缩空气。并用此空气压力，将活塞推出制动轮缸缸外。

注意：不得使用压力高的压缩空气，因为压力高的空气会使活塞从制动轮缸射出而损伤活塞。应使用压力适中的压缩空气逐渐把活塞推出，当用压缩空气推出活塞时，不允许将手指放置在活塞的前方。

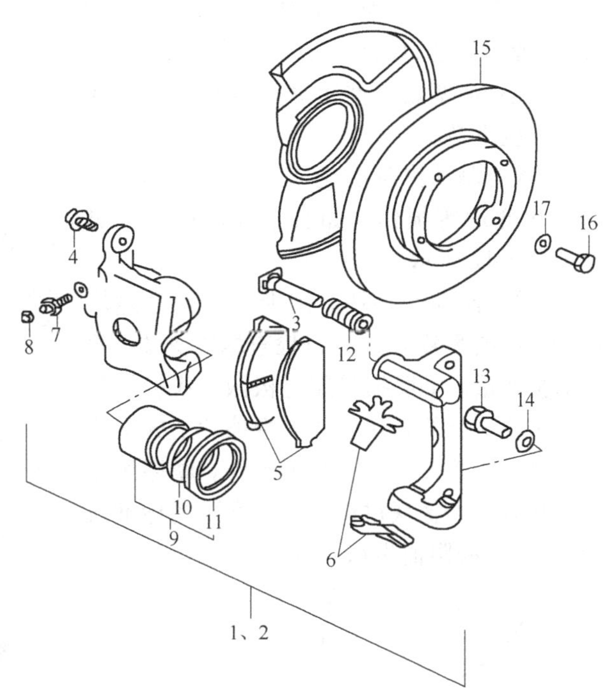

图5-36 制动钳组件的装配关系

1—制动钳总成（右） 2—制动钳总成（左） 3—制动钳轴销 4—制动钳轴销螺栓 5—摩擦块 6—弹簧片 7—放气螺塞 8—放气螺塞罩 9—轮缸活塞 10、11—活塞防尘罩 12—轴销套 13、16—螺栓 14、17—垫圈 15—制动盘防尘罩

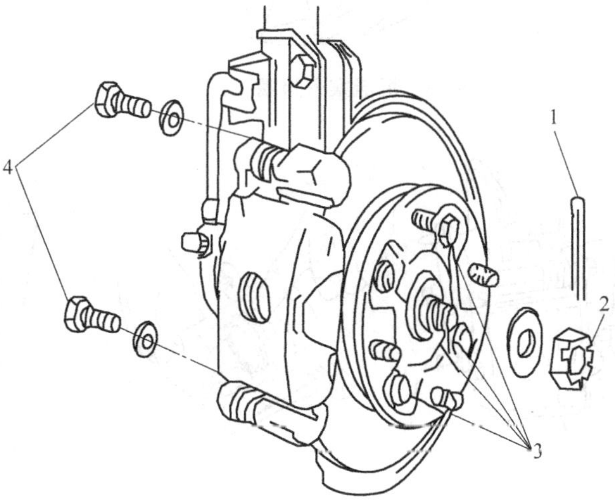

图5-37 松开制动盘螺栓

1—开口销 2—槽螺母 3—制动盘螺栓 4—制动钳螺栓

用平口旋具，拆下活塞密封圈，如图 5-39 所示。注意：不要损伤制动轮缸孔内表面及密封圈。

11）拆下制动盘与轮毂的连接螺栓，将制动盘和轮毂拆开，如图 5-40 所示。

2. 检查

1）检查制动钳钳体是否变形、有裂纹，制动轮缸是否磨损严重，如有不良，应更换新件。

2）检查活塞是否严重磨损或有锈蚀，如有缺陷，应更换。

3）检查制动钳各防尘罩是否有破损、裂纹、老化变形等损伤，如有上述缺陷，应更换，如图 5-41 所示。

4）检查制动摩擦块。用卡尺测量摩擦块的厚度，如图 5-42 所示，以检查摩擦块摩擦片是否磨损严重。如磨损量超过极限，应换用新件。摩擦块更换的时间由各个摩擦片上的槽线决定，当槽线消失时，应换用新件。摩擦块厚度（摩擦片 + 摩擦块衬垫凸缘厚度）的标准值为 15. 5mm，极限值为 6. 5mm。

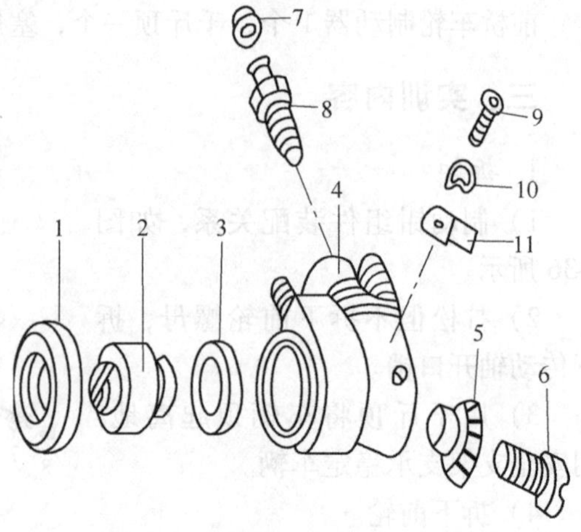

图 5-38 前单活塞式制动轮缸的分解

1—防尘罩 2—活塞皮碗 4—缸体 5—齿形螺母 6—制动间隙调整螺栓 7—护罩 8—放气螺塞 9—螺钉 10—垫片 11—锁止簧片

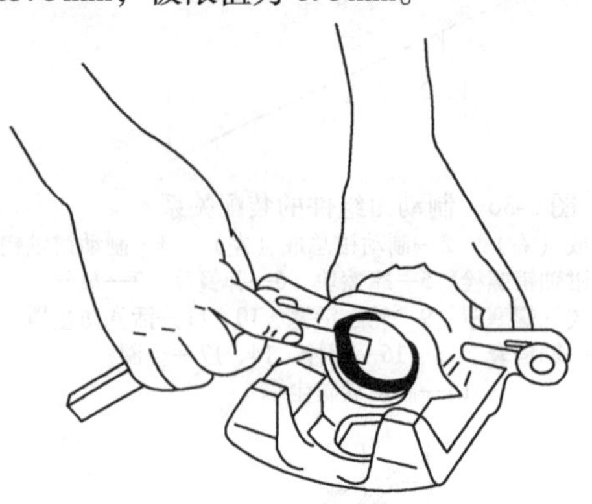

图 5-39 拆活塞密封圈

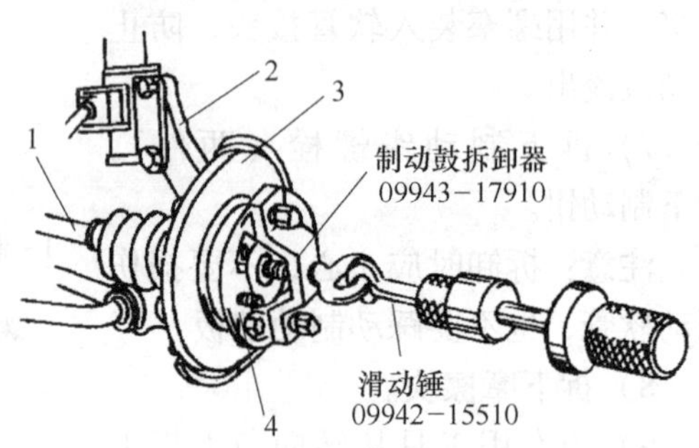

图 5-40 轮毂的拆卸

1—传动轴 2—转向节 3—制动盘 4—轮毂

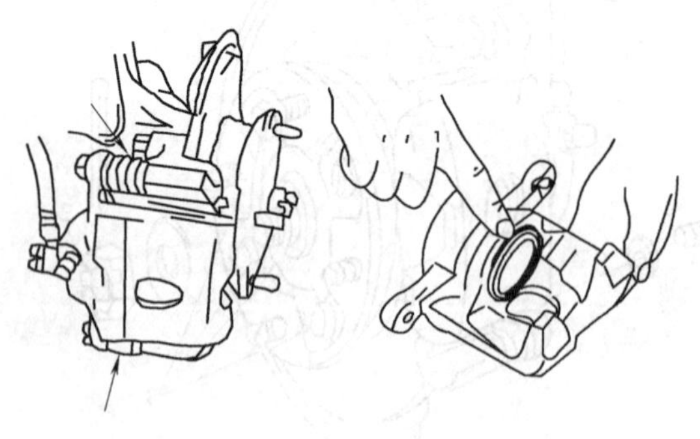

图 5-41 检查防尘罩

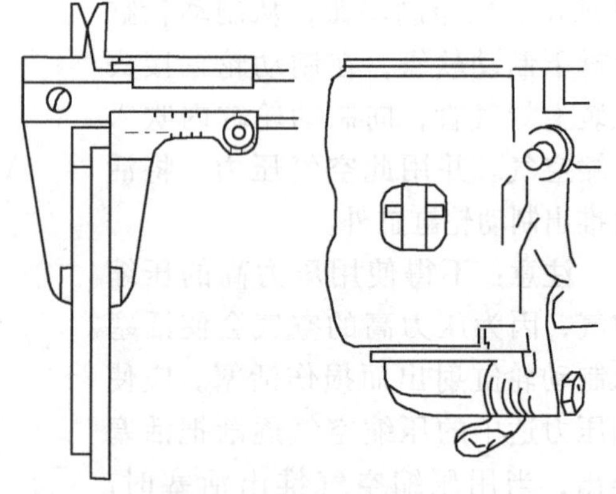

图 5-42 测量摩擦块的厚度图

注意：绝不允许用砂纸抛光摩擦块摩擦片。如用砂纸抛光摩擦片，砂纸的硬纸料会嵌入摩擦片内，就有可能损伤制动盘。摩擦片需修理时应换用新件。拆下摩擦块时，目测检查制动钳是否漏泄制动液，如有，应修理泄漏部位。

5）检查制动钳轴销滑套移动是否灵活，如图5-43所示。如发现不良，应进一步检查制动钳轴销是否变形或损坏，应修理或更换有缺陷的滑套或轴销。更换时，应在滑套的外表面涂橡胶润滑脂。

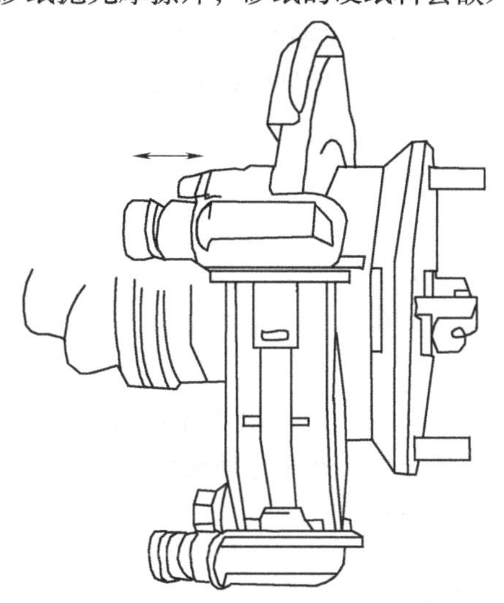
图5-43 检查制动钳轴销及滑套

6）检查制动盘。检查制动盘表面受磨部位是否有划痕。当划痕轻微时，属正常情况，可继续使用；如制动盘有深划痕或整个表面都有划痕时，应更换制动盘。如制动盘仅一侧有划痕，应抛光并修正该侧制动盘。

检查制动盘的厚度，以确定制动盘的磨损情况，如图5-44所示。制动盘厚度标准值为10mm，极限值为8.5mm。如图5-45所示，用千分表检测制动盘的端面圆跳动，以确定制动盘平面度，极限值为0.15mm；超过极限值时，应更换制动盘。

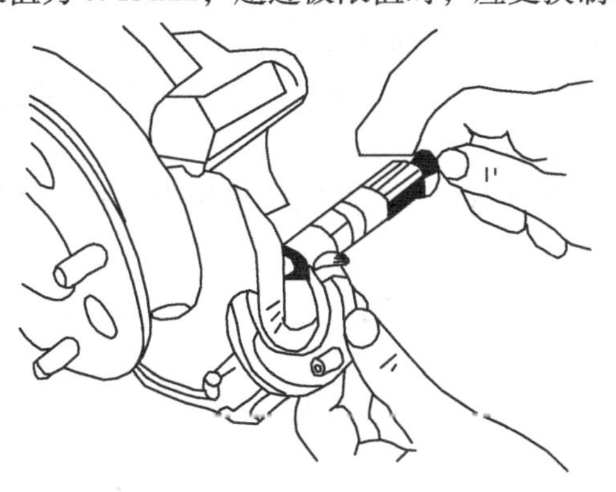
图5-44 测量制动盘的厚度图

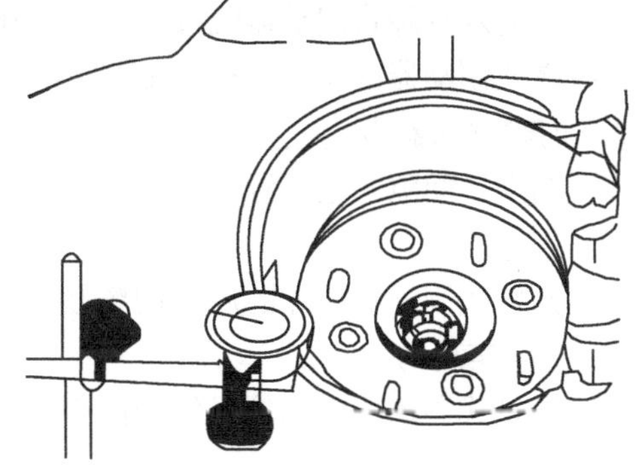
图5-45 测量制动盘的平面度

注意：测量前，应检查前轮轴承是否松动。

3. 安装

1）用制动液洗净制动轮缸孔、活塞、活塞密封圈、活塞防尘罩等零件。然后用制动液涂抹上述零件。

2）将活塞密封圈装入制动轮缸孔环槽内。

3）把活塞装入制动轮缸孔。注意在装配时，不要使活塞歪斜，以免损伤缸孔表面。

4）将活塞防尘罩装入制动钳上，并装上防尘罩固定环。在装防尘罩时，活塞外端应伸出制动轮缸端约10mm，如图5-46所示。这样有助于安装。

5）将轴销套外表面涂润滑脂，装入制动钳套孔中，并装好轴销。

6）把制动钳装在转向节上，并按规定拧紧力矩紧固螺栓。螺栓的拧紧力矩为70~100N·m。

7）将弹簧片、摩擦块装在制动钳上。

8）用轴销螺栓，将制动钳体装在制动钳上，并检查滑动是否灵活。然后按规定力矩拧紧轴销螺栓，轴销螺栓的紧固力矩为22～32N·m。

9）安装制动软管。并注意不要扭曲软管，确保软管不与任何部件干涉。软管接头螺栓的紧固力矩为20～35N·m。

10）安装好后，储液筒应加制动液，并排除制动系统的空气。进行制动试验，检查所装各零件是否漏油。

11）安装后应检查轮胎转动是否灵活，如轮胎转动沉重，应检查车轮轴承是否损伤；制动盘的平面度是否符合要求。

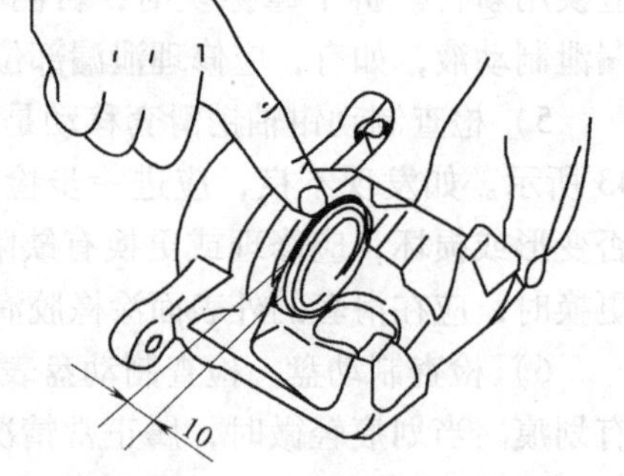

图5-46 装防尘罩时活塞的位置

【习题】

一、填空题

1. 汽车所用的摩擦制动器可分为________和________两大类。

2. 可作为制动器中制动蹄促动装置的有________、________和________三种。

3. 双向双领蹄式制动器既按________布置，又按________布置。

4. 鼓式制动器中属于平衡式制动器的有________、________和________三种。CA7560型轿车前轮制动器为________。

5. 制动器间隙调整装置有________和________两种类型，摩擦限位式间隙调整装置属于________。

6. 凸轮式制动器间隙的局部调整是通过转动制动调整臂中的________带动转动，以改变________实现的。

7. 凸轮式制动器中凸轮对领蹄的促动力________对从蹄的促动力，所以两蹄的制动力矩________。

8. 钳盘式制动器可分为________和________两类。CA7220型轿车的前轮制动器为________。

9. 桑塔纳轿车的后轮制动器为鼓式制动器中的________，所以制动轮缸采用的是________。

10. 在真空增压式液力制动传动装置中，增压器由________、________和________三部分组成。

11. 真空助力器装在________和________之间。

12. 限压阀应用在制动时________向________转移较多的汽车上。

13. 在制动时比例阀比限压阀能较多地提高后轮的________。

14. 在真空增压液压式制动传动系统中，当增压器起作用时，各轮缸的压力________主缸压力。

15. 在真空助力液压式制动传动系统中，真空加力器产生的作用力直接作用在________上。

16. 鼓式制动器中的旋转元件为________，其工作表面为________。

二、判断题

1. 双领蹄式制动器在前进或倒车制动时，两蹄均为领蹄。 ( )
2. 最佳的制动状态是车轮完全被抱死而发生滑移。 ( )
3. 制动踏板自由行程过大，会造成制动不灵。 ( )
4. 快放阀应设置在制动阀到制动气室的管路上靠近制动气室处。 ( )
5. 继动阀的作用是缩短供气路线，使压缩空气不经过制动阀，所以不受制动阀控制。 ( )
6. 凸轮式制动器属于平衡式制动器。 ( )
7. 感载阀的特性曲线能随汽车装载质量变化而变化。 ( )
8. 在真空液压制动传动装置中增压器失效时，制动主缸仍然可以制动。 ( )
9. 限压阀的调节作用起始点的控制压力的大小取决于其弹簧刚度。 ( )
10. 真空助力器在不制动时，其大气阀开启。 ( )
11. 摩擦限位式间隙调整装置属于一次调准式自调装置。 ( )
12. 盘式制动器间隙增大也是由于制动盘热膨胀所致。 ( )

三、简答题

1. 汽车制动系统的作用是什么？它由哪些主要部分组成？
2. 车轮制动器有哪些常见类型？各有什么样的特点？
3. 试分析制动器的助势与减势作用。
4. 简述车轮制动系统的调整方法。
5. 盘式制动器与鼓式制动器相比有何优、缺点？
6. 制动力调节装置有几种形式？各有何特点？
7. 驻车制动系统的组成如需调整应当如何进行？

项目 6　防抱死制动系统检修

【知识目标】

1）掌握防抱死制动系统（ABS）的功能和分类。

2）熟悉防抱死制动系统（ABS）的组成结构和工作原理。

3）熟悉防抱死制动系统（ABS）的一般控制过程。

4）了解电子制动力分配（EBD）系统的功能和结构原理。

5）了解制动力辅助系统（BAS）的功能和结构原理。

【能力目标】

1）能够对系统（ABS）的常见故障进行分析。

2）能够使用诊断仪器对（ABS）等电子制动系统进行诊断。

3）能熟练拆装防抱死制动系统（ABS）各部件。

4）对防抱死制动系统（ABS）的故障排除和部件更换能力。

【知识准备】

知识点 6.1　ABS 的功用、组成及工作原理

一、汽车 ABS 的功用

汽车制动系统是汽车组成系统中一个相当重要的组成部分，常通过制动效能及制动时的方向稳定性来评价车辆的制动性能。在车辆制动时如果车轮抱死滑动，则车轮与路面间的侧向附着能力将完全消失。如果只是前轮（转向轮）制动抱死滑移而后轮还在滚动，则汽车将失去转向能力。若后轮制动抱死而前轮滚动，则车辆将失去抵抗侧向作用力的能力，路面上任意的侧向力作用于车辆都极易使车辆发生侧滑（甩尾）现象。无论前者还是后者都属于车辆失控状态的一种，都极其容易导致严重的交通事故。

车速与轮速之差与车速的比值，称为滑移率 s。滑移率为 0%，意味着车轮作纯滚动运动，与地面间没有任何的相对滑动；滑移率为 100%，则意味着车轮在制动时被完全抱死，轮胎在路面上只滑移而不转动。

车轮制动力和转弯力与滑移率的关系如图 6-1 所示，从图中可以看出，当滑移率在 10%～30%之间时，车辆可以获得最大的制动力。所以当汽车制动时，若将汽车滑移率控制在峰值滑移率（即 $s=20\%$）附近，可使纵向附着系数和横向附着系数都较大，这样既能使汽车获得较高的制动效能，又可保证汽车在制动时的方向稳定性。防抱死制动系统（Anti-lock

Braking System，ABS）目前已经是许多客车和轿车的标准配置，它能防止汽车在常规制动过程中由于车轮完全抱死而出现的后轴侧滑、前轮丧失转向能力等现象，从而充分发挥轮胎与路面间的潜在附着力，通过对制动的控制使车轮滑移率始终控制在峰值滑移率附近，最大限度地改善汽车的制动性能，以提高汽车在制动过程中的方向稳定性和转向操纵能力，从而满足行车安全的需要。

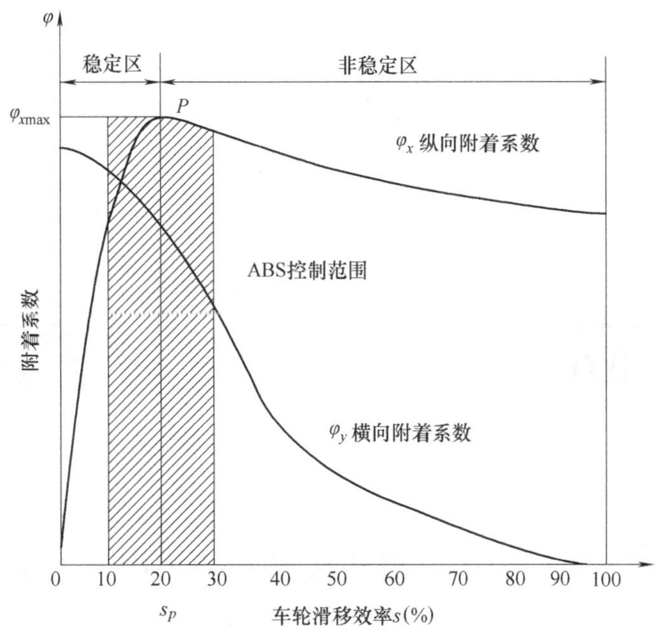

图6-1　滑移率与汽车制动性能的关系

二、ABS的基本组成工作原理

1. ABS的基本组成

通常情况下，ABS是在普通制动系统的基础上加装轮速传感器、电子控制单元(ECU)、制动压力调节装置及ABS警示装置等组成的，如图6-2所示。

2. ABS的工作原理

每个车轮上均安装有轮速传感器，它们将各车轮的转速信号及时地输入电子控制单元(ECU)。ECU是ABS的控制中心，它根据各个车轮轮速传感器输入的信号对各个车轮的运动状态进行检测和判定，并形成相应的控制指令，再适时发出控制指令给制动压力调节器。制动压力调节器是ABS中的执行器，它是由调压电磁阀总成、电动泵总成和蓄能器等组成的一个独立整体，并通过制动管路与制动主缸和各制动轮缸相连，制动压力调节器受ECU的控制，对各制动轮缸的制动压力进行调节。警示装置包括仪表板上的制动警告灯和ABS警告灯。制动警告灯为红色，通常用BRAKE作为标识，由制动液面开关、驻车制动开关及制动液压力开关并联控制；ABS警告灯为黄色，由ABS ECU控制，通常用ABS作为标识。ABS具有实效保护和自诊断功能，当ECU监控到系统故障时，将制动关闭ABS，此时制动系统就是常规制动系统，同时存储故障信息，警告灯闪亮。

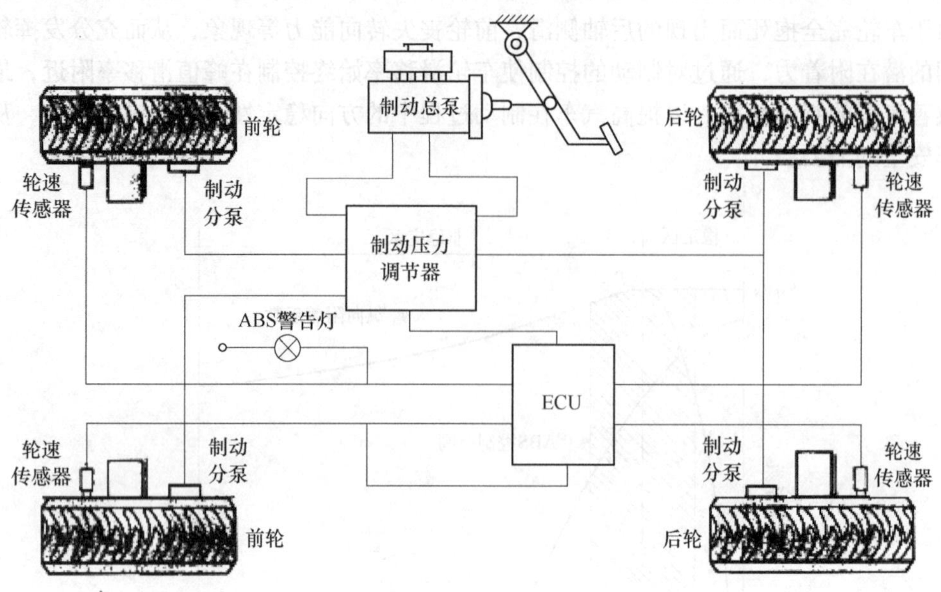

图 6-2 电子控制防抱死制动系统（ABS）的组成

知识点 6.2 ABS 主要组成元件的结构与工作原理

一、轮速传感器

轮速传感器又称为车轮转速传感器、车轮速度传感器，其作用是检测汽车车轮的转速，目前用于汽车 ABS 的主要有电磁式轮速传感器和霍尔式轮速传感器两种类型。

1. 电磁式轮速传感器

目前大多数轮速传感器都采用电磁式轮速传感器。轮速传感器由电磁感应传感头和信号转子两部分组成，其外形图如图 6-3 所示。

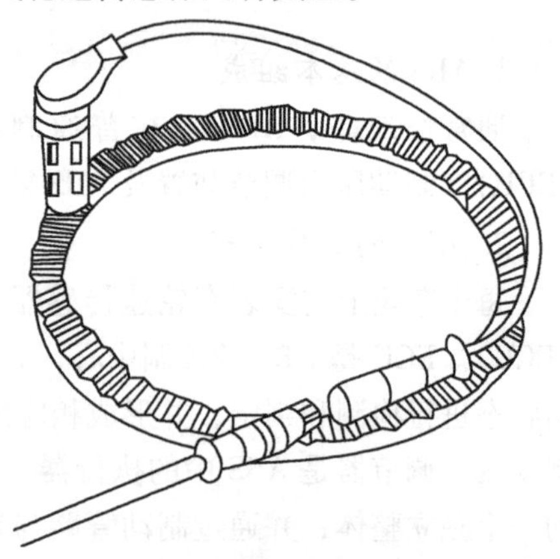

图 6-3 电磁式轮速传感器外形图

电磁感应传感头用来产生感应电压，通常由永久磁铁、电磁线圈和极轴等构成。根据极轴结构的不同，电磁感应传感头又可以分为凿式极轴传感头和柱式极轴传感头，如图 6-4 所示。

轮速传感器的传感头一般安装在车轮附近，如制动底板、转向节、半轴套管等处。信号转子是一个齿圈，齿数的多少与车型、ABS ECU 有关，一般装在随车轮一起转动的部件上，如轮毂、半轴、制动盘等处。图 6-5 所示为奥迪轿车轮速传感器的安装位置。

电磁式轮速传感器输出的电压信号如图 6-6 所示。当车轮转速越高且车辆行驶速度越快时，感应电压的频率和波幅均较大；反之，感应电压的频率和波幅均较小。

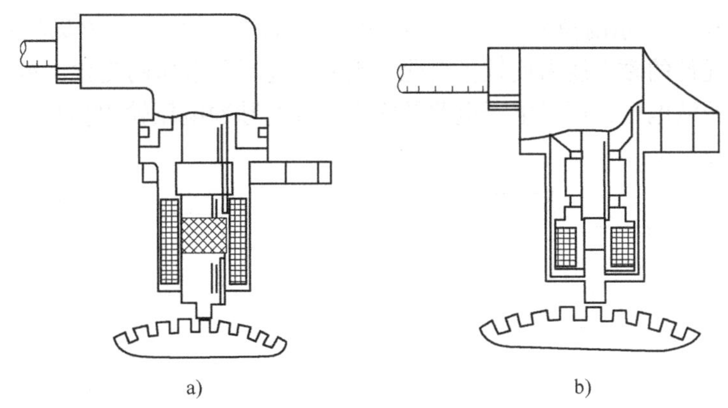

图6-4 电磁式轮速传感器结构图

a）凿式极轴传感头 b）柱式极轴传感头

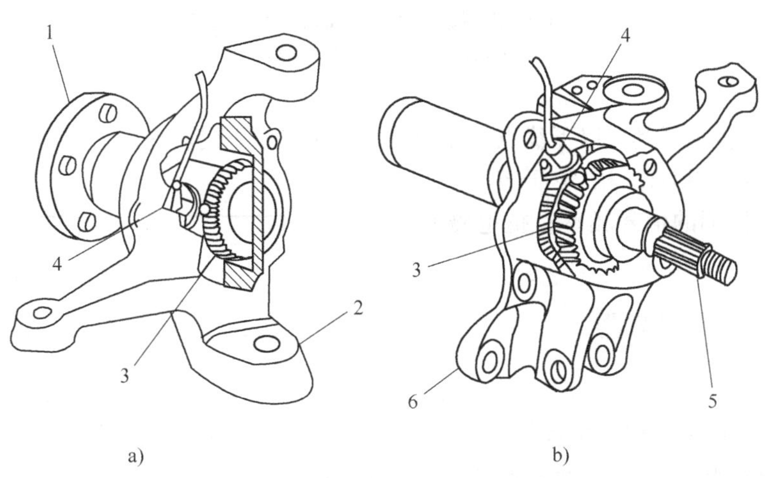

图6-5 奥迪轿车轮速传感器的安装位置

a）前轮上的安装位置 b）后轮上的安装位置

1—轮毂 2—转向节 3—信号转子 4—传感头 5—半轴 6—悬架支撑

电磁式轮速传感器结构简单，成本低，但存在以下缺点：当车速很低时，传感器输出的电压信号较弱，传感器频率响应较低；当车速过高时，传感器的频率响应跟不上，容易产生错误信号；传感器的抗电磁波干扰能力较差。

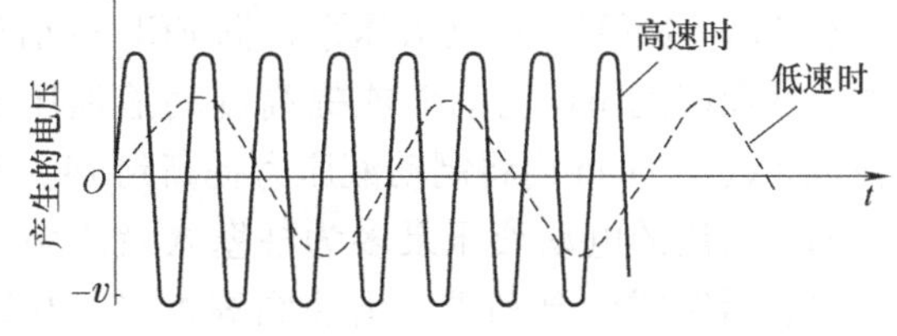

图6-6 电磁式轮速传感器输出的电压信号

2. 霍尔式轮速传感器

霍尔式轮速传感器利用霍尔效应原理产生与轮速相对应的电压脉冲信号。霍尔式轮速传感器也是由传感头和齿圈组成，传感头由永久磁体、霍尔元件和电子电路等组成，如图6-7所示。

当车轮位于如图6-7a所示的位置时，穿过霍尔元件的磁力线分散，磁场相对较弱；而当齿轮位于如图 6-7b 所示的位置时，穿过霍尔元件的磁力线集中，磁场相对较强。齿轮转动时，穿过霍尔元件的磁力线密度发生变化，因而引起霍尔电压的变化，霍尔元件将输出一个毫伏级的准正弦波电压，通过电子电路转换为标准的脉冲电压输出信号，电压幅值为 7 ~ 14V，如图 6-8 所示。

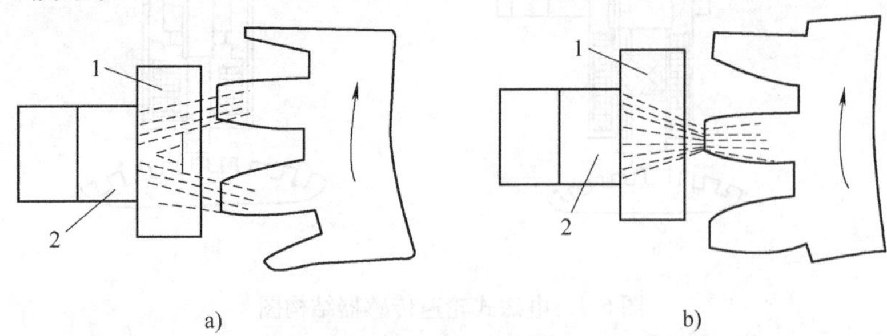

图 6-7　霍尔式轮速传感器

a）霍尔元件磁场较弱　b）霍尔元件磁场较强

1—霍尔元件　2—永久磁铁

霍尔式轮速传感器具有以下优点：输出信号电压幅值不受转速的影响；频率响应高，其响应频率高达 20kHz，相当于车速为 1000km/h 时所检测的信号频率；抗电磁波干扰能力强。

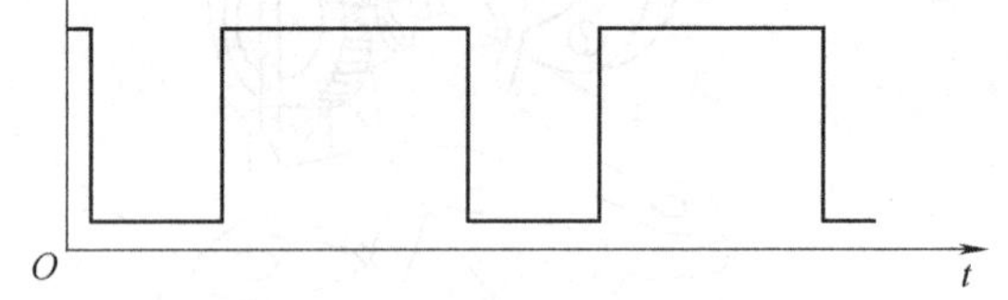

图 6-8　霍尔式轮速传感器电压波形

二、制动压力调节器

制动压力调节器又称为 ABS 控制器，是 ABS 的执行机构，其功用是接受 ECU 的指令，通过电磁阀的动作控制车轮制动轮缸的制动压力，通常由电动液压泵、液压控制单元（包括蓄能器和电磁阀）等构成，如图 6-9 所示。

制动压力调节器串接在制动主缸与制动轮缸之间，通过电磁阀直接或间接地控制制动轮缸的制动压力。通常，把电磁阀直接控制制动轮缸压力的制动压力调节器称作循环式调节器，把间接控制制动轮缸压力的制动压力调节器称为可变容积式调节器。

1. 电动液压泵

在 ABS 运行时，电动液压泵根据 ECU 的信号确定是否工作，从而起到循环制动液或提高制动液油压的作用。它可在汽车起动 1min 内将制动液压力提高到 14 ~ 22MPa。

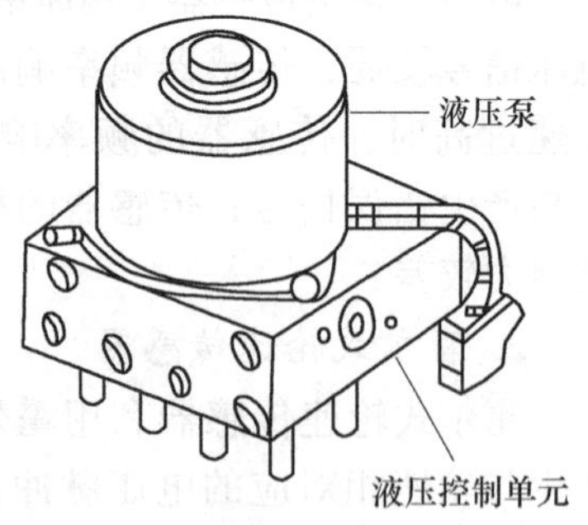

图 6-9　制动压力调节器

ABS 所用的电动液压泵多为柱塞式液压泵，它由直流电动机、活塞式油泵和进、出油阀等组成，其结构图如图 6-10 所示。电动机由压力控制开关 1 控制，当柱塞出油口 4 的压力低于设定的控制压力时，压力控制开关 1 闭合，接通电动机 8 电路，于是电动机驱动柱塞泵工作将制动液泵入蓄能器中。

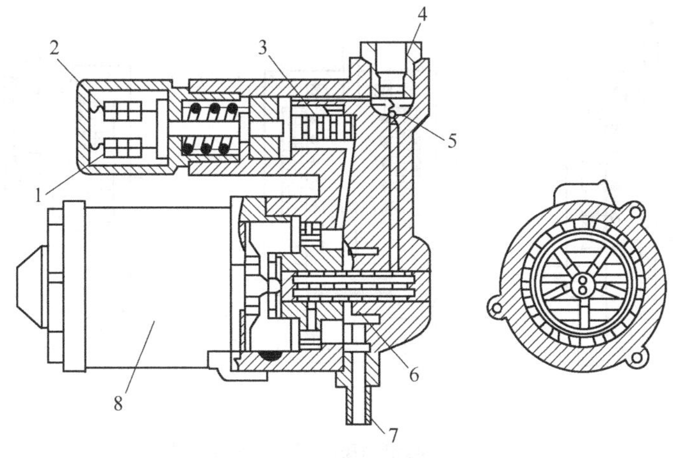

图6-10 柱塞式电动液压泵的结构图

1—压力控制开关 2—警告开关 3—限压阀 4—出油口 5—单向阀 6—滤芯 7—进油口 8—电动机

2. 蓄能器

蓄能器的结构形式多种多样。例如活塞-弹簧式蓄能器，该蓄能器位于电磁阀与回油泵之间，由制动轮缸来的液压油进入蓄能器，进而压缩弹簧使蓄能器液压腔容积变大，以暂时储存制动液。又如气囊式储能器（见图6-11），蓄压气囊内充满了高压氮气，可使制动液的压力保持在14～18MPa较高的压力。为了安全起见，近年来生产的部分车型中已经取消了蓄能器。

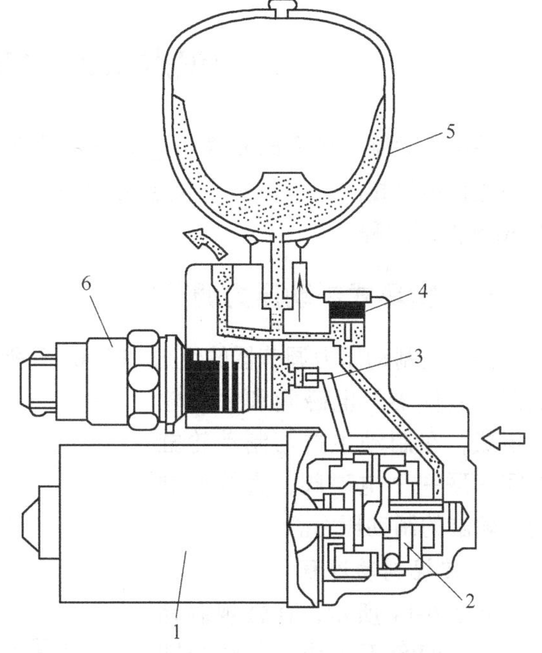

图6-11 气囊式蓄能器

1—电动液压泵 2—回转球阀式活塞泵 3—单向阀 4—限压阀 5—蓄能器 6—压力控制开关

3. 电磁阀

ABS中通常有4～8个电磁阀，分别对应控制前、后轮的制动。常用的电磁阀有三位三通电磁阀和二位二通电磁阀等多种形式。

ABS电磁阀由电磁阀、固定铁心和可动铁心组成。通过改变电磁阀的电流改变磁场力，可以改变柱塞的位置，从而控制液体通道的开闭。图6-12所示为博世ABS三位三通电磁阀。根据电流的大小，可将柱塞控制在3个位置，改变3个阀口之间的通路。

三、ABS电子控制单元（ECU）

根据来自轮速传感器的信号以及发动机的输出转速信号，电子控制单元（ECU）测量轮速和实际车速。在制动过程中，虽然轮速下降，但减速幅度会视制动中的车速和路面状况

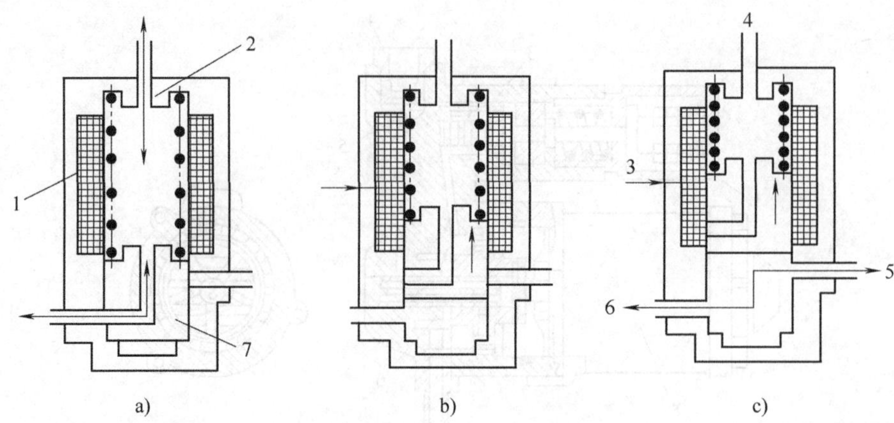

图 6-12 博世 ABS 三位三通电磁阀
a）电流为 0 b）电流小 c）电流大
1—电磁线圈 2—固定铁心 3—电流 4—通制动主缸 5—通蓄能器 6—通制动轮缸 7—衔铁

（如沥青路面、湿路面或者结冰路面）而异。ECU 根据制动中轮速的变化、轮速与实际车速的差异来判断车轮与路面之间的滑移情况，控制 ABS 执行器，发出指令将最佳的压力传送至各制动器的制动轮缸，以获得对轮速的最佳控制。

知识点 6.3 ABS 的控制过程

采用不同制动压力调节器（包括循环式调节器和可变容积式调节器）的 ABS，其制动控制过程不尽相同，但是其基本控制过程是相似的。现在分别介绍采用两种制动压力调节器的 ABS 控制过程。

一、循环式制动压力调节器

循环式制动压力调节器的组成如图 6-13 所示，它主要由制动踏板机构、制动主缸、回油泵、蓄能器、电磁阀和制动轮缸组成，在制动主缸与制动轮缸之间串联一个电磁阀，直接控制制动轮缸的制动压力。

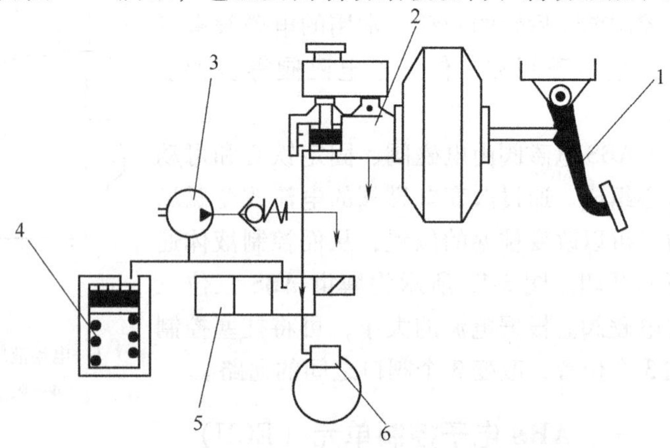

图 6-13 循环式制动压力调节器组成
1—制动踏板机构 2—制动主缸 3—回油泵 4—蓄能器
5—电磁阀 6—制动轮缸

1. 常规制动过程

如图 6-14 所示，在常规制动过程中，ABS 不工作，电磁线圈中无电流通过，电磁阀柱塞在回位弹簧的作用下处于下端位置。此时制动主缸与制动轮缸相通，由制动主缸来的制动液直接进入制动轮缸，制动轮缸压力随制动主缸压力的升高而升高。

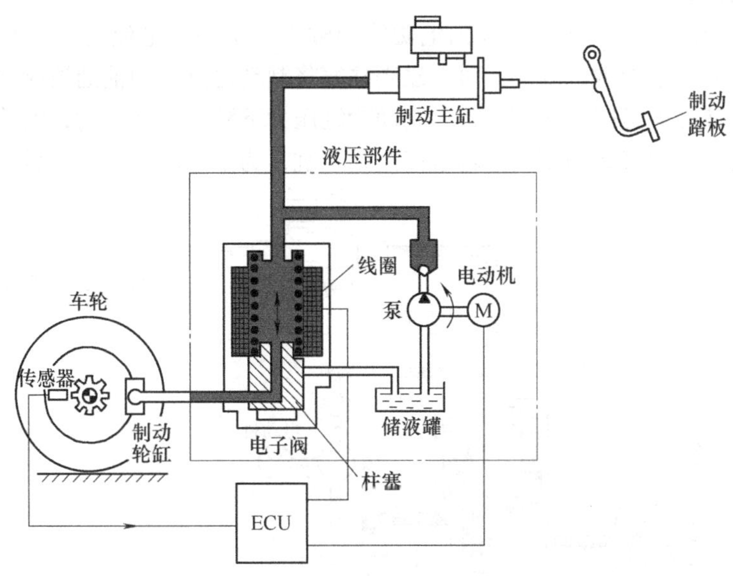

图 6-14 循环式制动压力调节器常规制动过程

2. 保压制动过程

如图 6-15 所示，当电子控制单元向电磁线圈输入一个较小的电流时（约为最大电流的 1/2），电磁线圈产生较小的电磁力，使柱塞处于中间位置。此时制动主缸、制动轮缸和回油孔相互隔离，制动轮缸中的制动压力保持一定。

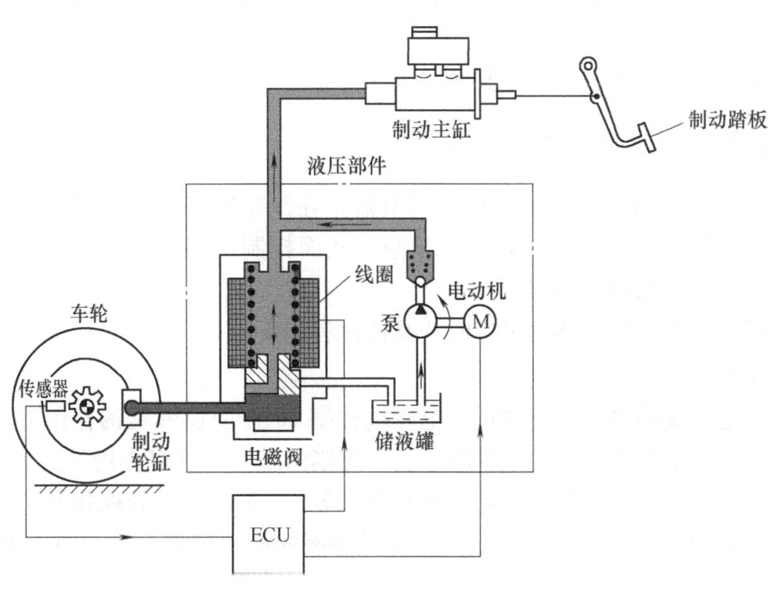

图 6-15 循环式制动压力调节器保压制动过程

3. 减压制动过程

如图 6-16 所示，当电子控制单元向电磁线圈输入一个最大电流时，电磁线圈产生更大的电磁力，使柱塞处于上端位置。此时电磁阀柱塞将制动轮缸与回油通道或储液罐连通，制动轮缸中的制动液经电磁阀流入储液罐，制动轮缸压力下降。与此同时，电动机起动，带动液压泵工作，将流回储液罐的制动液输送回制动主缸，为下一个制动周期做好准备。

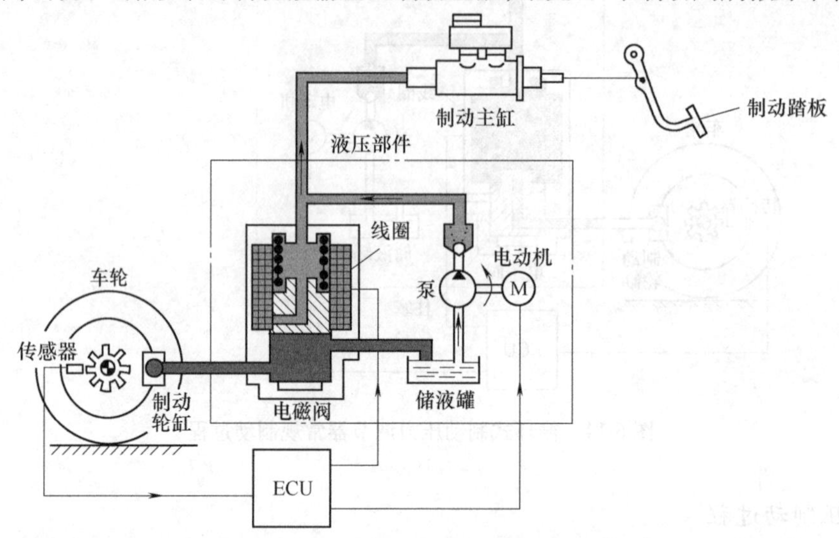

图 6-16 循环式制动压力调节器减压制动过程

4. 增压制动过程

当制动压力下降后，轮速增加，当电子控制单元检测到轮速增加太快时，便切断通往电磁阀的电流，使制动主缸与制动轮缸再次相通，制动主缸的高压制动液再次进入制动轮缸，制动力增加。

制动时，上述过程反复进行，直到解除制动为止。

二、可变容积式制动压力调节器

如图 6-17 所示，可变容积式制动压力调节器是在汽车原有制动管路上增加一套液压控制装置，用它控制制动管路中制动容积的增减，从而控制制动压力的变化。它主要由电磁阀、控制活塞、液压泵和蓄能器组成。

可变容积式制动压力调节器的工作时的具体过程如下：

1. 常规制动过程

常规制动时电磁线圈中无电流通过，电磁阀柱塞 10 在回位弹簧的作用下使柱塞处于左端位置，将控制活塞工作腔 3 与回油管路接通，控制活塞 5 在弹簧作用下被推至最左端，活塞顶端推杆将单向阀 2 打开，使制动主缸 6 与制动轮缸 13 的制动管路接通，制动主缸 6 的制动液直接进入制动轮缸 13，制动轮缸 13 内制动液的压力随制动主缸 6 的压力升高而升高。

2. 减压制动过程

需要减压时，当电子控制单元 12 向电磁线圈中输入较大的电流，电磁阀内的柱塞 10 在电磁力的作用下克服弹簧的弹力移到右边，将蓄能器7与控制活塞工作腔3的管路接通，蓄能器7中的制动液进入控制活塞工作腔4推动活塞右移，单向阀2关闭，制动主缸6与制动轮缸13之间的通路被切断。同时，由于控制活塞5右移使制动轮缸一侧容积增大，制动压力减小。

3. 保压制动过程

需要保压时电子控制单元12向电磁线圈输入小电流，由于电磁线圈的电磁力减小，柱塞10在弹簧力的作用下左移至中间位置，将蓄能器7、回油管及控制活塞工作腔3的管路相互关闭。此时，控制活塞5左侧的油压保持一定，控制活塞5在油压和强力弹簧的共同作用下保持在一定的位置，而此时单向阀2仍处于关闭状态，制动轮缸13的容积也不发生变化，制动压力保持一定。

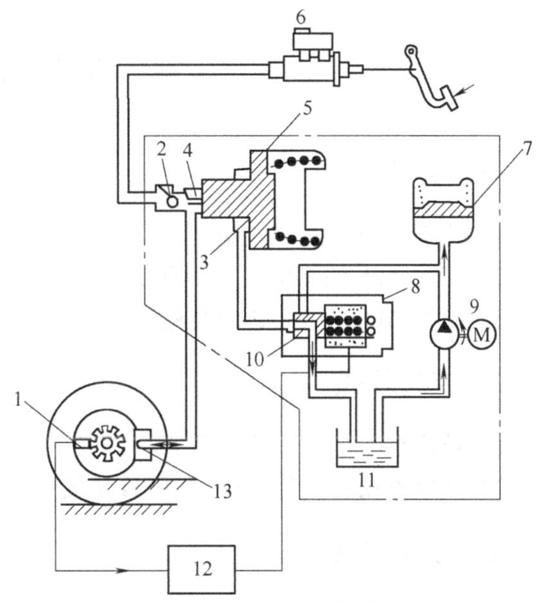

图6-17　可变容积式制动压力调节器的组成

1—轮速传感器　2—单向阀　3—控制活塞工作腔　4—控制活塞左腔　5—控制活塞　6—制动主缸　7—蓄能器　8—电磁阀　9—电动液压泵　10—柱塞　11—储液罐　12—电子控制单元（ECU）　13—制动轮缸

4. 增压制动过程

需要增压时，电子控制单元切断电磁线圈中的电流，柱塞10回到左端的初始位置，控制活塞工作腔3与回油管路接通，控制活塞左侧控制油压解除，控制活塞5左移至最左端时，单向阀2被打开，制动轮缸13内的制动压力将随制动主缸13压力的增大而增大。

知识点6.4　电子制动力分配调节装置（EBD）

电子制动力分配调节装置（Electric Brake-force Dis-tribution，EBD）在一些欧系车型上也有用EBV作为标识的。该系统能够调节前、后轴的制动力分配比例，提高制动效能（在一定程度上可以缩减制动距离），并配合ABS提高汽车制动稳定性。汽车制动时，如果四个轮胎的地面附着条件不同，例如左侧轮胎附着在湿滑路面上而右侧轮胎附着于干燥路面，则四个轮胎与地面间的摩擦力也显著不同，在制动时（四个轮胎的制动力相同）就容易产生打滑、倾斜和侧滑现象。

EBD的功能就是在汽车制动的瞬间，高速计算出四个轮胎由于附着不同而导致的摩擦因数值，然后调整制动装置，使其按照设定的程序在运动中高速调整，达到制动力与摩擦力（牵引力）的匹配关系，以保证汽车制动时的平稳和安全。

在紧急制动车轮抱死的情况下，EBD在ABS动作之前就已经平衡了每一个轮子的有效抓地力，可以防止出现甩尾和侧移，并缩短汽车制动距离。

EBD实际上是ABS的辅助功能，它可以提高ABS的功效，所以在安全指标上，汽车的性能又多出了“ABS+EBD”。

【实训项目】

实训 ABS的拆装与检测

一、实训目的

1）掌握ABS的拆装步骤。

2）了解ABS的结构、工作原理。

3）掌握ABS的故障诊断与检修方法。

二、实训设备

1）桑塔纳轿车ABS实训台架。

2）数字万用表、金德J81故障诊断仪、常用工具等，适量的制动液。

三、实训内容

1. 对ABS故障自诊断系统的检查

1）检查蓄电池电压是否为12V。

2）检查ABS警告灯工作是否正常。

3）读取故障码。

车型不同，故障码的读取方式也不同。下面以丰田车系为例，简述ABS故障码的读取过程。

①打开点火开关，找到故障诊断接口，用跨接线短接端子TC和E1。

②ABS ECU中存有故障码，4s后警告灯开始闪烁。先闪十位数，间隔1.5s后再闪个位数。如果有多个故障码，则各故障码之间停顿2.5s，全部故障码显示完后，又从数字小的故障码开始重复显示。故障码的含义，见表6-1。

③ABS ECU中如果没有故障码，则警告灯将每0.5s闪烁1次。

表6-1 故障码的含义

故障码	系统故障部位	故障码	系统故障部位
11	ABS电磁阀继电器电路断路	32	左前轮轮速传感器信号故障
12	ABS电磁阀继电器电路短路	33	右后轮轮速传感器信号故障
13	泵/马达继电器电路断路	34	左后轮轮速传感器信号故障
14	泵/马达继电器电路短路	35	左前轮或右后轮轮速传感器电路断路
21	右前轮三位电磁阀电路短路或断路	36	右前轮或左后轮轮速传感器电路断路
22	左前轮三位电磁阀电路短路或断路	41	蓄电池电压不正常
23	右后轮三位电磁阀电路短路或断路	43	TRC系统失灵
24	左后轮三位电磁阀电路短路或断路	51	泵/马达卡死或电路断路
31	右前轮轮速传感器信号故障	常亮	ECU失灵

2. 轮速传感器的检查及更换

1）拔下轮速传感器线束插接器，测量传感器线圈的电阻值。

2）支起被测车轮，用手转动车轮，同时用万用表检测轮速传感器产生的交流信号电压值，应为70mV以上。若信号电压值不符合要求，应重点检查信号轮凸齿是否完好无损或脏污，传感器头和信号轮凸齿间隙是否在1.1～1.3mm之间。

3. 对ABS液压控制系统的泄压

通常采用的泄压方法是关闭点火开关，反复踩踏制动踏板至少在20次以上，当感觉踩踏制动踏板的力明显增加时，ABS液压控制系统泄压完成。

4. 液压控制装置的拆卸

1）放出制动液，拆下制动油管。

2）拔下ABS所有有线束插接器。

3）卸下固定螺栓，拆下液压控制装置。

5. 液压控制装置的分解与组装

1）松开电动回液泵组件的四个固定螺栓。

2）拧下液压调节器和制动总泵之间的两个固定螺钉。

3）将液压调节器和制动总泵分开，二者之间的油管必须更换。

4）液压调节器不能修理，若损坏必须整体更换。

5）重新组装液压调节器和制动总泵时，必须更换油管。

6）将液压调节器和制动总泵组装在一起并定位。

7）电动回油泵组件损坏后应更换。

8）将电动回油泵组件安装在液压调节器上，整个装置装完毕。

6. ABS液压控制系统的放气

不同的ABS，其放气过程尽管有所不同，但放气均可分为两部分进行，即对液压管路放气和液压调节器放气。对液压管路的放气过程与普通制动系统放气一样，但对液压调节器的放气，一般要用专用仪器按照特殊的规程将空气放出。

注意事项如下：

1）检修液压制动系统之前一定要进行泄压。

2）检修液压制动系统之后一定要进行放气。

3）诊断顺序为：左前轮→右前轮→左后轮→右后轮。

4）检查ABS时，制动真空助力器必须有助力作用。

【习题】

一、填空题

1. 评价制动效能的主要评价指标有________、________和________。

2. 电控ABS由________、________和________组成。

3. 轮速传感器主要由________和________组成。

4. 根据用于不同制动系统的ABS，制动压力调节器主要有________和________两种。

5. 液压制动压力调节器主要由________、________和________等组成。

6. 按照ECU所依据的控制参数不同，ABS可分为________和________。

7. 按照制动压力调节器结构的不同，ABS可分为________和________。

8. 按照控制通道数目的不同，ABS可分为________、________、________和________。

9. 循环式制动压力调节器在汽车制动过程中，ECU控制流经制动压力调节器电磁线圈的电流大小，使ABS处于________、________和减压三种状态。

二、选择题

1. 为保证传感器无错误信号输出，安装轮速传感器时应保证其传感器头与齿圈间留有一定的空气隙，约为（　　）。

A. 5mm　　B. 1mm　　C. 0.01mm　　D. 1μm

2. 汽车后轮上的车速传感器一般固定在后车轴支架上，转子安装于（　　）。

A. 车架　　B. 轮毂　　C. 驱动轴　　D. 车轮转向架

3. 下列叙述不正确的是（　　）。

A. 制动时，转动转向盘，会感到转向盘有轻微的振动。

B. 制动时，制动踏板会有轻微下沉。

C. 制动时，ABS继电器不断地动作，这也是ABS正常起作用的正常现象。

D. 装有ABS的汽车，在制动后期，不会出现车轮抱死现象。

4. 当滑移率为100%时，横向附着系数降为（　　）。

A. 100%　　B. 50%　　C. 0　　D. 都不正确

5. 为了避免灰尘与飞溅的水、泥等对传感器工作的影响，在安装前需向轮速传感器加注（　　）。

A. 润滑油　　B. 工作液　　C. 润滑脂　　D. ATF

6. 循环式制动压力调节器是在制动总缸与制动轮缸之间（　　）一个电磁阀，直接控制制动轮缸的制动压力。

A. 串联　　B. 并联

C. 都可以　　D. 以上答案均不正确

7. 循环式制动压力调节器在升压过程中，电磁阀处于“升压”位置，此时电磁线圈的通入电流为（　　）。

A. 0　　B. 较小电流　　C. 最大电流　　D. 均不正确

三、判断题

1. 评价制动性能的指标主要有制动效能和制动稳定性。（　　）

2. 制动效能主要取决于制动力的大小，而制动力仅与制动器的摩擦力矩有关。（　　）

3. 纵向附着系数在滑移率为50%左右时最大。（　　）

4. 地面制动力的最大值等于制动器制动力。（　　）

5. 汽车前轮上的传感器一般固定在车轮转向架上，转子安装在车轮轮毂上并与车轮同步转动。（　　）

6. 加速度传感器有水银型、摆型和应变仪型。（　　）

7. 制动压力调节器的功用是接受ECU的指令，通过电磁阀的动作来实现车轮制动器制动压力的自动调节。（　　）

8. 装有制动真空助力器的制动系统，在进行排气操作前，首先要把制动助力控制装置

接通，使制动系统处于助力状态。（ ）

9. ABS 排气时间要比普通系统短，消耗的制动液也少。（ ）

10. 刚刚放出的制动液不能马上添回储液罐，需在加盖的玻璃瓶中静置 12h 以上，待制动液中的气泡排尽后才能使用。（ ）

11. 汽车制动时产生侧滑及失去转向能力与车轮和地面间的横向附着力无关。（ ）

12. 车轮抱死时将导致制动时汽车稳定性变差。（ ）

13. 电控 ABS 主要由传感器、电子控制单元和执行机构组成。（ ）

14. 为了避免灰尘与飞溅的水、泥等对传感器工作的影响，在安装前需向车速传感器加注润滑油。（ ）

四、简答题

1. 按照不同的分类方式，可将 ABS 分为哪些种类？
2. 车速传感器的故障有哪些？如何检查？
3. 对 ABS 制动液有哪些要求？
4. 请叙述 ABS 工作的各个工作过程是怎样的？常见故障有哪些？
5. 简述压力调节器的故障检查方法。

项目 7　车辆稳定性控制系统检修

【知识目标】

1）掌握电子稳定程序（ESP）的功能。

2）熟悉 ESP 的组成和主要元件结构。

3）熟悉 ESP 的工作原理。

【能力目标】

1）能够对 ESP 进行故障检测。

2）能够对常见 ESP 进行相关的维护作业。

【知识准备】

知识点 7.1　ESP 的功用和组成

一、ESP 的功用

ESP 是电子稳定程序的英文缩写，该系统集成了 ABS、ASR 等的功能，能够确保在各种情况下都能够提高汽车的行驶稳定性，属于汽车主动安全系统中的一种。同 ABS、ASR 等相比较而言，ABS 只能在汽车制动过程中才发挥其防抱死作用，ASR 也只能是在汽车起步和加速阶段起到防滑作用；而 ESP 则是在汽车的整个行驶过程中均能发挥其稳定车身姿态的作用，不停地实时监控车辆行驶状态并揣摩驾驶人意图，从而决定什么时候通过发动机控制系统不断地修正汽车行驶方向，避免汽车进入危险境地；同时在车辆行驶过程中，当汽车车身姿态濒临失控时采取制动措施将汽车从危险边缘拉回到安全境地。综合来说，ESP 为汽车提供了紧急情况下十分安全的保障，大大降低了汽车在各种道路状况下以及转弯时发生侧滑、翻转危险的可能性，提高了汽车的行驶稳定性。

因为 ESP 在汽车主动安全上的优异表现，其在欧洲、日本的大部分车型中均被列为标配，美国更是要求新上市车型配置 ESP 纳入法规要求之中，我国国内的汽车也越来越多地配置了 ESP，故 ESP 具有良好的市场前景。

二、ESP 的组成

ESP 由电子控制单元（ECU）、液压调节器总成、车轮速度传感器、转向盘转角传感器、横向偏摆率传感器、车轮速度传感器脉冲环以及 ESP 控制开关等部件组成，其中电子控制单元与液压调节器是一体的。ESP 布置示意图如图 7-1 所示。

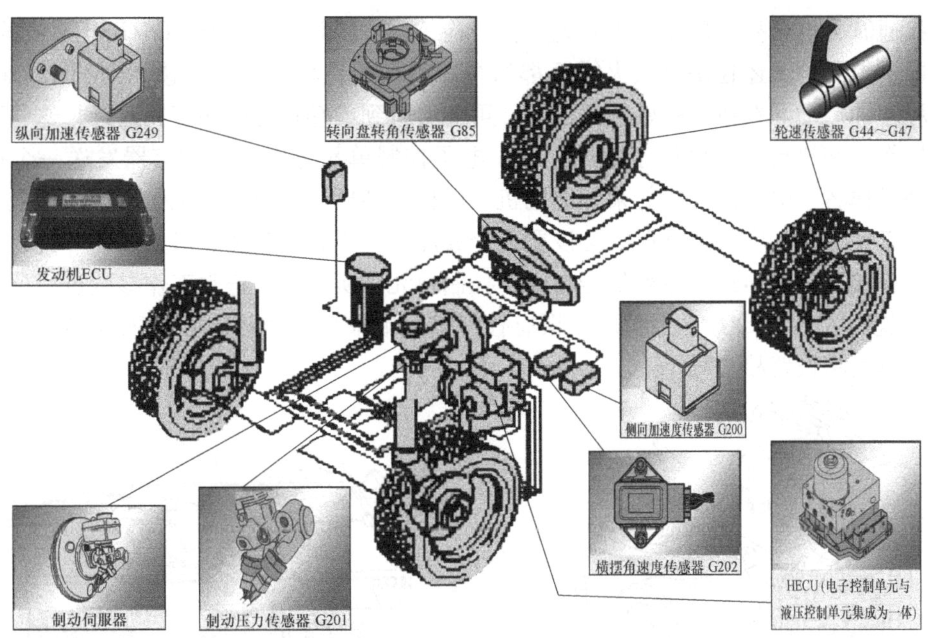

图7-1 ESP布置示意图

1. 传感器

ESP作为保证行车安全的一个重要的电控系统，其各个传感器的正常工作是进行有效控制的基础。博世ESP在ABS/ASR基础上增加了转向盘转角传感器、横向偏摆率传感器和纵向及横向加速度传感器等。

2. ECU

ESP一般与ABS共用一个ECU，它是将ABS/ASR ECU的功能进行扩展后再进行ABS/ESP控制。ESP ECU包括输入信号放大电路、运算电路、执行器控制电路、稳压电源电路和电磁屏蔽电路等。

3. 执行器

在ABS/ASR执行器的基础上，改进了通往各车轮的液压通道，增加了ESP警告灯和ESP蜂鸣器等。

知识点7.2 ESP的主要部件及工作原理

一、ESP的主要部件

1. 电子控制单元（ECU）

电子控制单元（ECU）如图7-2所示，其插头端子视图如图7-3所示。电子控制单元是ABS-TCS/ESP系统的控制中心，它与液压调节器集成在一起组成一个总成。电子控制单元持续监测并判断的输入信号有蓄电池电压、车轮速度、转向盘转角、横向偏摆率以及点火开关接通、停车灯开关、串行数据通信电路等信号。根据所接收的输入信号，电子控制单元将向液压调节器、发动机控制模块、组合仪表和串行数据通信电路等发送输出控制信号。当点火开关接通时，电子控制单元会不断地进行自检，以检测并查明 ABS-TCS/ESP 系统的故障。此外，电子控制单元还在每个点火循环都执行自检初始化程序。当车速达到约 15km/h 时，初始化程序即启动。在执行初始化程序时，可能会听到或感觉到程序正在运行，这属于系统的正常操作。在执行初始化程序的过程中，电子控制单元将向液压调节器发送一个控制信号，循环操作各个电磁阀并运行泵和电动机，以检查各部件是否正常工作。如果泵或任何电磁阀不能正常工作，电子控制单元会设置一个故障诊断码。当车速超过 15 km/h 时，电子控制单元会将输入和输出逻辑序列信号与电子控制单元中所存储的正常工作参数进行比较，以此来不断监测 ABS-TCS/ESP 系统。如果有任何输入或输出信号超出正常工作参数范围，则电子控制单元将设置故障码。

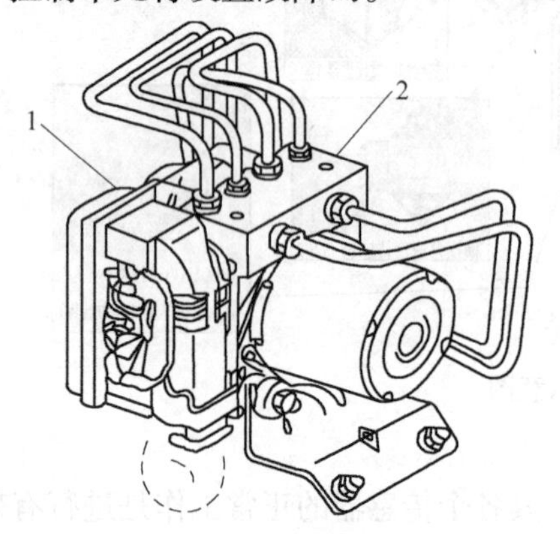

图 7-2　电子控制单元（ECU）

1—电子控制单元（ECU）　2—液压调节器总成

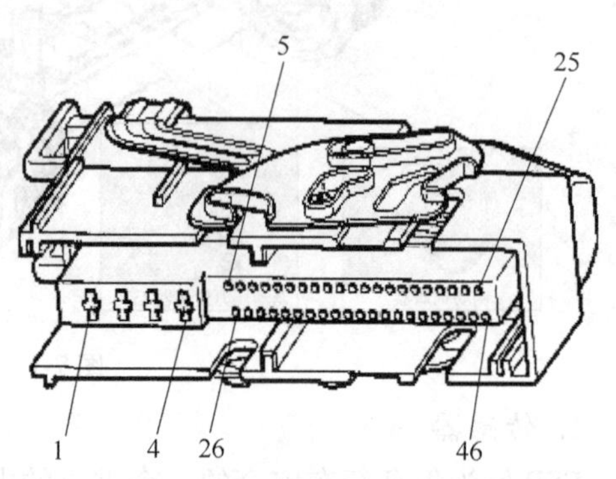

图 7-3　电子控制单元（ECU）插头端子视图

2. 液压调节器总成

液压调节器总成内部液压回路示意图如图 7-4 所示。为了能独立控制各车轮的制动回路，本系统采用了前/后分离的四通道回路结构，每个车轮的液压制动回路都是隔离的，这样当某个制动回路出现泄漏时系统仍能继续制动。液压调节器总成根据电子控制单元（ECU）发送的控制信号调节制动液压力。液压调节器总成包括回油泵、电动机、蓄能器、进口阀、出口阀、隔离阀和后起动阀等部件。

3. 前轮轮速传感器

前轮轮速传感器(见图 7-5)是一个电磁式传感器,是前轮轮毂总成的一部分,前轮轮毂总成是一个永久性的密封装置。左前轮和右前轮轮毂装有轮速传感器和一个 48 齿的脉冲环。

4. 后轮轮速传感器

后轮轮速传感器（见图 7-6）位于主减速器后盖的支架上，也是电磁式传感器。后轮轮速传感器脉冲环是主减速器内车桥法兰盘的一部分，不能单独维修。

5. ESP 开关

ESP 开关位于地板控制台上，如图 7-7 所示。该开关是一个瞬间接触开关，按下 ESP 开关，ESP 从接通转至关闭。当 ESP 关闭时，ABS-TCS 系统仍能正常工作。当 ESP 处于关闭位置时，再次按下 ESP 开关，将接通 ESP。按下 ESP 开关超过 60s 将被视为短路，会记录故障码，且 ESP 在该点火循环内将被禁用。如果没有记录 ABS-TCS 系统当前故障码，ESP 将在下一个点火循环复位到接通状态。

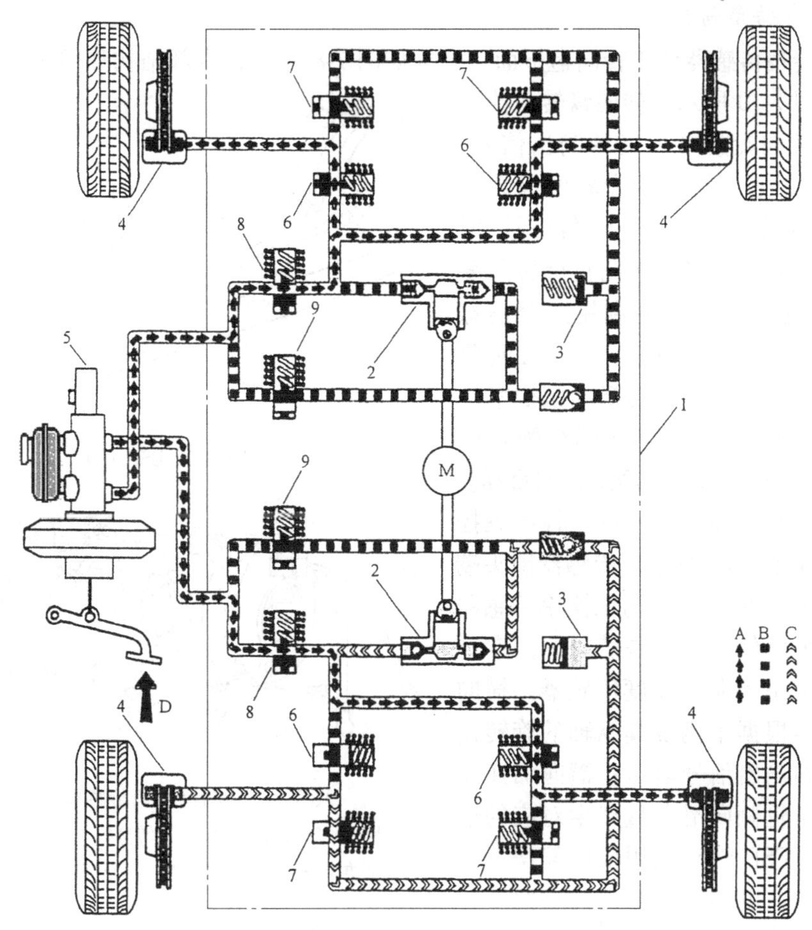

图7-4　液压调节器总成内部液压回路示意图

1—液压调节器总成　2—回油泵　3—储能器　4—制动轮缸　5—制动总泵

6—进口阀　7—出口阀　8—隔离电磁阀　9—起动电磁阀

A—常规的制动液压力　B—停止的制动液压力流（电磁阀闭合）

C—泵产生的制动液压力流　D—制动踏板踩下　M—电动机

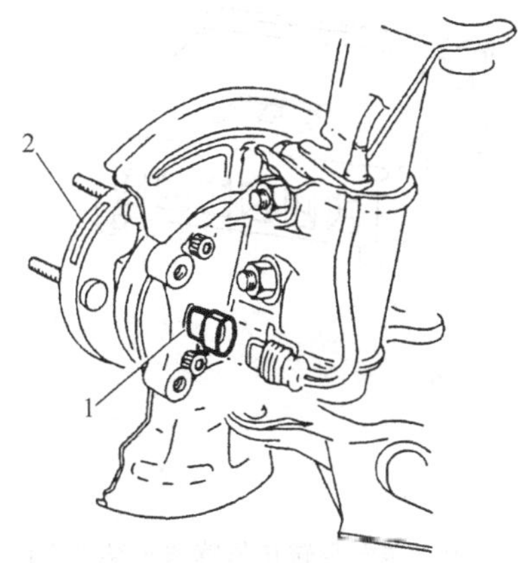

图7-5　前轮速传感器

1—前轮速传感器　2—前轮轮毂总成

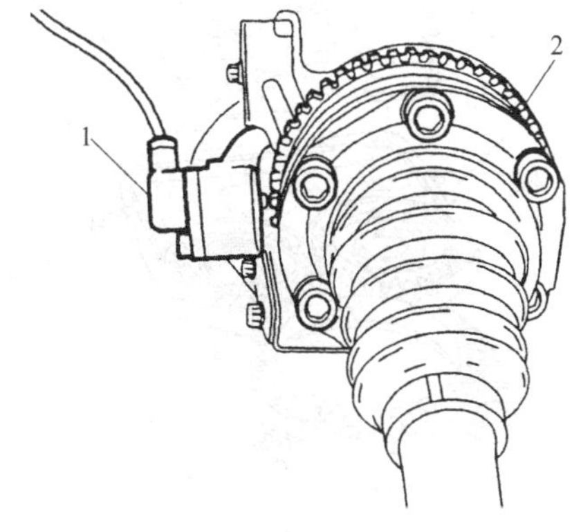

图7-6　后轮速传感器

1—后轮速传感器　2—传感器脉冲环

6. 转向盘转角传感器

转向盘转角传感器位于转向盘下面，位置如图 7-8 所示，内部结构如图 7-9 所示，插头端子视图如图 7-10 所示。转向盘转角传感器提供表示转向盘旋转角度的输出信号，参见图 7-9。由于两个测量齿轮的齿数不同，故产生不同相位的两个转角信号，即能产生一个可表示 ±760°转向盘旋转角度的输出信号，电子控制单元利用这个信息计算出驾驶人所要求的方向。电子控制单元通过转向盘转角传感器与横向偏摆率传感器信号的比较，确定车辆实际行驶轨迹与驾驶要求是否一致，从而确定控制目标。

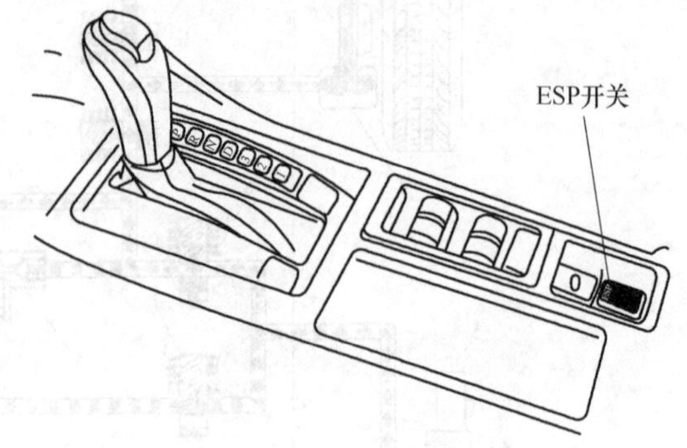

图 7-7 ESP 开关

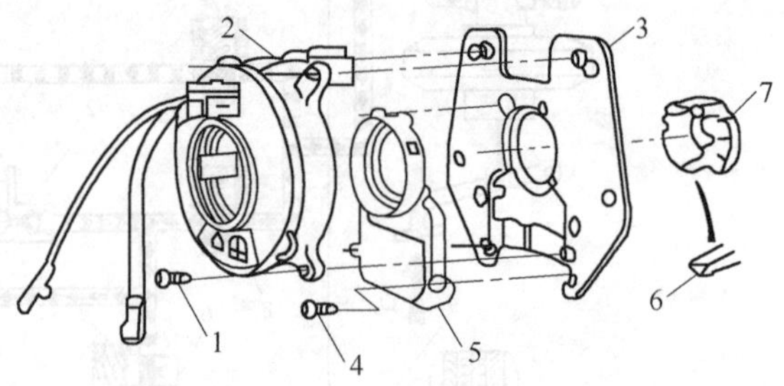

图 7-8 转向盘转角传感器的位置

1—螺钉 2—螺旋电缆 3—转接板 4—螺钉 5—转向盘转角传感器 6—固定凸舌 7—转向信号解除凸轮

横向偏摆率传感器位于仪表板中央控制台下部，如图 7-11 所示，传感器插头端子视图如图 7-12 所示。横向偏摆率传感器总成包括两个部件，一个是横向偏摆率传感器，另一个是横向加速度传感器。横向偏摆率传感器根据车辆绕其纵轴的旋转角度产生对应的输出信号电压；横向加速度传感器根据车轮侧向滑移量产生对应的输出信号电压。ESP ECU 利用横向偏摆率传感器和横向加速度传感器输出的这两个传感器信号，计算出车辆的实际行驶状态，再结合轮速传感器的输出信号和转向盘转角传感器的串行数据输出信号，确定控制目标。

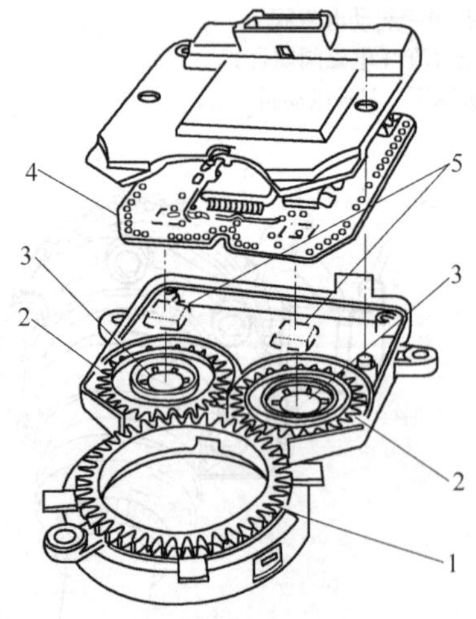

图 7-9 转向盘转角传感器的内部结构

1—齿轮 2—测量齿轮 3—磁铁 4—判断电路 5—各向异性磁阻（AMR）集成电路

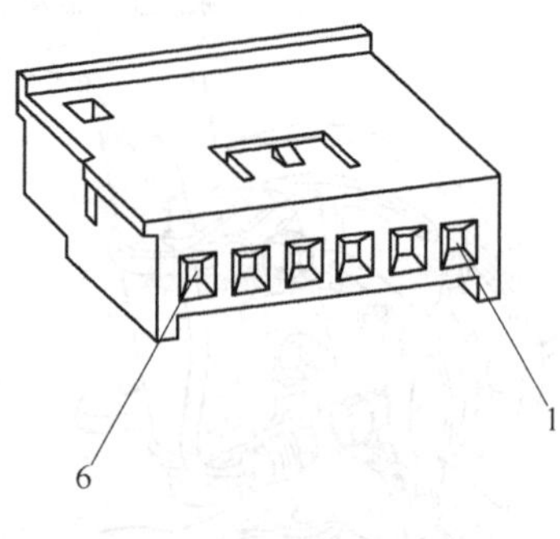

图 7-10 转向盘转角传感器插端子视图

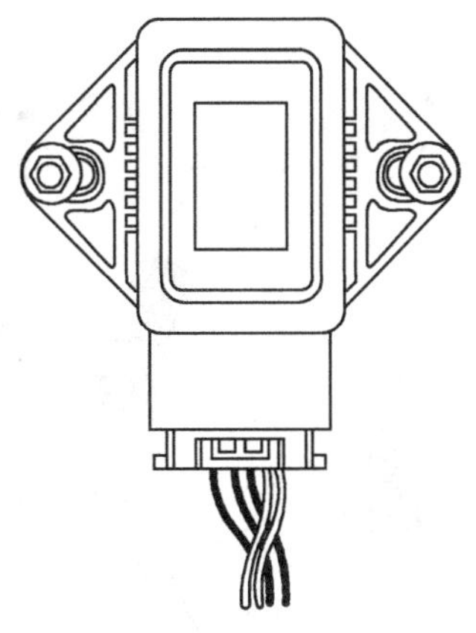

图 7-11 横向偏摆率传感器

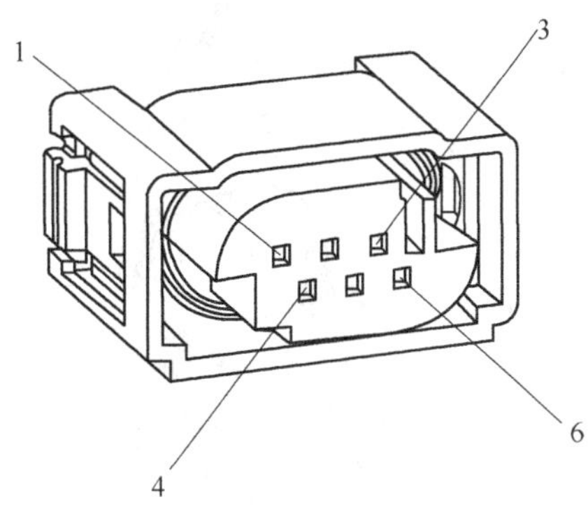

图 7-12 横向偏摆率传感器插头端子视图

二、ESP 工作原理

汽车安全性方面最重要的就是避免发生事故，也就是所谓的主动安全，在汽车行驶过程中，有效地增加汽车稳定性。

不带 ESP 的汽车在高速行驶急转弯时会出现两种危险情况：一种是转向不足（将会导致冲出弯道的倾向），如图 7-13 所示；另一种是过度转向（将会导致汽车甩尾），如图 7-16 所示。二者相比，过度转向是一种危险的不稳定状况，它可导致汽车急速旋转甚至翻车。

ESP 的工作原理是：传感器实时地检测驾驶人的行驶意图和车辆的实际行驶情况。其中转向盘转角传感器用来收集驾驶人的转向意图；轮速传感器（每个车轮上都装有一个）、横向偏摆率传感器、纵向/横向加速度传感器等用来监测车辆运动状况。ECU 根据各传感器的信号计算出车辆的实际运动轨迹，如果实际运动轨迹与理论运动轨迹（驾驶人意图）有偏差，或者检测出某个车轮打滑（丧失抓地能力），ECU 就会首先指令节气门减小节气门开度（收油），然后通知制动系统对某个车轮进行制动，来修正运动轨迹。当实际运动轨迹与理论运动轨迹相一致时，ESP 对车辆的控制将自动解除。

1. 克服转向不足的操作

转向不足示意图如图 7-13 所示，转向盘转角传感器向电子控制单元发送一个驾驶人想要朝方向 A 转向的信号，横向偏摆率传感器检测到车辆开始沿方向 B 打转，同时车辆前端开始向方向 C 滑移，说明车辆出现转向不足，ESP 将实行主动制动干预。如图 7-14 所示，ESP 利用 ABS-TCS 系统中已有的主动制动控制功能，对左后轮进行制动干预，此刻，由于左后轮被制动，而车子的重心因惯性作用继续向前运动，于是车子就只好以左后轮为支承点，绕着它旋转，这样一来，车子就朝方向 A 转向，即朝驾驶人想要的方向转向，转向不足的操作缺陷就被克服，它的控制油路如图 7-15 所示。当电子控制单元检测到车辆转向不足时，电子控制单元将向液压调节器发送信号，关闭前、后隔离阀，以使后轮制动回路与总泵隔离开来，防止制动液返回总泵；打开前、后起动阀，使制动液从制动总泵进入液压泵中；关闭右前和右后进口阀，以隔离右轮液压回路，从而使液压调节器只向左轮提供制动液压力；运行液压调节器泵，将合适的制动液压力施加到左轮制动轮缸上，以使车辆朝驾驶人想要的方向转向。如果在 ESP 模式下进行人工制动，则退出 ESP 制动干预模式并允许进行常规制动。

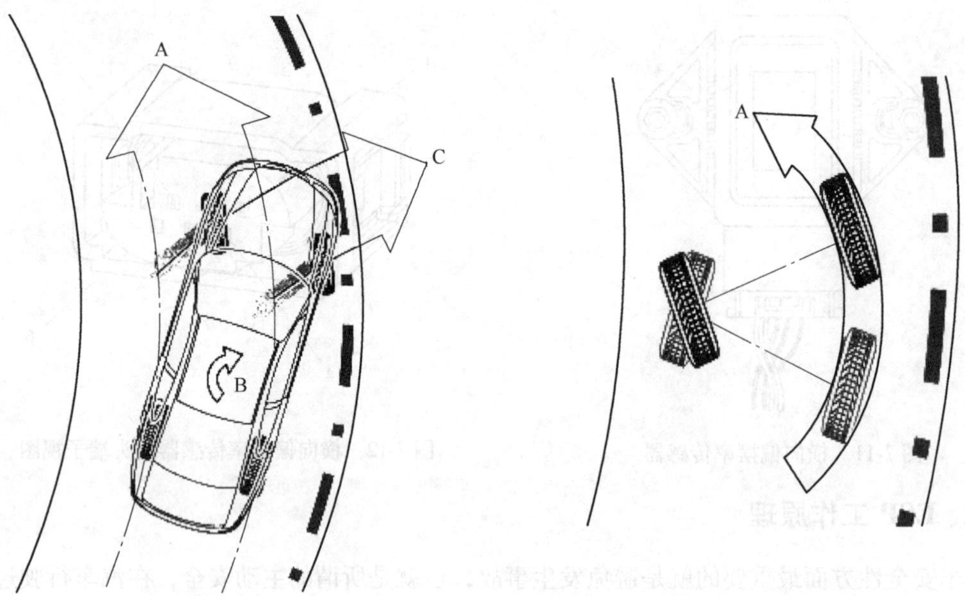

图 7-13　转向不足示意图　　　　　　　　　　图 7-14　克服转向不足控制示意图

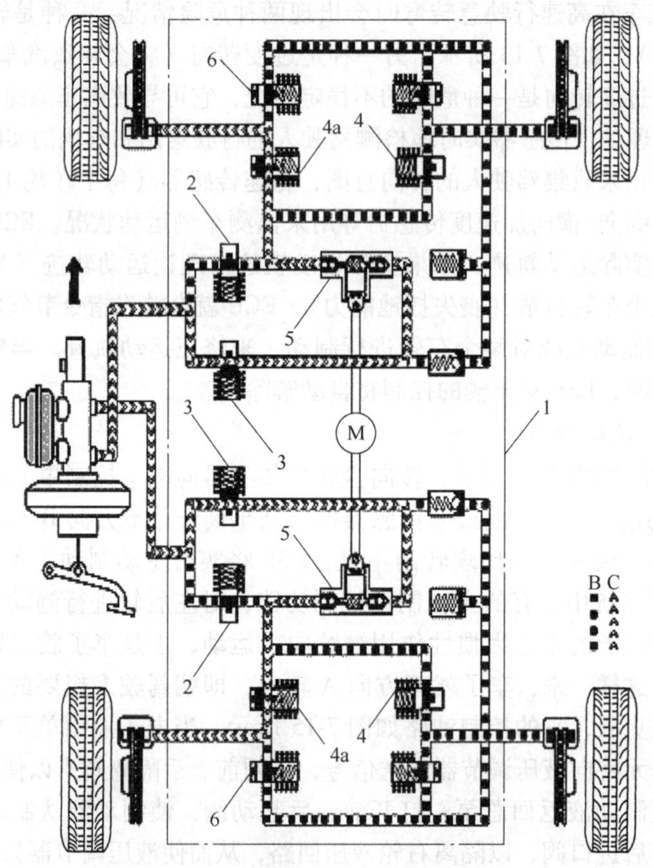

图 7-15　克服转向不足控制油路图

1—液压调节器总成　2—隔离阀　3—起动阀　4—右前、右后进口阀
4a—左前、左后进口阀　5—液压泵　6—左前、左后出口阀
B—停止的制动液压力流（电磁阀闭合）　C—液压调节器泵产生的制动液压力流　M—电动机

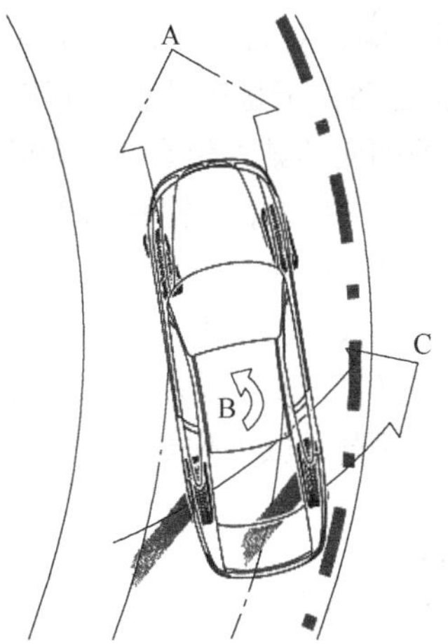

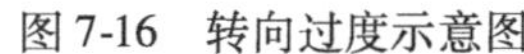

图 7-16　转向过度示意图

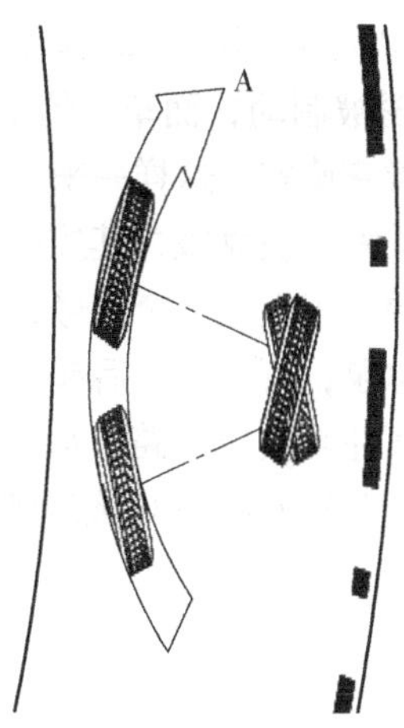

图 7-17　克服转向过度操作示意图

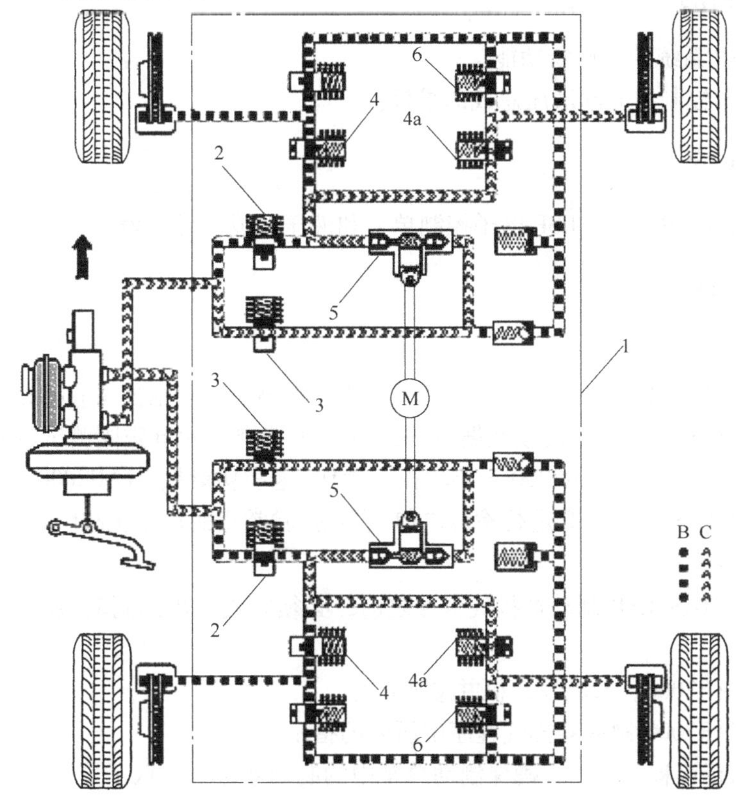

图 7-18　克服转向过度控制油路图

1—液压调节器总成　2—隔离阀　3—起动阀　4—左前和左后进口阀

4a—右前和右后进阀　5—液压泵　6—右前和右后出口阀

B—停止的制动液压力流（电磁阀闭合）　C—液压调节器泵产生的制动液压力流　M—电动机

2. 克服转向过度的操作

转向过度示意图如图 7-16 所示，转向盘转角传感器向电子控制单元发送一个驾驶人想要朝方向 A 转向的信号，横向偏摆率传感器检测到车辆开始沿 B 方向打转，同时车辆后端开始向方向 C 滑移。说明车辆开始转向过度，电子稳定程序将实行主动制动干预。如图 7-

17 所示，ESP 利用 ABS/TCS 系统中已有的主动制动控制功能，对右后轮进行制动干预，此刻由于右后轮被制动，而车子的重心因惯性作用继续向前运动，于是车子就只好以右后轮为支承点，绕着它旋转，这样一来，车子就朝方向 A 转向，即朝向驾驶人想要的方向转向。转向过度的操作缺陷就被克服，其控制油路如图 7-18 所示，当电子控制单元检测到车辆转向过度时，向液压调节器发送一个信号，关闭前、后隔离阀，以将制动液回路与总泵隔离开来，防止制动液返回总泵；打开前、后起动阀，使制动液从制动总泵进入液压泵中；关闭左前、左后进口阀，以隔离左轮液压回路，从而使液压调节器只向右轮提供制动液压力；运行液压调节器泵，将合适的制动液压力 C 施加到右轮制动轮缸上，以使车辆朝驾驶人想要的方向转向。

实训 ESP 的检修

一、实训目的

1）理解 ESP 系统的自诊断功能。

2）掌握电子控制单元和液压总成的维修。

二、实训设备

故障诊断仪 STAR2000，ESP 电子控制单元和液压总成，万用表。

三、实训内容

1. 自诊断

ESP 出现故障后,电子控制单元可记忆相应的故障码。用奔驰公司故障诊断仪 STAR2000 可以读取、清除故障码,还可以阅读数据流并进行液压控制单元电磁阀测试、ESP 液压回路测试、系统排气测试等。因 STAR2000 为菜单提示操作,这些功能按 STAR2000 屏幕的提示操作即可完成。在对 ABS-TCS/ESP 进行检修之前,应先排除常规制动系统故障。

2. 制动器排气程序

在执行 ABS/TCS/ESP 制动器排气程序之前，必须完成常规的制动系统排气程序。具体步骤是:

1）连接 STAR2000，起动发动机并怠速运行。

2）执行 STAR2000 制动器排气程序中所列的指示。

注意：在执行该程序期间，确保制动总泵中的制动液液位不低于最低液位。

3）关闭点火开关，并从数据链路插接器（DLC）上断开 STAR2000。

4）用规定的制动液加注制动总泵储液罐至最高液位。

5）执行另一个常规制动系统制动器排气操作。

6）关闭点火开关，踩下制动踏板 3 ~5 次，以耗尽制动助力器的真空储备压力。

7）缓慢踩下制动踏板，如果感觉制动踏板绵软，重复 ABS-TCS/ESP 制动器排气操作。

8）重复 ABS/TCS/ESP 排气操作后，如果仍然感觉制动踏板绵软，检查制动系统是否存在外部或内部泄漏。

9）保持发动机熄火并且不使用驻车制动器，然后接通点火开关，如果驻车制动器/制动器故障指示灯保持闪亮，先诊断并排除故障。

10）路试车辆，执行 ABS/TCS/ESP 自检初始化程序，如果感觉制动踏板绵软，重复 ABS-TCS/ESP 制动器排气操作，直到制动踏板感觉坚实。

11）检查 ABS/TCS/ESP 系统的操作。

3. 转向盘转角传感器的校准

电子控制单元监测并判断转向盘转角传感器的输出信号，当车辆沿直线行驶了 15min 或以上时，电子控制单元会将该行驶方向设定为正前方向。如果电子控制单元检测到转向盘转角传感器正向偏离车辆正前方向，如果偏离度等于或小于 15°，则电子控制单元自动执行转向盘转角传感器校准。如果偏离度大于 15°，则设置 DTC C0460 转向盘转角传感器故障。转向盘转角传感器可使用 STAR2000 重新校准，具体操作步骤是：

1）路试车辆并记录车辆笔直向前行驶时的方向盘位置。

2）将 STAR2000 连接到车辆上,并执行 STAR2000 转向盘转角传感器校准程序中的指示。

3）检查 ABS-TCS/ESP 系统的操作。

4）电子控制单元和液压总成的维修

电子控制单元和液压总成集成为一体，如图 7-19 所示，在保修期内，不要拆解电子控制单元和液压总成。

4. 轮速传感器的检查

奔驰轿车四个车轮速度传感器均为电磁式传感器，传感器气隙不可调。检查轮速传感器时，可用万用表测量传感器阻值，也可用示波器测量传感器的输出波形。当温度在 20℃时，传感器的电阻正常值为 1.3 ~ 1.8kΩ。

5. ESP 开关的检查

ESP 开关的端子视图及检查方法如图 7-20 所示，可使用万用表测量 ESP 开关端子间的电阻，以判断其好坏。ESP 开关处于常态位置时，端子 3—4 间应导通；端子 3—5 间开路。按下 ESP 开关时，端子 3—4 开路；端子 3—5 导通。端子 2—6 之间是照明灯电阻。如果测量结果不在规格范围内，则更换 ESP 开关。

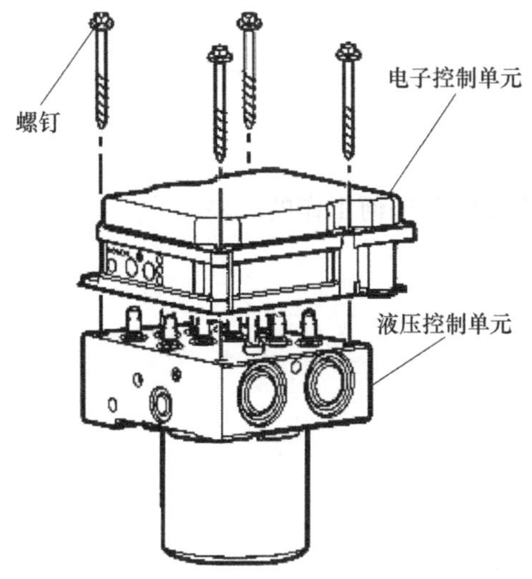

图 7-19 电子控制单元和液压总成

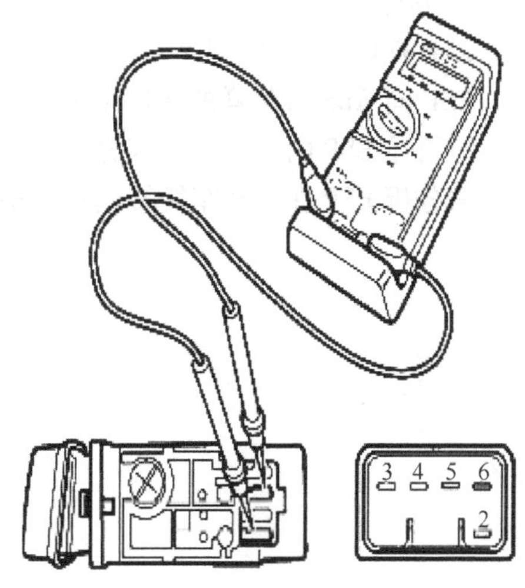

图 7-20 ESP 开关端子视图及检查方法

【习题】

一、填空题

1. ESP是电子稳定程序的英文缩写，该系统集成了________、________等系统的功能，能够确保在各种情况下都能够提高________，属于汽车主动安全系统中的一种。

2. 电子稳定程序（ESP）由________、车轮速度传感器、转向盘转角传感器、横向偏摆率传感器、车轮速度传感器脉冲环以及________等部件组成，其中电子控制单元与液压调节器是一体的。

3. ESP为汽车提供了紧急情况下十分安全的保障，大大降低了汽车在各种道路状况下以及转弯时________可能性，提高了汽车的行驶稳定性。

二、选择题

1. 电子稳定程序（ESP）是一种主动安全系统，集成了哪两个系统的功能？（　）

A. ABS和ASR　　B. ABS和EBD　　C. ASR和EBD

2. ESP通过计算________和________来识别驾驶人的操作意图。（　）

A. 转向盘转角的大小　转角变化率　　B. 转向盘转角的大小　滑移率

C. 转角变化率　滑移率　　D. 滑移率　附着力的大小

三、判断题

1. ABS只能在汽车制动过程中才发挥其防抱死作用；ASR也只能是在汽车起步和加速阶段起到防滑作用。（　）

2. 液压调节器总成根据电子控制单元（ECU）发送的控制信号调节制动液压力。（　）

3. 液压调节器总成包括回油泵、电动机、蓄能器、进口阀、出口阀、隔离阀和后起动阀等部件。（　）

4. ESP一般与ABS共用ECU，它是将ABS/ASR ECU的功能进行扩展后再进行ABS/ESP控制。（　）

四、简答题

1. ESP有什么样的作用？

2. ESP同ABS有怎样的异同之处？

3. 请简述ESP的主要组成部分。

4. 请分析ESP在应对车辆转向不足即将发生失控时是如何工作的。

参 考 文 献

[1] 张宝生，邵林波. 汽车底盘构造与维修［M］. 北京：冶金工业出版社，2009.

[2] 王杨. 汽车底盘构造与维修［M］. 天津：天津科学技术出版社，2010.

[3] 姚焕新. 汽车底盘电控系统检修［M］. 北京：人民邮电出版社，2009.

[4] 沈沉. 汽车构造：底盘部分［M］. 北京：人民邮电出版社，2010.

[5] 崔振民. 汽车底盘构造与维修［M］. 北京：化学工业出版社，2009.

[6] 张伟红. 汽车底盘构造与维修［M］. 北京：高等教育出版社，2007.